U0122514

三易新論

陳栱通題

三易新論　下卷目次

三易新論 下卷

沈祖緜 瓞民學

第十四章 大衍義證

一、大衍述要

易不能離乎世位。世位不能離乎數。明乎數。則易理可以一貫。數是易的組成要素。而大衍則為求數之本。故邵雍觀物外篇亦以大衍之數。為算法之原。在繫辭特別提出。

大衍之數五十。其用四十有九。

此為求數之本。大衍之數五十。自漢迄今。解釋者至夥。各逞新說。以鳴高深。而其言有中者為漢書律曆志所云。

以五乘十。大衍之數也。而道據其一。其餘四十九。所當用也。

此為大衍之真諦。朱熹從之。惜以河圖中宮之五乘地十立說。乃係嚮壁臆造。在河圖中宮並不是五。是朱熹對於孰為河圖。孰為洛書。尚未辯明。使後之學者。失其原。故不得不將漢以後之說。一一辨正之。使有理可循。願高明之士。不以多言為瀆。至其用四十有九。惟吳澄易纂言所云。

衍母之一。數之所起。故大衍五十之數。虛其一而不用。所用者四十有九。其數七七。祖縣按七七自乘為四十九。蓋以一一為體。七七為用也。

此為大衍體用之寶貴學說。但所謂一一為體七七為用。雖將大衍之體與用說出。尚未能說明為體為用之理。僅以書不盡言。言不盡意了之。漢魏至唐諸說。在孔穎達正義疏王弼韓康伯之說。又引京房馬融荀爽鄭玄姚信董遇六說。孔云。義有多家。各有其說。未知孰是。此孔氏奉旨作正義。措辭皆如是。五十與四十九之大別。正義中亦未著肯定語。反不若蕭吉五行大義引馬融鄭玄二家之說為勝。因孔疏中引兩家說多改竄。說詳下文。李鼎祚易傳引干寶崔憬兩說。李鼎祚對崔憬之說。以為不當有詰語。亦不辯五十與四十九之別。朱震漢上易傳。以衍字別為小衍。以小衍為五。即為參兩。大衍之五十。則小衍在其中。小衍二字。從來說易者所未言。朱氏巧立名目。未免无稽。朱氏傳中引京房、馬融、韓康伯、關朗諸說。朱氏又於叢說中引京房、鄭玄、荀爽、董遇、顧歡、劉牧引劉氏共五說。朱對劉有詰語。諸家之說。其於五十與四十九之別。亦不加一辭。郭忠孝兼山易解。郭書已佚。成德合訂刪補大易集義粹言中僅引之。以縱橫十五為小衍之數。其說亦謬。縱橫十五。雖為洛書之數。與大衍截然為兩事。忠孝子雍。著郭氏傳家易說。及蓍卦辨疑二書。不采小衍。而易說所舉京房鄭玄諸說。則采諸孔穎達正義。

吳澄之說。與周髀算經言勾股同。清人治易以大衍為句股者。其說起於周易折中啟蒙附論。後江永著河洛精蘊卷第三大衍之數五十說。臚舉十說。其第七說即采啟蒙附論曰。

句三其積九。股四其積十六。弦五其積二十五。合之五十。是太衍之數。出句股弦三面積。

江氏亦引周髀算經。卷第六言句股至十四節之多。又未加細參吳澄之說。對於四十有九之句。不能安排妥貼。致辭費而說无當。繼之者如焦循。循精天算。著天元一釋。及開方通釋諸書。其治易以卦爻經文比例為主。不拘漢魏師法。咸推精詣。在草句云。

五十者。一、二、三、四連乘之數也。互相推衍。故為大衍。祖縣按、焦氏釋大衍說。四十有九者。一、一數之。二。二數之。三。三數之。四。四數之。皆奇一之數也。奇皆一。乃可為用數。

焦氏立論。力掃前人曲說。然一為分析。知其說尚非的解。其致誤之原因有二。一、未解四十九立成之理。焦氏治疇人之術。其時毛晉已刊周髀算經。載入秘書中。何焦氏未及之。二、大衍去一為四十九。周髀算經以句股解四十九。為七七之積數。即吳澄所謂一一為體。七七為用之關鍵。可知由五十成四十九。已去其一。此云四十九去一。則不是五十去一為四十九之一。而是下文挂一以象三之一。在周髀算經具有圖說。明白指出。而焦氏舍近圖遠。其義反晦。茲將焦氏之說列公式如下。

49÷1=49。49÷2=24餘1。49÷3=16餘1。49÷4=12餘1。

皆為奇一之數。焦氏不知此一字。乃掛一以象三之一而認為大衍五十去一為四十九之一。為極用數之妙。是失之毫釐。謬以千里。惟解四十九之數。用心至苦。惜謁其術。致立說扞格難通。繼之者有沈善登。沈氏著需時眇言。在原筮篇正文及注約一萬言。其十一節。亦以勾股立說。但說龐雜。闡述欠精。沈說云。

河圖五位十五數。祖縣按。沈云十五數乃是洛書。其方積包含天地之數。伏羲得之。取前兩位以畫卦。祖縣按。伏羲畫卦。以一陰一陽消息為主。沈云取前兩位。此兩位是指天一地二。畫三者。五位之中數也。祖縣按。畫三成一卦。一陽一陰之作用。與五位不涉。卦八者。十五之積。之中數也。祖縣按。鄭玄舉出伏羲十言之教。八卦之外。消息二字。與十五之數不涉。陰陽各十二畫。其象陽一而實。陰二而虛。其數陽用九者。中央三位數也。祖縣按。沈氏所謂陽一陰二。指陽為一。陰為二。而消息在陽。消為陰。陰息為陽。方得一陰一陽之謂道。與九和十五不涉。十二畫共百有八。祖縣按。杭辛齋改正。作因為十二畫共百有八。此百有八。即十二畫乘九之數。與消息之說異。陰用六者。左右兩位數也。祖縣按。左右兩位數一句。沈氏以一五合六立說。十二畫共七十二。祖縣按。沈氏以六立說。即六乘十二之數。與周易用六之說不相合。合百八十數。祖縣按。百八十數即百有八與七十二相加之數。沈氏以為周天三百六十度折半為百八十爾。為開象數之原。洛書九位四十五數。祖縣按。洛書之數。坎一坤二震三巽四中五乾六兌七艮八離九。合之九位得四十五數。夏禹得之而敘九疇。祖縣按。沈氏述於孫盛以為夏禹重卦夏禹叙九疇，然九疇亦不始於禹，細讀洪範自明。以其數加倍於河圖。祖縣按，洛書由河圖生，沈氏以為洛書，其說非。因而重卦。祖縣按，重卦由一陽一陰而來，出於河圖，不出洛書。並推演圖書象數。取圖之後三位製為勾股算術。勾三股四弦五。其象一橫一直一斜。其數三四五。各自乘方共五十數。以此五十數。祖縣按，杭辛齋刪此句。推求現在可見諸象數。無可曲盡。故古稱句股術為行。祖縣按，古稱句股為行，未詳所出。行，猶演也。祖縣按，沈氏釋行為演，據鄭玄注。言如水之流演。不盈亦不竭也。現在可見之象數。形下之器也。已往方來不可見之象數。形上之道也。祖縣按，沈氏此二句失去定例，杭辛齋刪此二句，改作夫有形生於无形，先子易解以易以象數理立說，象是形下，理是形上，兩者相聯繫，是數頗可研究。故器從道生。而道還因器顯。祖縣按，沈氏以道器不可分，雖立論總嫌規律欠分清。則即以此五十數。為蓍策之數。合於卦畫一奇一耦方數。祖縣按，五十數即大衍之數，不是橫圖一陽一陰之卦畫。正得天數地數五十有五。祖縣按，五十有五，乃天一地二之數，即洛書產生九宮之數。故虛一掛一。祖縣按，虛一與掛一有別，虛一，即其用四十有九，掛一即掛一以象三之一，根本不同。以當已往之太易渾命。祖縣按，太易渾命，沈氏以為即太極，謬。太極非渾命，大衍是數，不可混而為一。實揲四十八策。祖縣按，沈氏已知四十八策為大衍之用，較漢宋諸家之說為勝。以推求方來之象數。使形諸卦爻。四十八者。八純卦重為六畫爻數也。故曰八卦而小成。合掛一為四十九。祖縣按，此揲蓍之所謂極法，與洛書不涉。見祖縣按，杭辛齋改共。揲得陰陽爻正變四十九式。應洛書用事之數。象數之流也。

按沈氏之說。未見純粹。今舉大衍之例辯證如下。

一、大衍之數五十。眾說紛紜。漢書律曆志。列舉出以五乘十。為大衍之數。其說可信。後人妄加異說。以解大衍。皆是曲說。

二、其用四十有九。此是用。因四十九者。即七七自乘之積。若執漢宋之學說。以解此句。實有歧之又歧之感。周髀算經對四十有九。具有圖本。可一見而明。

三、掛一以象三。是就四十九。又去其一。即為四十八數。四十八數。沈善登於原筮。已重言提出。沈云。

故虛一掛一。以當已往之太易渾侖。祖縣按。沈氏說以為虛一掛一以當太易渾侖。太易渾侖認為大衍。其實渾侖無數。決不能虛。亦不能掛。大衍有數。可虛可掛。實揲四十八策。以推求方來之象數。使形諸卦爻。四十八者。八純卦重為六畫爻數也。祖縣按。沈氏以重卦立說。八卦皆六畫。以六乘八為四十八畫。故曰八卦而小成。祖縣按。此句雖引繫辭而理殊非。合掛一為四十九。

沈說虛一。以周髀算經圖證之。亦不合。總之大衍是數。其用四十有九是用。掛一以象三。是用中之用。如由階而升。不可躐等。營法有四。即分二、掛一、揲四、歸奇。謂之四營。而黎世序河上易注。特立異說。其說曰。

五十除一不用。以象敦化之太極。其掛一以象三。則象流行之太極也。

河上易說。為沈善登所服膺。其立說曰敦化。曰流行。殊不可解。且大衍與太極不同。先子嘗謂。

太衍與太極異。此亘古解易所未知者也。

又曰。

太極與大衍有別。若无別。則何必增一名目。混淆人之耳目。此作易所不為也。

兩說皆見周易易解卷八。足以闡明太極與大衍之別。而古人以兩者并為一事者。由於譌讀象字所致。此之所謂象。表明起蓍之法。並非謂五十除一不用之一為太極。分而為二以象兩之兩為兩儀。掛一以象三之三為三才。揲之以四以象四時之四為四象。與是故易有太極一章理各有別。易有太極一章之大誼實言歸藏之消息。此所謂大衍。乃抽象求卦之法。

余舉三例。以正沈氏之譌。杭辛齋對沈氏大衍揲蓍之法。謂沈氏成此書時。已雙目失明。因曰眇言。其寫錄者未必知易。故述語繁複。而與所載之圖先後甲乙。均不相符。閱之頗費思索云。杭氏輯訂之名曰沈氏改正揲蓍法。杭氏不知譌處。焉能改正沈氏之譌。至求策之例。一不解四營而成易句。應知此句。即四十九數。分二、掛一、揲四、歸奇。求策時之次第有四。故曰四營。此據李氏集解引陸績說。二妄釋五、四為奇，九、八為耦。五與九是奇。四與八為耦。朱熹之說。未免矛盾。不知揲蓍。无奇耦之可言。因掛一之策。加諸奇即變耦。加諸耦即變奇。並非以奇即為陽。耦即為陰。

二、論三易揲蓍之策

歸藏連山之揲蓍之策。與周易相同。吳萊以為連山三十六。歸藏四十六。易則四十九。凡三易揲蓍之策。皆四十有九。吳氏此說。不詳所據。三易之策數。分而為三。實非。歸藏周易在卜筮者尚占。皆用十有八變。繫辭曰。

十有八變而成卦。

十有八變。乃周易用策數之理。疑歸藏相同。至連山十二畫卦。其變須三十六。為十八變加倍。如左傳襄九年。穆姜薨於東宮。始往而筮之。遇艮之八。杜預注。周禮太卜掌三易。雜用連山歸藏周易。二易指連山歸藏皆以七八為占。故言遇艮之八。孔穎達疏義更詳析。又晉語四重耳親筮之。曰尚有晉國。得貞屯貞本卦悔豫悔之卦皆八也。又董因筮之。得泰之八。韋昭解已明。因連山歸藏揲蓍時雖亦尚變。在尚占時。則以不變之爻占之。所謂七八者。七為少陽。八為少陰。至周易尚變。故用九六。九為老陽。三變皆陽爻。記以⊖。故乾卦有初九、九二、九三、九四、九五、上九之變。六為老陰。三變皆陰爻。記以✕。故坤卦有初六、六二、六三、六四、六五上六之變。繫辭所謂惟變是適。是指周易尚變至歸藏連山之占法。遇變者不用。少陽七。其記號為一。少陰八。其記號為--。遇一--之爻以為占。遇⊖✕之爻不以為占。與周易不同。其大別如此。

三、論用九用六

至用九用六。昔賢注釋。理欠明詳。先子周易易解卷一。解用九見羣龍无首句。合於易理。可參攷。並列圖以明之。

乾 ☰

初四爻變巽	二五爻變離	三上爻變兌	用九
姤	同人	履	乾之坤
小畜	大有	夬	

此圖。即乾統三女。巽為長女。離為中女。兌為少女。坤則反是。餘六十二卦。由此可推。至用九用六。為生成之用。如離坎對待。離九坎一。合之為十。中五為十五。今去陽之九為六陰也。去陰之六為九陽也。又以用九為參天。用六即兩地。在繫辭又云。

乾之策二百一十有六。坤之策百四十有四。凡三百有六十。當期之日。

漢人解釋此節。惟荀爽之說猶存。其言曰。

陽爻之册（祖縣按、册荀作策下同）三十有六。乾六爻皆陽。三六一百八十。（祖縣按此三十六荀氏由策數勉強湊合）六六三十六。合二百一十有六也。陽爻九。合四時。（祖縣按陽爻變是用九、與四時无涉）四九三十六。是其義也。陰爻之册。二十有四。坤六爻皆陰。二六一百二十。四六二十四。合一百四十有四也。陰爻六。合二十四氣。（祖縣按陰爻變用六。與二十四氣无涉）四六二百四十也。（祖縣按二百四十為當云二十四）

荀說非當。不知乾之二百一十有六者。乾之策每爻三十六。以六乘之。六爻得二百十六。坤之策每爻二十四。以六乘之得一百四十四。相加得數亦同。至三十六與二十四由大衍揲得之數與四十九相減而來。荀說實不能成立。并且乾六爻之變曰初九。曰九二。曰九三。曰九四。曰九五。曰上九。乾六畫皆為陽。在周易尚變。一爻由三變而成。所得策數得☰。是為⊖。即陽變為陰。此九字。指陽變而言。荀氏云陽爻九。失易之旨。當云乾本陽爻。今變陰爻。當以九字代之坤六爻之變。曰初六。曰六二。曰六三。曰六四。曰六五。曰上六。坤六畫皆陰。在周易尚變。一爻由三變而成。所得策數為☷。是為×。即陰變陽。此六字。指陰變而言。荀氏云。陰爻六。失易之旨。當云坤本陰爻。今變陽爻。當以六字代之。至歸藏連山。以不變之爻占。不用九用六。而用七用八。吳萊以三易策數各異。非是。

周易尚變。用九用六。並非以九為陽。以六為陰。此九此六。仍根據消息之大用。如乾六爻之變。由消為坤。坤六爻之變由息為乾。此係歸藏之卦變。而周易尚爻變。

朱熹筮儀。以五四為奇。九八為耦。奇耦二字。實為勾股之作用。五為弦。四為股。九者股弦和。八者勾弦和。朱熹未言究竟。使明白易解之文字在可解不可解之間。此釋易之弊。不獨朱熹而已。漢儒言易。明解莫如鄭玄。篤實莫如荀爽。摭拾故書。立意鳴高者。莫如虞翻。惜三人咸不肯以所據出處示人。（虞氏易、凡駁詰他人之說、方舉出。）皆其短處。

四、釋變

大衍之數五十。不是求卦之立成。卦之立成在橫圖。橫圖以一陽一陰為爻。故始乾終坤。何以又言一陰一陽之謂道。不知繫辭所謂道。有含而不露之深意。一陽一陰在橫圖當謂之體。一陰一陽在橫圖當謂之用。周易不尚消息。而重在變。繫辭十有八變而成卦外。注重變字。

余乃集其說曰。

1. 在天成象。在地成形。變化見矣。
2. 剛柔相推。而生變化。
3. 變化者。進退之象也。

4. 動則觀其變。而玩其占。

5. 爻者。言乎變者也。

6. 精氣為物。游魂為變。是故知鬼神之情狀。
祖綿按。卦變不言鬼神。爻辭睽上九載鬼一車。鬼猶初九之惡人。精氣指八純卦及歸魂也。京房易出歸魂。游魂。京房易如字。鬼神之說。以管子內業篇。思之思之。又重思之。思之而不通。鬼神將通之。非鬼神之力。精氣之極也。心術下篇同。管子言精氣。言鬼神。與繫辭同。

7. 通變之謂事。

8. 變通配四時。

9. 擬議之以成其變化。

10. 十有八變而成卦。

11. 凡天地之數五十有五。此所以成變化而行鬼神也。

12. 以動者尚其變。

13. 知變化之道者其知神之所在乎。

14. 參伍以變。錯綜其數。通其變。遂成天地之文。極其數。遂定天下之象。非天下之至變。其孰能與於此。

15. 一闔一闢謂之變。往來不窮謂之通。

16. 是故法象莫大乎天地。變通莫大乎四時。

17. 天地變化。聖人效之。

18. 變而通之以盡利。

19. 化而裁之謂之變。推而行之謂之通。

20. 化而裁之存乎變。推而行之存乎通。

21. 剛柔相推。變在其中矣。

22. 變通者。趣時者也。

23. 功業見乎變。

24. 通其變。使民不倦。神而化之。使民宜之。易窮則變。變則通。通則久。

25. 變動不居。周流六虛。上下无常。剛柔相易。不可為典要。唯變所適。

26. 道有變動故曰爻。

27. 是故變化云為。吉事有祥。

28、變動以利言。

繫辭於易重在變字如此。周易六十四卦。上下、兩卦相序與橫圖異。相同者十六卦。周易卦雖不變。而上下兩卦六爻相序。則爻爻尚變。繫辭所謂以動者尚變。是至上下二卦之連繫。則由八純四正之卦及游魂頤大過中孚小過四卦之作用。並將六十四卦聯為一氣。皆有數可推。如治絲之有緒。首尾相連。與橫圖異。

五、論大衍之數

大衍之數。是在橫圖六十四卦中。抽出一部分（以揲蓍之用）。演出一卦。如對數表推求答數之然否。故鄭玄釋衍為演。演之以推答數。干寶釋衍為合。合之以得答數。以求一卦之數者是。而治易者。每以大衍太極相混。殊欠分析。

或詰之曰。以勾股解此。始於周易折中啟蒙附論。何以五四為奇。不用句三。而用弦五股四。答曰。揲得策數。亦有得三者。合掛一之策而歸奇。即為四。則勾為股數。並且弦五之積為二十五。股四之積為十六。以二十五減十六。得九。即為勾之積。朱熹所謂五四為奇。即是弦五股四。下以奇字。殊非。至九八為耦。是勾股之變通。九為弦五加股四。八為弦五加勾三。以弦五之積二十五。以減股之積十六。得九。即為勾之積。又以弦之積二十五。以減勾之積九。得十六。即為股之積。可證勾股弦之積。與九八有關。朱熹所謂九八為耦。下以耦字。亦非。不過揲得策數。遇五與四。以一畫畫之。遇九與八。以--畫畫之。並无陰陽之可言。若泥於陰陽立說。則有違易理。

宋人言易。致力於數者。自陳摶始。摶書今不傳。讀摶自序易龍圖一文。對易立說。於河洛橫圖之外。別有創作。序中所謂未合之圖。為摶所創作之圖。奈毛甡、胡渭、惠氏父子。力闢河洛。以為河洛為摶所偽造。因未覩易龍圖序。焉知真贋哉。摶說。劉牧輩繼之。邵雍、張載、郭忠孝、朱震、張浚、朱熹輩迭出。亦不能辯明是非。且其時學者互相駁詰。如朱熹之於林栗。各有主張。各樹一幟。愈說愈遠。陳摶以後。言大衍者。以朱震為尚。震兼治漢人之說。言有本原。實出邵雍、朱熹之上。其言大衍之數。說頗冗長。故朱熹譏之以為大煩。又曰。觀其取象亦有好處。但牽合處多。且不善屬文。此固朱震之所短。然言之有物。非熹所及。茲節錄之如下。

揲之以四。以象四時。歸奇合耦之數。祖緜按。歸奇合耦之數。此句讀者難曉。即言掛一象三之數。歸合於奇耦。得五與四四。祖緜按。五為第一揲得之數。四為第二揲得之數。又四為第三揲得之數。即為三變而成一爻。則策數三十六。祖緜按。三變揲得之數為五四四。相加為十三。即用四十九減十三為三十六。四九也。祖緜按。四九。三十六也。是為乾之策。乾之策。老陽也。祖緜按。老陽三十六。即四十九減十三。得九與八八。祖緜按。九為第一揲得之數。八為第二揲得之數。又八為第三揲得之數。亦為三變而成一爻。如老陽。則策數二十四。祖緜按。三變揲得之數為九八八。相加為二十五。即用四十九減二十五為二十四六也。祖縣按，四六，二十四也。是為坤之策。坤之策。老陰也。祖縣按，老陰二十四，即四十九減二十五，得五與八八。祖縣按，五八八，相加為二十一，即用四十九減二十一，為二十八。得九與八四。祖縣按，九八四，相加為二十一，即用四十九減二十一，亦為二十八。策數二十八。四七也。祖縣按，四七，二十八也。是為震。祖縣按，☳震之策，初變五，二變八，三亦變八。坎。祖縣按，☵坎之策，初變九，二變四，三變，來震脫九四八句。艮。祖縣按，☶艮之策，初變九，二變八，三變四。之策。少陽也。祖縣按，少陽二十八，即四十九減二十一，得九與四四。祖縣按，九四四相加為十七，即用四十九減十七，為三十二。得五與四八。祖縣按，五四八相加為十七，即用四十九減十七，亦為三十二。策數皆三十二。四八也。祖縣按，四八，三十二也。是為巽。祖縣按，☴巽之策，初變九，二變四，三變亦四。離。祖縣按，☲離之策，初變五，二變八，三變四，來震脫五八四句。兑。祖縣按，☱兑之策，初變五，二變四，三變八。之策。少陰也。祖縣按，少陰三十二，即四十九減十七。三十六。祖縣按，為乾老陽數。合二十四。祖縣按，為坤老陰數。六十也。二十八。祖縣按，為震坎艮三卦少陽數。合三十二。祖縣按，為巽離兑三卦少陰數。亦六十也。祖縣按，六十折半為三十，一月大數。乾之策。六爻二百一十有六。坤之策。六爻一百四十有四。乾坤之策。凡三百有六十。當期之日與四時也。祖縣按，見下集解引陸績說。震坎艮之策。六爻一百六十有八。巽離兑之策。六爻一百九十有二。震坎艮巽離兑之策。凡三百有六十。亦當期之日。舉乾坤則六卦舉矣。老者變。少者不變。易以變為占者也。變則化。成變化。則鬼神行矣。管子曰。流行於天地之間。謂之鬼神。祖縣按，此管子內業篇文，今本无行字。歸奇合耦之數。所以異於策數者。存其掛一之數也。一者。太極不動之數。祖縣按，此句朱氏借辭大謂大衍之數五十，其用四十有九，即去一，與掛一不同，去一即虛一，掛一即合一。故五與四四。合為十三。去一則十二。祖縣按，此掛一之作用，不是虛一，下同。

九與八八。合為二十五。去其一則二十四。五與八八。合為二十一。九與四八合亦二十一。祖縣按朱氏臨文時脫九與四八句。去其一則皆二十。九與四四。合為十七。五與四八。合亦十七。祖縣按朱氏臨文時脫五與八四句。去其一皆十六。一體也。體隱則用顯。所謂二者。亦隱。祖縣按二即分而為二之二。故二十四者。老陰之策也。以二十四合十二則三十六者。老陽之策也。以二十合十二。則三十二者。少陽之策也。以十六合十二。則二十八者。少陰之策也。二十四合三十六。六十也。二十八合三十二。亦六十也。祖縣按此四句與上文冗。无怪朱熹以太煩譏之。用與不用。通而為一體。元非用也。劉牧謂經唯舉乾坤老陽老陰。三百六十之數。當期之日。不更別舉他卦之爻。而疑六日七分之義。此不以三陽反也。

朱震立說。較邵雍觀物外篇。朱熹本義。為簡質。雖有微疵。不掩大醇。揲筮之法。在初變非五即九。二變三變則是四是八。或連為四四。連為八八。其公式有八。與下引孔穎達正義。互校。

1. 五四四。即初變五。畫一。二變四。畫一。三變四。畫一。為老陽。三變似乾☰。寫作⊖。
2. 九八八。即初變九。畫--。二變八。畫--。三變八。畫--。為老陰。三變似坤☷。寫作-×-。
3. 五八八。即初變五。畫一。二變八。畫--。三變八。畫--。為少陽。三變似震☳。寫作一。

4. 九四八。即初變九畫--。二變四畫一。三變八畫--。亦為少陽。三變似坎☵。寫作☵。

5. 九八四。即初變九畫--。二變八畫--。三變四畫一。亦為少陽。三變似艮☶。寫作☶。

凡震坎艮三者。皆為少陽。繫辭謂陽卦多陰。以陽畫作一。陰畫作二。共五畫。五為奇數。此奇數與筮儀所謂五四為奇不同。少陽之數皆二十一。

6. 九四四。即初變九畫--。二變四畫一。三變四畫一。為少陰。三變似巽☴。寫作☴。

7. 五八四。即初變五畫一。二變八畫--。三變四畫一。亦為少陰。三變似離☲。寫作☲。

8. 五四八。即初變五畫一。二變四畫一。三變八畫--。亦為少陰。三變似兌☱。寫作☱。

凡巽離兌三者。皆為少陰。繫辭謂陰卦多陽。以陽畫作一。陰畫作二。共四畫。四畫為耦。此耦數與筮儀所謂九八為耦不同。少陰之數皆十七。

三變成一爻。不能離上所舉八個定例。憑千變萬化。其式為。

64(卦)×6(爻)×3(變)＝1152

下式。

64(卦)×18(變)＝1152

一一五二為乾坤二策。萬有一千五百二十之十分之一。以十八除之得六十四。

大衍策數之太陽少陰少陽太陰。與橫圖兩儀生四象之四象不同。橫圖乾一兌二為太陽。離三震四為少陰。巽五坎六為少陽。艮七坤八為太陰。由一陽一陰挨排而來。大衍之太陽少陰少陽太陰。由揲之以四。以象四時而來。漢書律曆志。衡權章云。

日陰陽言之。大陰者北方。（祖縣接、大太古通。）北。伏也。陽氣伏於下。於時為冬。……大陽者南方。南。任也。陽氣任養物。於時為夏。……少陰者西方。西。遷也。陰氣遷落物。於時為秋。……少陽者東方。東。動也。陽氣動物。於時為春。……中央者。陰陽之內。四方之中。經緯通达。迺能端直。於時為四季土。

漢書律曆志。衡權立說。以太陰為權。太陽為衡。少陰為矩。少陽為規。中央為繩。（同書繩相傳同）是據洛書。乃用十。至橫圖之四象。由四象生八卦而來。是據河圖。乃用九。乾一坤八。合之為九。兌二艮七。合之為九。離三坎六。合之為九。震四巽五。合之為九。更以消息之理。乾可通坤。坤可通乾。合之亦為九。兌可通艮。艮可通兌。合之亦為九。離可通坎。坎可通離。合之亦為九。震可通巽。巽可通震。合之亦為九。如是劉牧以九為河圖。十為洛書。則是。而後人以十為河圖。九為洛書。則非。循河洛分途。以治大衍。庶幾得之。

在橫圖。乾一兌二。合之為三。離三震四。合之為七。（宋人治易。對七字極注意。然皆言不由中。）巽五坎六。合之為十一。

去八卦之八數，則為三，與乾一兌二為三同。艮七坤八。合之為十五。去八卦之八數，則為七，與離三震四合為七同。其數乾一兌二。與巽五坎六相通。離三震四。與艮七坤八相通。不過在相減。知減之義。而數即通。減之符號而為負。正則人皆知之。負則非加以思索不可。正負二者。研究哲學者。不可忽視之。

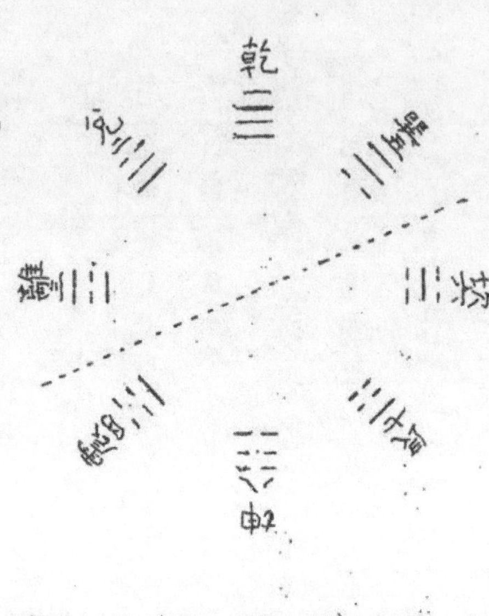

先子周易易解卷一坤卦說曰。先天卦位。三女從乾。三男從坤。即乾坤兩卦之變。先子提出之變之變即乾初四變巽。二五變離。三上變兌。即為三女從乾。坤初四變震。二五變坎。三上變艮。即為三男從坤。周易尚變。凡卦皆然。惟乾坤以外。如䷂屯䷃蒙二卦。則以二卦之之變為聯系。即繫辭所謂爻者言乎變者也。故周易六爻全在變。其餘六十卦類推。至

繫辭所謂。

凡三百有六十當期之日。

三百有六十。舉一年十二月大數而言。月有大小。故書堯典朞三百有六旬有六日為一年。期堯典作朞。孔傳朞帀四時曰朞。本亦作棋。大戴禮本命朞而生臏。注期年天道

一備。集解引陸績曰。

日月十二交積三百五十四日有奇為一會。今云三百六十當期。則實十二月六日也。十二月為一期。故云當期之日也。

陸績史稱星曆算數。無不該覽。又作渾天圖。故此注信而有徵。

六、蓍法考畧

自漢至宋。對於揲蓍立說。始於虞翻。其說曰。

奇所掛一策。扐所揲之餘。不一則二不三則四也。取奇以歸扐。以閏月定四時成歲。故歸奇於扐。以象閏也。

虞說簡。惠棟周易述。據之。亦无闡明。見周易述卷十六 釋文掛別也揲猶數也。數非一數二數之數 說文。閱持也。鄭云。取也。扐。馬云。指間也。郭忠孝以扐當為禮記王制。祭用數之仂。扐仂義異。不可從。掛京房作卦。再扐而後布卦。此據釋文及宋儒經解而節錄之。刪煩就簡。使有抉擇也。大衍一節。乃立算之本。在宋人以前。如孔穎達一行等已早有說。孔說冗長。茲擇要錄之如下。

十有八變而成卦者。每三變成一爻。謂初一揲。不五則九。是一變也。

第二揲。不四則八。是二變也。

第三揲。亦不四則八。是三變也。

若三者俱多為老陰。謂初得九。第二第三俱得八也。

若三者俱少為老陽。謂初得五。第二第三俱得四也。

若兩少一多為少陰。謂初與二、三之間。或有四或有五而有八也。（祖縣按：文字有誤。前言初一揲不五則當云或有五有四有八也。）或有二個四而有一個九。此為兩少一多也。

其兩多一少為少陽者。謂三揲之間。或有一個九有一個八而有一個四。或有二個八而有一個四。或有二個八而有一個五。此為兩多一少也。

如此三變既畢。乃定一爻。六爻則十有八變乃始成卦也。

上文朱震言十有八變而成卦。脫坎離兩卦。孔氏之說。排列亦錯雜。使讀者惑之。蘇軾東坡易傳。引一行易纂云。

十有八變而成卦。八卦而小成。則十八變之間。有八卦焉。人莫之思也。變之扐有多少。其變一也。不五則九。（祖縣按：言第一變得數為五為九。）其二與三也。不四則八。（祖縣按：言第二變與第三變得數不是四即是八。）八與九為多。五與四為少。多少者。奇耦之象也。（祖縣按：一行出多少二者。與孔穎達同。惟出奇耦二者。與理有違。朱熹筮儀亦仍一行而誤。）三變皆少。則乾之象也。乾所以為老陽。而四數其餘得九。故以九名之。（祖縣按：三變皆少。即上例五四四。相加為十三。與用四十九相減為三十六。以四除之為九。）三變皆多。則坤之象也。坤所以為老陰。而四數其餘得六。故以六名之。（祖縣按三變皆多，即上2.例，九八八，相加為二十五，與用四十九相減為二十四，以四除之為六。三變而少者一。祖縣按：一指三數中，一個少數而言，如上3.例五八八，是五為少，4.例九四八，是四為少，5.例九八四，是四為少，則震坎艮之象也。震坎艮所以為少陽。而四數其餘得七。故以七名之。祖縣按：五八八與九四八，與九八四，皆為二十一，與用四十九相減得二十八，以四除之得七，三變而多者一。祖縣按：一指三數中，一個多數而言，如上6.例九四四，是九為多，7.例五八四，是八為多，8.例五四八，是八為多，則巽離兌之象也。巽離兌所以為少陰。而四數其餘得八。故以八名之。祖縣按：九四四，與五八四，與五四八，皆為十七，與用四十九相減得三十二，以四除之得八，故七八九六者。因餘數以名陰陽。陰陽之所以老少者。不在是而在乎三變之間。八卦之象也。

一行精曆象之學。所著易纂已佚。蘇軾尚引之。李鼎祚集解又引崔憬周易探玄一文。說見下。在周易正義乾之初九潛龍勿用。引鄭玄注云。

易皆稱周易以變者為占。故稱九稱六。所以老陽數九。老陰數六者。以揲蓍之數。九遇揲則得老陽。六遇揲則得老陰。其少陽稱七。少陰稱八。義亦準此。

而周善培云。見周易雜卦證解二八〇頁。

四象者。兩儀四錯之四變也。後儒始有少陽少陰老陽老陰之說。繫辭傳則惟有四象之文。相錯之文也。

周氏所謂後儒。不知是漢是宋。在漢則漢書京房傳。已出太陽等名目。漢書律曆志。亦屢言之。何周氏未之見也。孔氏正義在乾初九又引張氏說云。（張氏名不可攷，馬國翰以為即陳時張譏，段後目同。）陽數有七有九。陰數有八有六。但七為少陽。八為少陰。質而不變。為爻之本體。九為老陽。六為老陰。文而從變。故為爻之別占。且七既為陽爻。其畫已長。今有九之老陽。不可復畫為陽爻。所以重體。（祖緜按，重，今畫為○，見賈公彥周官義疏、儀禮義疏、周易凡卦六爻皆尚變，以大衍求策，不變之爻仍為七，劉氏嘉業堂本體作錢。）避少陽七數。故稱九也。八為陰數。今六為老陰。不可復畫陰爻。故交其體。（祖緜按，交，畫為×，說亦見賈公彥周官義疏、儀禮義疏，嘉業堂本體作錢。）避八而稱六。

張氏之說。雖不在大衍一節。而義則可通。故及之。凡上所引。皆宋人以前之解釋。周善培以為宋儒治易之勞。多為大衍一節所驅策。不獨立說不當。並不知大衍之用。友人鄭立三。（江陰人，善讀易，著有易象今釋。）與周氏相友。以周氏所作大衍簡法示余。其言曰。

七八不變。九六則變。凡陽數必十三減六為七。陰數必十四減六為八。重體必十五減六為九。（祖緜按，重體即老陽。）交體必十二減六為六。（祖緜按，交體即老陰。）

立三不能解。問余然否。答曰。周氏平素闢四象少老之說。余前覩與君書有云。四象者。兩儀四錯之四變也。无所謂少老之說。（後見周易證解二八〇頁，亦主此說，惟文畧有出入。）不知漢書律曆志已言之矣。七八不變。七指少陽。八指少陰。九六則變。九指老陽。六指老陰。此七八九六。實將包括老少。周氏立論謬以陽數為少陽。按少陽為震，其策數為五八八，為坎，其策數為九四八，為艮，其策數為九八四。此謬誤朱震所謂故五與四四，合為十三，去其一則十二，合老陽之策並少陽為一談而謬。至重體必十五減六為九。周氏以為重體宜增。重體即老陽。故陽數當增二。交體必十二減六為六。周氏以為交體宜減。交體即老陰。故陰數當減二。周說與數理相違。立三以吿周氏。著雜卦證解。於大衍一節乃刪之。

清人對大衍一節。致力之勤。首推江永河洛精蘊。單思蘭讀易易知。及沈善登需時眇言。江沈二氏所著之書俱存。兹不贅。惟單書不刊行。其書卷二十及二十一。論及大衍之理。雖有瑕處。猶有勝義。單昭文人，字魁香，著讀易易知三十二卷，我家尚藏有稿本。文長。兹附錄篇末。大衍之義。其要有五。

一、乾之策二百一十有六。坤之策百四十有四。相加為三百六十。此一年十二月之概數。然月有大小。非三百六十可以盡之。惟以消息之理推之。乾消至坤。坤息至乾。兩卦相錯。適合三百六十度。若以為大衍之數。與消息無關。亦不能達其旨。至其他六十二卦。以相錯之法釋之。皆三百六十策。

二、乾坤二策。以四時解之。繫辭云。日月運行。一寒一暑。寒時在冬至。日至最短。謂之日短至。暑時在夏至。日至最長。謂之日長至。春分秋分。運行之度數適得平均。故謂之分。分者正一百八十度。然其餘氣候。雖晝夜有短長。然兩卦相錯。仍為三百六十度。以合策數。

三、繫辭云。通乎晝夜之道而知。已明明揭出晝夜有短長。然晝短則夜長。夜短則晝長。仍是消息之理。故含消息之理。決不能明大衍之數。

四、老陽三十六。除策數二百一十有六。即得六。老陰二十四。除策數百四十四。亦得六。六即是六爻。老陽老陰相加。為三百六十。以除萬有一千五百有二十之數。為三十二。此三十二之數。為六十四卦折半數。因消息是錯不是綜。乾消為坤。坤息為乾。六十四卦合之為三十二。其策為三百六十。在周易不尚消息。故策數不能如橫圖之劃一。邵雍又以二十八乘二百一十有六。以三十二乘百四十有四。兩數相加。亦為萬有一千五百二十。其數不過偶合之爾。

五、置閏之法。漢書律曆志。已言推步之理。王先謙漢書補注。薈萃諸說。可以取法。且有公式。若有人改定之。可使學者易於入手。

揭舉五義。並將大衍求策之法。列表如下。

分二表

第一变 49 策			第二变 44 策			第二变 40策			第三变 36 策			第三变 32 策		
左	右	掛一揲餘歸奇	左	右	掛一揲餘歸奇	左	右	掛一揲餘歸奇	左	右	掛一揲餘歸奇	左	右	掛一揲餘歸奇
1	48	1+4 =5	1	43	1+3 =4	1	39	1+3 =4	1	35	1+3 =4	1	31	1+3 =4
2	47	1+(1+3)=5	2	42	1+(1+2)=4	2	38	1+(1+2)=4	2	34	1+(1+2)=4	2	30	1+(1+2)=4
3	46	1+(2+2)=5	3	41	1+(2+1)=4	3	37	1+(2+1)=4	3	33	1+(2+1)=4	3	29	1+(2+1)=4
4	45	1+(3+1)=5	4	40	1+(3+4)=8	4	36	1+(3+4)=8	4	32	1+(3+4)=8	4	28	1+(3+4)=8
5	44	1+(4+4)=9	5	39	1+(4+3)=8	5	35	1+(4+3)=8	5	31	1+(4+3)=8	5	27	1+(4+3)=8
6	43	1+(1+3)=5	6	38	1+(1+2)=4	6	34	1+(1+2)=4	6	30	1+(1+2)=4	6	26	1+(1+2)=4
7	42	1+(2+2)=5	7	37	1+(2+1)=4	7	33	1+(2+1)=4	7	29	1+(2+1)=4	7	25	1+(2+1)=4
8	41	1+(3+1)=5	8	36	1+(3+4)=8	8	32	1+(3+4)=8	8	28	1+(3+4)=8	8	24	1+(3+4)=8
9	40	1+(4+4)=9	9	35	1+(4+3)=8	9	31	1+(4+3)=8	9	27	1+(4+3)=8	9	23	1+(4+3)=8
10	39	1+(1+3)=5	10	34	1+(1+2)=4	10	30	1+(1+2)=4	10	26	1+(1+2)=4	10	22	1+(1+2)=4
11	38	1+(2+2)=5	11	33	1+(2+1)=4	11	29	1+(2+1)=4	11	25	1+(2+1)=4	11	21	1+(2+1)=4
12	37	1+(3+1)=5	12	32	1+(3+4)=8	12	28	1+(3+4)=8	12	24	1+(3+4)=8	12	20	1+(3+4)=8
13	36	1+(4+4)=9	13	31	1+(4+3)=8	13	27	1+(4+3)=8	13	23	1+(4+3)=8	13	19	1+(4+3)=8
14	35	1+(1+3)=5	14	30	1+(1+2)=4	14	26	1+(1+2)=4	14	22	1+(1+2)=4	14	18	1+(1+2)=4
15	34	1+(2+2)=5	15	29	1+(2+1)=4	15	25	1+(2+1)=4	15	21	1+(2+1)=4	15	17	1+(2+1)=4
16	33	1+(3+1)=5	16	28	1+(3+4)=8	16	24	1+(3+4)=8	16	20	1+(3+4)=8	16	16	1+(3+4)=8
17	32	1+(4+4)=9	17	27	1+(4+3)=8	17	23	1+(4+3)=8	17	19	1+(4+3)=8	17	15	1+(4+3)=8
18	31	1+(1+3)=5	18	26	1+(1+2)=4	18	22	1+(1+2)=4	18	18	1+(1+2)=4	18	14	1+(1+2)=4
19	30	1+(2+2)=5	19	25	1+(2+1)=4	19	21	1+(2+1)=4	19	17	1+(2+1)=4	19	13	1+(2+1)=4
20	29	1+(3+1)=5	20	24	1+(3+4)=8	20	20	1+(3+4)=8	20	16	1+(3+4)=8	20	12	1+(3+4)=8
21	28	1+(4+4)=9	21	23	1+(4+3)=8	21	19	1+(4+3)=8	21	15	1+(4+3)=8	21	11	1+(4+3)=8
22	27	1+(1+3)=5	22	22	1+(1+2)=4	22	18	1+(1+2)=4	22	14	1+(1+2)=4	22	10	1+(1+2)=4
23	26	1+(2+2)=5	23	21	1+(2+1)=4	23	17	1+(2+1)=4	23	13	1+(2+1)=4	23	9	1+(2+1)=4
24	25	1+(3+1)=5	24	20	1+(3+4)=8	24	16	1+(3+4)=8	24	12	1+(3+4)=8	24	8	1+(3+4)=8
25	24	1+(4+4)=9	25	19	1+(4+3)=8	25	15	1+(4+3)=8	25	11	1+(4+3)=8	25	7	1+(4+3)=8
26	23	1+(1+3)=5	26	18	1+(1+2)=4	26	14	1+(1+2)=4	26	10	1+(1+2)=4	26	6	1+(1+2)=4
27	22	1+(2+2)=5	27	17	1+(2+1)=4	27	13	1+(2+1)=4	27	9	1+(2+1)=4	27	5	1+(2+1)=4
28	21	1+(3+1)=5	28	16	1+(3+4)=8	28	12	1+(3+4)=8	28	8	1+(3+4)=8	28	4	1+(3+4)=8
29	20	1+(4+4)=9	29	15	1+(4+3)=8	29	11	1+(4+3)=8	29	7	1+(4+3)=8	29	3	1+(4+3)=8
30	19	1+(1+3)=5	30	14	1+(1+2)=4	30	10	1+(1+2)=4	30	6	1+(1+2)=4	30	2	1+(1+2)=4
31	18	1+(2+2)=5	31	13	1+(2+1)=4	31	9	1+(2+1)=4	31	5	1+(2+1)=4	31	1	1+(2+1)=4
32	17	1+(3+1)=5	32	12	1+(3+4)=8	32	8	1+(3+4)=8	32	4	1+(3+4)=8			
33	16	1+(4+4)=9	33	11	1+(4+3)=8	33	7	1+(4+3)=8	33	3	1+(4+3)=8			
34	15	1+(1+3)=5	34	10	1+(1+2)=4	34	6	1+(1+2)=4	34	2	1+(1+2)=4			
35	14	1+(2+2)=5	35	9	1+(2+1)=4	35	5	1+(2+1)=4	35	1	1+(2+1)=4			
36	13	1+(3+1)=5	36	8	1+(3+4)=8	36	4	1+(3+4)=8						
37	12	1+(4+4)=9	37	7	1+(4+3)=8	37	3	1+(4+3)=8						
38	11	1+(1+3)=5	38	6	1+(1+2)=4	38	2	1+(1+2)=4						
39	10	1+(2+2)=5	39	5	1+(2+1)=4	39	1	1+(2+1)=4						
40	9	1+(3+1)=5	40	4	1+(3+4)=8									
41	8	1+(4+4)=9	41	3	1+(4+3)=8									
42	7	1+(1+3)=5	42	2	1+(1+2)=4									
43	6	1+(2+2)=5	43	1	1+(2+1)=4									
44	5	1+(3+1)=5												
45	4	1+(4+4)=9												
46	3	1+(1+3)=5												
47	2	1+(2+2)=5												
48	1	1+(3+1)=5												

（說明一）左指左方，右指右方，掛即掛一，揲謂除之以四，歸奇乃合掛一及左右兩方所揲余之策。

例如：第一变之一，左方一策，掛一与另，右方48策，揲余4，再加掛一，故歸奇為5。

第二变之二，左方掛一則余一，右方47揲余3，故三共為5

（說明二）掛一之策左右方均可。

（說明三）凡第二變之分二，以第一變減5或9，故總數為44或40。

（說明四）凡第三變之分二，以第二變減4或8，故總數為40或36或32。

余今為之列表。大衍求策。一目了然。今再加以說明。

一、易皆以十八變而成。三變成一爻。六爻成一卦。

二、變雖十八。而變之例有三。

第一變。　凡第四、第七、第十、第十三、第十六變。皆如第一變所得歸奇策數。非五即九。

第二變。　凡第五、第八、第十一、第十四、第十七變。皆如第二變所得歸奇策數。非四即八。

第三變。　凡第六、第九、第十二、第十五、第十八、五項之變。皆如第二變所得歸奇策數。亦非四即八。

變例是很簡單的。前人解釋。喜就高深處立說。使人不易領會。

三、繫辭云。陽卦多陰。陰卦多陽。如☳震☵坎☶艮。是為陽卦。而卦畫一陰得兩。是謂多陰。☴巽☲離☱兌為陰卦。而卦畫一陽得兩。是謂多陽。惟大衍之數。宋人以五四為奇。九八為耦。這兩句話。不獨違反易理。並且違反數理。五與九乃是奇數。四與八乃是耦數。此五四。此九八。非真實之奇耦。不過歸奇之策。得五（在第一變）與四。（在第二變第三變）畫一陽號以記一。得九（在第一變）與八。（在第二變第三變）畫一陰號以記--。學者對奇耦兩字。不可拘泥。

四、分二、掛一、揲四、歸奇四者。自以錢代蓍後。（以錢代蓍，始見於孔穎達易正義，繼見於賈公彥周官儀禮疏。）已廢而不用。其說具在。治易者皆能知之。拘於揲蓍求策。已不知為起算之原。日本卜者。猶用此法。然亦昧於數之根原。如分二表所列左1左2左3左4右1右2右3右4各項。須知有一即有數。有數即可掛。一數掛一外无餘數。即作歸奇論。至二三四之數。掛一外。有餘數即揲餘。

五、王充論衡卜筮篇云。案易之文。觀揲蓍之法。二分以象天地。四揲以象四時。歸奇於扐。以象閏月。王充之說與繫辭同。惟脫掛一一句。

據上表與說明。可證大衍為起數之原。在周易以爻為變。故繫辭曰。道有變動。故曰爻。爻有等。故曰物。（等、即初二三四五上也。物由爻之次序而生。）物相雜。故曰文。文不當。故吉凶生焉。繫辭又重言以申明之曰。聖人有以見天下之動。而觀其會通。以行其典要。繫辭焉以斷其吉凶。是故謂之爻。明明指出是爻則動。動則變。周易六爻尚變。於是有老陽老陰。是變之所生。然變有一定之公式。例如乾卦一爻之變。在六爻中變在何爻。乃以初九、九二、九三、九四、九五、上九以別之。皆指老陽。如乾六爻皆變。乃以用九別之。是指六爻皆老陽。陰爻變則曰六。凡卦皆然。與歸藏連山用七八為占異。惟周易有十六卦與歸藏相同。（說見第一章。）但是卦。不是爻。若變一爻即作動論。動之兆。陽曰九。陰曰六。由大衍之用占得之。占即謂分二掛一揲四歸奇。占之孳乳為拈。拈有揲意。故占聲筮聲之字。音義相通。

在繫辭云。

易有聖人之道四焉。以言者尚其辭。以動者尚其變。以制器者尚其象。以卜筮者尚其占。

此四者。皆言周易不能離大衍之數。茲畧述之如下。

以言尚辭。在周易卦辭與爻辭。皆有一定之規律。故王弼易畧例云。言者明象者也。左傳昭元年。言以知物。離乎物。即不能出言。王氏所謂象與物與數。有莫大之關係。在左傳僖十五年。物生而後有象。象而後有滋。（滋、唐以前治左傳者、均未解釋、滋為孳之段、孳說文孳、汲汲生也、）滋而後有數。為明象之一證。至辭字。繫辭屢出而定理在辭也者各指其所之。凡周易下之（字、有變意、）一句。韓康伯注辯吉凶者存乎辭。及鼓天下之動者存乎辭。皆云辭。爻辭也。韓氏又云。爻即指變。言時尚辭。如論語子路篇所謂一言興邦。一言喪邦之類。在艮象之言有序者。是得辭。如困卦有言不信。是失辭。故繫辭重言以申明之。言行君子之樞機。樞機是象。由象生數。數由大衍而來。是言者尚辭之正。重在象。

以動尚變。乃指作周易而言。動之幾在大衍。繫辭云。動則觀其變。又曰。以動者尚其變。故能變始能通。能變通方能隨時而進。故繫辭重言以申明曰。變通者趨時者也。歸藏連山之排列太形呆板。由一陽一陰組織而成。發明陽消陰息。乃為一陰一陽之謂道。先秦諸子言道。多課虛之談。若以消息之理明之。始不至游乎恍兮忽兮之中。周易因時代之故。較歸藏又進一步。以動為貴。然動不可妄。以大衍之數推衍之。以象明其義。故繫辭曰。動靜有常。乃根據艮卦彖動靜不失其常而申義。常。典法也。周易重在變。然變在爻不在卦。繫辭所謂惟變是適。亦指爻言。變之要旨如是。學者當認定之。

制器尚象。更不能離乎大衍。繫辭所謂備物致用。以為天下利者是。又曰變而通之以盡利。不能離棄象數。提出盡利二字。言器非求舊惟新。書盤庚文日新不已。方與盡利之義合。若固執舊法。事業不能躍進。

至卜筮尚占。雖為四道之一。在古時科學未昌明。對於自然界之現象。雖已提到象字。已有唯物之認識。但未深造。因之遇事不能毅然決然為之。借大衍之數以決疑。故漢人侈言災異。以惑人主。去易已遠。至宋代朱熹本義重之。後世治朱學者宗之。史言熹在慶元時。上書陳權奸之禍。門人恐賈禍。諫之不從。請以蓍決。乃筮之。遇遯之同人。乃焚奏章。號遯翁。後世多議之。朱氏立論以易尚卜筮。所見過隘。且龜卜不用易。此句令人不解。

以上舉尚辭尚變尚象尚占。與大衍有關。故略論之。

茲舉十八變公式如下。

每卦十八變。當分二。掛一。揲四。歸奇。須要分四次手續。十八變皆同。

第一變分二。以49策分為二。如分得左29策右20策。 掛一。在左29策中取得一策。扐於指間。 揲四。將左策掛一外28策。四揲之餘4。4即為歸奇之數。并入掛一之策為5。再以右20策。揲之以四。亦餘4。4亦為歸奇之數。并入左方5策得9。9為陰號。以--記之。

第二變以第一變49策減歸奇之9策。為40策。 分二。如左20策。右20策。掛一。在左20策中取得一策。扐於指間。揲四。將左策掛一外19策。四揲之餘3。3即為歸奇之數。并入掛一之策為4。再以右20策。揲之以四。亦餘4。4亦為歸奇之數。并入左方4數得8。8亦為陰號。以--記之。

第三變以第二變40策減歸奇之8策。為32策。 分二。如左16策。右16策。 掛一。在左16策中取得一策。扐於指間。四揲之餘3。3即為歸奇之數。併入掛一之數為4。再以右16策。揲之以四。亦餘4。4亦歸奇之數。并入左方4數亦得8。8亦為陰號。亦以--記之。一變至三變。三變為☷。為陰爻-×-。

第四變與第一變同。惟以49策分二。如左5策右44策。　掛一在左5策中取得一策。扐於指間。四揲之餘4。4即為歸奇之數。併入掛一之數為5。再以右44策。揲之以四。亦餘4。4亦歸奇之數。并入左方5數得9。9為陰號。以--記之。

第五變與第二變同。以四變蓍數49減歸奇之9策。為40策。　分二如左12策。右28策。在左12策中取得一策。扐於指間。四揲之餘3。3即為歸奇之數。併入掛一之數為4。再以右28策。揲之以四。餘4。4亦為歸奇之數。并入左方4數。亦得8。8亦為陰號。亦以--記之。

第六變與第三變同。以五變40策減歸奇之8策。為32策。　分二如左20策。右12策。

掛一在左20策中取得一策。扐於指間。四揲之餘3。3即為歸奇之數。併入掛一之數為4。再以右12策。四揲之亦餘4。4亦歸奇之數。併入左方之4。亦得8。8亦為陰號。亦以--記之。四變至六變三變為☷。亦為陰爻。

第七變與第一變第四變同。此下四項手續。以上六變為例。不再舉。以表對之。以蓍數49分二。如左5。右44。掛一得1。左揲餘4。右揲餘4。檢表在第一變為

$1+(4+4)=9$　　9為陰號。以--記之。

掛　左揲餘　右揲餘　歸奇

第八變與第二變第五變同。以七變49策減歸奇之9策。為40策。分二。如左33右7。檢表第二變為

一＋(4＋3)＝8
掛　左揲餘　右揲餘　歸奇

8為陰號。亦以一記之。

第九變與第三變第六變同。以八變40策減歸奇之8策。為32策。分二。如左22右10。檢表第三變為

一＋(1＋2)＝4
掛　左揲餘　右揲餘　歸奇

4為陽號。以一記之。七變至九變三變為☰。為陽爻一。

第十變與第一變第四變第七變同。以49策分二。如左1右48。檢表第一變為

一＋4＝5
掛　右揲餘　歸奇

左策數1。即作掛下无數。即作歸奇論。右48策以四揲之餘4為歸奇之數。5為陽號。以一記之。

第十一變與第二變第五變第八變同以十變49策減歸奇之5策。為44策　分二。如左11右33。檢表第二變為

一＋(2＋1)＝4
掛　左揲餘　右揲餘　歸奇

4亦為陽號。亦以一記之。

第十二變與第三變第六變第九變同。以十一變44策減歸奇之4策。為40策。分二。如左10右30。檢表第三變為

一+（1+2）=4
掛 左揲餘 右揲餘 歸奇
4亦為陽號。亦以一記之。十變至十二變。三變為二。為陽爻一。

第十三變與第一變第四變第七變第十變同。分二之策。如左5右44。檢表第一變為
一+（4+4）=9
掛 左揲餘 右揲餘 歸奇
9為陰號。以--記之。

第十四變與第二變第五變第八變第十一變同。以十三變49策減歸奇之9策。為40策。分二。如左13右27。檢表第二變為
一+（4+3）=8
掛 左揲餘 右揲餘 歸奇
8為陰號。亦以--記之。

第十五變與第三變第六變第九變第十二變同。以十四變40策減歸奇之8策。為32策。分二。如左19右13。檢表第三變為
一+（2+1）=4
掛 左揲餘 右揲餘 歸奇
4為陽號。以一記之十三變至十五變三變為☲以一記之

第十六變與第一變第四變第七變第十變第十三變同。以蓍數49分二。如左11右38。檢表第一變為
一+（2+2）=5
掛 左揲餘 右揲餘 歸奇
5為陽號。以一記之。

第十七變與第二變第五變第八變第十一變第十四變同。以十六變49策減歸奇之5策。為44策。分二。如左22右22。檢表第二變為

一＋(1＋2)＝4　4亦為陽號。以一記之。
莖　左揲餘　右揲餘　歸奇

第十八變與第三變第六變第九變第十二變第十五變同。以十七變44策減歸奇之4策。為40策。分二。如左16右24。檢表第三變為

一＋(3＋4)＝8　8為陰號。以- -記之。十六變至十八變三變為☱。以☱記之。
莖　左揲餘　右揲餘　歸奇

上列第一變至十八變。乃三變成一爻。六爻成一卦之規律如此。繫辭所謂四營成易。即一營為分二。二營為掛一。三營為揲四。四營為歸奇。再以十八變得歸奇之數。列表如下。

六爻成卦咸之需	歸奇數即三變成爻 以用四十九減三變	三變歸奇相加數	六爻歸奇數	十八變的次第
- -	49−17＝32 少陰 - -	＝17	8 4 5	18 17 16
—	49−21＝28 少陽 —	＝21	4 8 9	15 14 13
-○- 九四	49−13＝36 老陽 -○-	＝13	4 4 5	12 11 10
- -	49−21＝28 少陽 —	＝21	4 8 9	9 8 7
-×- 六二	49−25＝24 老陰 -×-	＝25	8 8 9	6 5 4
-×- 初六	49−25＝24 老陰 -×-	＝25	8 8 9	3 2 1

如表所得六爻。是謂咸之需。- - — -○- — -×- -×-。此為周易之變。以變爻初爻二爻四爻為占。至于

八變為四時。見漢志中。漢志所謂四象。實與橫圖之四象。絕對不同。漢書律歷志。大陰者北方。……於時為冬。……大陽者南方。……於時為夏。……少陰者西方。……於時為秋。少陽者東方。……於時為春。是據洛書離夏坎冬震春兌秋立說。並未及數。朱熹以河圖立說。其說不合。因誤讀洪範所致。總之大衍之數。由揲數而來。惟生成須分五組。若不明大衍須用何組。仍不能明其究竟。大衍當用地十成土於中與天五并一組。

洛書生成之數。在乾鑿度為九宮。在繫辭即天一地二一節。其總括在五位相得而各有合一句。離九用原數。即四乘九為三十六。班志所謂老陽同。何以以四乘之。因四即揲之以四之四。自漢迄今。言易者已提出四字。但是四字之定義。均未明確。使讀者皆在恍惚之中。坎數一。今不用一而用六。因生成之數一六為水。即五之加減。即四乘六為二十四。是為老陰。震數三。今不用三而用八。因生成之數。三八為木。亦五之加減。四乘八為三十二。當為少陽。兌數七。亦用原數。四乘七為二十八。當為少陰。但二者揲數適相反。因生成以洛書四維為幹旋。是中五之作用。與揲數所謂老陽老陰少陽少陰異。若用繫辭兩儀生四象。四象生八卦。於揲蓍之數則不可。今以咸需之一卦證之。以概其餘。如是則分二揲四歸奇三者。已有確據。而掛一以象三之說。其理如下。

掛說文无。即挂字。在乾鑿度云。

卦者。挂也。祖縣按。挂不言掛。掛為俗字。挂萬物視而見之。

釋名釋姿容云。

卦。賣卦。挂也。自挂于市而自賣之。自可無慙色。言此似之也。

酋改錢代著。劉熙所云。我國已无之。廣雅釋言云。

卦。挂也。

據上三說。唐以前惟虞翻解掛字。唐以後惟孔穎達正義解掛一之說。說皆未諦。至清周易折中附論。江永數理精蘊。內篇卷三大衍之數五十說。及揲著說。外篇六卷。全卷自句股原始始至論三率連比例之理十六篇。皆言句股與易結合之理。沈善登需時眇言原筮篇釋掛一以象三句。均无明解。先子云。見易解卷八。

掛者就兩儀數中。祖縣按。先子以傳分而以象兩兩作兩儀解。恐非。取其一于小指間。而配兩儀。此象三才也。一不掛。則每變所得之數。皆為純陽。故掛一始能成文。

先子立論不過言掛一之用。未及掛一之體。至體則在周髀算經也。

七、大衍圖例

周髀算經其言曰。

昔者周公問於商高曰。祖縣按，某某以周髀算經為偽書，肯定非周公所作，以稿示余，余謂子為讀，天下豈有周公著書自認周公，決无此理，遂棄去商高並无其人，因算術重在高，重在商。竊問乎大夫善數也。請問古者包犧立周天曆度。祖縣按，閏為曆度之一。夫天不可指而升。地不可將尺寸而度。請問數從安出。商高曰。數之法。出於圓方。圓出於方。方出於矩。矩出九九八十一。故折矩。以為勾廣三。股修四。祖縣按，修為長之段借，淮南子父名長，諱長為修，則周髀算經出淮南子之後可證。徑陽五。既方之外半其一矩環而共盤。得成三祖縣按，三即勾。四祖縣按，四即股。五祖縣按，五即弦。兩矩共長二十五。祖縣按，視圖。是謂積矩。故禹之所以治天下者。此數之所生也。祖縣按，沈善登據係感為重卦之說本此。

又列圖如下。

弦圖

中黃實

一、視圖四十九，即七七自乘之積。

二、中黃實謂掛一之數，黃實謂圖着黃色，填滿黃色，故曰黃實。趙君卿注，甄鸞重述，李淳風等注釋，均未言此係大衍其用四十有九之數，使易與算隔離。

三、以中黃實居四十九之中，以四為中心，即為揲之以四，其上下左右，皆為三，即掛一以象三。

四、圖中八個勾股，又弦實二十五，去中黃實得四個勾股。

五、如圖兩個勾股，得積十二，加掛一為十三，用四十九減之，得三十六，為老陽。四個勾股得積二十四，加掛一為二十五，用四十九減之，得二十四，為老陰。股四弦五相乘，得二十，加掛一為

二十一、用四十九減之得二十八、為少陽、股四自乘得十六、加掛一為十七、用四十九減之得三十二、為少陰、

近人李儼學藝彙刊29中算史論叢(一)中算之家定理研究文中。勾股方圓圖注。亦載此圖。惟治易者不治算。治算者不治易。故彼此隔離。視上圖已獲得其用四十有九。掛一揲四之立成。至歸奇5 4 4為太陽。9 8 8為太陰等。仍以前圖明之。

太衍是用洛書中央一組。生數五成數十。相乘數五十為本。以四十有九為用。由揲蓍四營之法。求得六、七、八、九為爻之揲數。以四乘六、七、八、九。得二十四、二十八、三十二、三十六為爻之策數。因數之奇耦。以定爻之陰陽。因數之彖變。以斷陰陽之老少。此為大衍以數求爻。因爻布卦之演變過程。茲復列揲蓍之八式如下。

1. 五四四（49－13）÷4＝36÷4＝9為老陽——○ ☰ 三變象乾☰作○爻。
2. 九八八（49－25）÷4＝24÷4＝6為老陰－－×－－ ☷ 三變象坤☷作×爻。
3. 五八八（49－21）÷4＝28÷4＝7為少陽－－－－ ☳ 三變象震☳作—爻。
4. 九四八（49－21）÷4＝28÷4＝7為少陽－－—－－ ☵ 三變象坎☵作—爻。
5. 九八四（49－21）÷4＝28÷4＝7為少陽——－－ ☶ 三變象艮☶作—爻。
6. 九四四（49－17）÷4＝32÷4＝8為少陰－－—— ☴ 三變象巽☴作－－爻。
7. 五八四（49－17）÷4＝32÷4＝8為少陰——－－—— ☲ 三變象離☲作－－爻。
8. 五四八（49－17）÷4＝32÷4＝8為少陰———－－ ☱ 三變象兌☱作－－爻。

以上所列揲數如此。若以洛書中央一組五十。與其餘四組生成之數混為一談。則造成陰陽之糾紛。乃知乾鑿度陽以七。陰以八為彖。陽以九。陰以六為變的定義之可從。茲復排列四圖如下。

甲圖太陽

①						⑧
	②				⑨	
		③		⑩		
			④			
		⑪		⑤		
	⑫				⑥	
⑬						⑦

一、太陽歸奇之數為544相加十三得一陽爻。

二、大衍去一即為七七自乘之積四十有九以4為中心與揲之以四之四相合4之上下左右各三空格中明掛一以象三。

三、四十有九減十三得三十六即為老陽之數如空格。

四、以四乘九得三十六為太陽之數。

右圖為大衍一節明揲蓍求卦之法為求數之理。

乙圖太陰

①			⑳			⑧
	②		㉑		⑨	
		③	㉒	⑩		
⑭	⑮	⑯	④	⑰	⑱	⑲
		⑪	㉓	⑤		
	⑫		㉔		⑥	
⑬			㉕			⑦

一、太陰歸奇之數為988相加二十五得一陰爻。

二、此圖以甲圖交錯之狀再加左右上下十二項4之八方填實八個三格成此圖以4為中心即掛一在八方各三格即掛一以象三。

三、四十有九減二十五得二十四即為老陰之數如空格。

四、以四乘六得二十四為太陰之數。

丙圖少陽

1						8
18	2				9	
17	16	3		10		
	15	14	4			
20	19	11		5		
21	12				6	
13						7

在洛書震方位 震春

一、少陽歸奇之數，為5 8 8☶為艮象，為9 4 8☵為坎象，為9 8 4☳為震象。三組相加，皆二十一，為陽爻。

二、此圖亦用甲圖交錯之狀，借四掛一之位成4 14 15一組，16 17 18一組，19 20 21一組，共三組，以為掛一以象三。

三、四十有九減二十一，得二十八，即為少陽之數，如空格。

少陽少陰皆須借四十有九之積中心之字，震方空着不削原位之說，

丁圖少陰

1						8
	2				9	
		3		10	16	
			4	14	15	
		11		5	17	
	12				6	
13						7

在洛書兌方位 兌秋

一、少陰歸奇之數，為9 4 4☴巽象，為5 3 4☲離象，為5 4 8☱兌象。三組相加，皆十七，為陰爻。

二、此圖亦用甲圖交錯之狀，亦借四掛一之位，成4 14 15一組，9 10 16一組，5 6 17一組，共三組，以為掛一以象三。

三、四十有九減十七，得三十二，即為少陰之數，如空格。

兌原位須空，不可填實。上四圖①②③等，並非數字之作用，惟四十九數，斗居中，當作次第用，亦可當數用，餘有〇者，明空寄之理而已。

大衍之理。學者務求高深。易理反晦。如惠棟釋此。見周易述卷十五、引書曰洪範之衍字。以解大衍。而疏中又引太玄、周語。伯陽父之語、洪範。說卦傳。明堂月令、乾鑿度、京房易傳、馬融傳。三統曆。一无折中之說。說經如此。不獨雜而越。且无以取類。

歸奇於扐以象閏。五歲再閏。故再扐而後掛。此三句漢人注釋。惟虞翻說猶在。明來知德、龔之。其言太畧。欲求精密。治曆算者。可參攷歷代史書所載天文律曆志。清代王錫闡曉庵文集、薛鳳祚天學會通等、梅文鼎、數成、祖孫、梅氏叢書、錢大昕三統術衍、江永推步法解等、戴震迎日推策說、沈善登需時眇言原筮篇、陳澧三統術詳說等書。以上畧述大衍之理。

八　大衍集要

大衍之說。治漢易者。以為應擁護孔穎達李鼎祚所引漢魏六朝諸家之說。而治宋者。以為程氏易傳。朱熹本義。李光地周易折中。已包括窮理盡性之旨。篤守勿失。乃得正鵠。大衍一節。實无關易之宏旨。可置不論。漢宋兩派。各持己見。孰是孰非。引諸家之說以論之。吾友章炳麟創制言雜誌。堅屬余草周易之論文。余乃以讀易臆斷界之。章君謂近人詢大衍一節。余治經則守正義。孔穎達引京房馬融荀爽鄭玄姚信董遇六家之說而云。但五十之數。義有多家。各有其說。未知孰是。孔氏所云。屬論定之。乃作讀易臆斷一則。載于制言第十八期。茲節錄之。除孔穎達所舉六家外。又引蕭吉五行大義。李鼎祚易傳。皇侃論語義疏。王應麟漢志考正。彙而證之。大衍之數五十是體。四十有九是用。掛一以象三。是用中之用。昔賢解此。動以天數二十五。地數三十。與大衍之數相混。其失一。又以太極與大衍相混。其失二。子夏傳曰。一不用者。太極也。一行大衍論引丁寬說同子夏傳說。譌。周髀算經曰。此一者。天道之數。即為天數二十五中天一之數。去一為之用。言當在五十去一而言。若以五十未去一之前牽混之。失數之原理。其失三。五十之數。出於洛書。四十有九。出於七七自乘。或以生成之數。（生成之數。即五之加減在大衍之數。所謂老陽老陰少陽少陰。乃生成之謂。由歸奇推出之。）或以五合之數。（五合之數即生成。漢人立此名目。是以律曆志譌解五六天地之總名所致。非五合。）為大衍之數。其失四。以上四失。若不加辯證。易理終不能通。大要如此。

正義舉六家之說。首京房說云。（蕭吉五行大義第一起大衍。王應麟漢書藝文志考證引同。）

五十者。謂十日十二辰二十八宿也。凡五十。（祖縣按。五行大義引作合應五十。）其一不用者。天之生氣。將欲以虛來實。（祖縣按。五行大義來作求。是。）故用四十九焉。

京氏此說。宋人朱震破之曰。此言五十數之見於天者。其成象如此。謂其一不用。為天之生氣。則非也。郭雍又破京房馬融荀爽三家之說云。（馬荀之說見下。）皆妄相僭。非學者所宜言。郭氏輕之如此。而不知京房此說。實襲乾鑿度。其言曰。

易一陰一陽，合而為十五之謂道。陽變七之九，（祖緜按：以七九相加為十六。）陰變八之六，（祖緜按：以八六相加為十四，皆非十五。而云十五者，乃七八與九六相加之數。）亦合於十五，則彖變之數若之一也。（祖緜按：本書下卷亦出此句，無之也兩字，義較勝。）此五音六律七變，（祖緜按：本書下卷亦出此句，變作宿，是。）由此作焉。大衍之數五十，所以成變而行鬼神者也。曰十干者。五音也。辰十二者，六律也。星二十八者，七宿也。凡五十。所以大閡物而出之者也。乾鑿度原文。日十干者五音也，以上雖非肯定大衍之理。尚可合大衍之數。而京房反襲曰十干五音作以下諸語。實失之妄。鄭玄注。合而為十五之謂道云。彖者。爻之不變動者。五象天之（祖緜按：今本无之字，王詠寬據謙牧堂鈔本補。）數。奇也。十象地之數。偶也。合天地之數。乃謂之道。

鄭玄此注。與漢書律曆志。以五乘十為大衍之數說合。京房此說雖據乾鑿度。少精義。在五行大義孔氏正義外。李衡義海撮要等書。摭錄正義。惟朱震郭雍畧加評議。天一閣范欽刊京氏易傳。在乾卦甲壬配外內二象。是指十日積算起至己巳火至戊辰土。是指十日起十二辰。參宿從位起壬戌。是指二十八宿。京氏之說。實非大衍之數。或曰。此為另一京房（漢書儒林傳，京房有二。）所作。其說无稽。但十日十二辰二十八宿實見京房易傳。是昧大衍之理。乃四營成易之後。用於占候之說。非闡發易學之要旨。與大衍之數五十。其用四十有九。絕對不能傅會。

次馬融說。（五行大義第三明數第一段亦引。）

易有太極。謂北辰也。（祖縣按：五行大義作易之太極為北辰也。）太極生兩儀。（祖縣按、五行大義无太極兩字。）兩儀生日月。日月生四時。四時生五行。五行生十二月。十二月生二十四氣。北辰居中不動。（祖縣按中五行大義作位、）其餘四十九。轉運而用也。

馬氏之說。朱震以為誤。朱氏漢上易叢說又云。季長之論。不若京房。蓋兩儀乃天地之象。而北辰不能生天地也。故邵雍曰。萬物皆有太極兩儀四象之象。朱氏此說。亦譌以太極大衍並為一談。亦不足取。郭雍以京房馬融荀爽三人並論。其實三說中。馬說尤長。兩儀可以陰陽日月晝夜等說明之。而云兩儀生日月。與繫辭生四象違。傳所謂太極兩儀四象八卦。指成卦言。不能與大衍牽混。而馬氏以太極一、兩儀二。日月二。四時四。五行五。十二月十二。二十四氣二十四。勉強湊合五十。則失之鑿。漢人解大衍者。未有如馬說之謬。惠棟周易述采之。去易更遠。

三荀爽說。（五行大義未引、）

卦各有六爻。六八四十八。加乾坤二用。凡五十。初九潛龍勿用。故用四十九也。

荀氏之說。郭雍以為傅會。朱震漢上易叢說。以為乾用九。（九即陽爻之變）坤用六。（六即陰爻之變）皆在八卦爻數之內。潛龍勿用。乾初九爻辭、如勿用娶女之類。勿用娶女姤卦卦辭、朱氏對荀說。不加然否。潛龍勿用。以姤卦之勿用取女卦辭解之。實合繫辭象也者象也之旨。因乾之初九為姤䷫。故以姤之卦畫象之。可使讀者知六十四卦連繫之理。勿用娶女。又見蒙卦六三䷃䷑變巽為蠱。因巽為進退。為不果。故曰勿用。亦易之理。以上三家解大衍皆非漢書律曆志言五乘十大衍之數也。而道據於一。其餘四十九。所當用也。今之宗漢者。以為以五乘十。是朱熹之妄語。殊非。惟本義謂大衍之數。蓋以河圖中宮天五乘地十而得之。謂以洛書為河圖。又不知漢志已揭出以五乘十之說。此為朱氏之失。

四鄭玄說見羣籍者三。正義引其一。蕭吉五行大義引其一。王應麟鄭氏易注引其一。正義曰。王氏輯注亦引、

天地之數。五十有五。袁鈞曰、本疏考證曰、劉牧鈎隱圖五下有者字、以五行氣通。袁鈞曰、鈎隱圖氣通下有於萬物故四字 凡五行減五。袁鈞曰、鈎隱圖無凡五行三字、大衍又減一。故四十九也。袁鈞曰、鈎隱圖作故用四十九、祖緜按朱震漢上易叢說故用四十有九、

鄭氏此注以洛書立說。朱震申鄭義。謂康成所謂五行氣通者。蓋謂十日十二律二十八宿三者。五行之氣通焉。朱氏推崇京房立說如此、實非理之正、為五十五。五十五是洛書之數、減五行之數。為五十大衍。此句語病更甚、又減一為四十九。其說本乾鑿度。與京房為一說。而五行氣通。其說尤善。但後學

一律抵之。（抵即詆。）不詳覈耳。（鄭氏立說有語病，朱震巽之殊失。）郭雍對正義所舉六家之說。謂鄭玄姚信董遇。皆取天地之數。以減五六。義雖近之。而鄭氏謂五行減五為五十。姚董謂六畫減六為四十九。五六當減則減。又何必傅會五行六畫。此儒者之蔽也。郭說勝於朱。五行六畫二者。乃勉強湊合之曲說。與大衍五十異。漢代易學者。惟鄭玄知數。見本傳。玄師出多門。漢時學派尚家法。鄭氏著書。先後不一。故立說有異。且注易在垂暮之年。其書究與今之後人所稱鄭注同異如何。則不可考。在鄭氏注乾鑿度。其立說以地十成土於中。與五併。特提併字。五十相併。乃大衍之義。與漢書以五乘十合。五行大義引鄭說。正義未引。亦以生成立說。補綴於下。五行大義卷一第三明數引鄭說云。

貞悔六爻。（祖縣按，內卦為貞，外卦為悔。）本有五十。定所用者四十有九。天地之數。本五十五。（祖縣按，鄭云五十五合天一至地十，相加為五十五立說，非大衍五十之真諦。）天五與地十通。（祖縣按此句實為立成之本，與漢志以五乘十，得五十合，文與上文引鄭注乾鑿度合。）天一與地六通。（祖縣按一六雖屬生成，然一六相乘為六，非大衍之數，故生成不能與大衍相混。）數之者。（祖縣按，此句有奪大，數下有通字。）氣則有并。并則宜減也。大衍減五。（祖縣按，此句最大語病，傳曰，大衍之數五十，已成固定之數，今減五，是牽混生成，與傳悖。）故有五十。其用減一。故四十有九。不并者不可減也。令總其五十者。天一至地十。凡五十五也。此合生成之數。若止言生數。惟十有五。從一至五也。（下略）

鄭氏以生成立說。若一六。若二七。若三八。若四九。此四項生成由洛書中五加減而來。與揲之以四之四乘六為二十四。是為老陰。乘七為二十八。是為少陽。乘八為三十二。是為少陰。乘九為三十六。是為老陽。其生成之數全與五十異。不過此之所謂四象。（與橫圖之四象異。）由五十之數四營而來。至五十之數。所謂大衍者。由洛書中天五地十而來。漢志云以五乘十為大衍之數。其說是也。後人混言生成二字。令讀者不能明確大衍之的解。五十兩數。在洛書居中宮五為生成各數之加減。四正四維。由五而得十五。五為生數。於各生成之數。加之減之。皆為五。此五作用如此。說文五。五行也。从二。陰陽在天地間交午也。十為各數之逆數。（如十減坎一為離九等之類。）故說文云。一為東西。丨為南北。則四方中央備矣。許氏解五十兩字義尚未備。蓋五字言四維之方位。十字言四正之方位。五十交互處為衍。故干寶曰。衍。合也。五十相合。故曰大衍。如是。乃可以明辯太極與大衍。是兩事。非一事。又可以明辯大衍雖用生成之數。而生成五組中。不用一六。不用二七。不用三八。不用四九。大衍一詞。是五十之一組。王應麟輯鄭氏易注引禮記月令疏云。

天一生水于北。地二生火于南。（祖縣按南為離火當為九此云地二乃誤解洪範二曰火而為先秦諸子皆以二為火致不能推算）天三生木于東。地四生金于西。（祖縣按算率亦不合亦誤讀洪範四曰金而為）天五生土于中。（祖縣按以土言生數）陽无耦。陰无配。未得相成。地六成水于北。與天一并。天七成火于南。與地二并。（祖縣按此二句亦謬）地八成木于東。與天三并。天九成金于西。與地四并。（祖縣按此二句亦謬）地十成土於中。與天五并也。（祖縣按以上言成數）大衍之數五十有五。（祖縣按鄭玄謂五十有五者為天一至地十相加之數非大衍之數）五行各氣并。氣并而減五。（祖縣按此二句曲說）唯有五十。以五十之數。不可以為七八九六卜筮之占以用之。故更減其一。故四十有九也。

鄭氏以生成立說。而不知生成五組中。地十成土于中與天五并。為大衍之數。餘四組。非大衍之數。若混而為一。殊非。故漢志以五乘十。得五十。立說是。鄭玄大衍三說。以生成闡明之。與京房馬融荀爽異趣。始終未及太極兩字。立說之嚴。超出京馬荀三家之上。惟以生成之說證大衍。而未明天五地十。演合大衍之說。是鄭氏之短處。茲列圖以證鄭說之謬。

一、此為洛書圖、朱熹本義、第二圖為洛書。第七圖為文王八卦方位圖。其實不出分為二圖。

二、本義原圖不列數字、茲隨卦增入、以明生成之定例。

三、圖中標記——↓即生成之讀法、以正鄭玄第三說。

四、中十五即大衍、漢志以五乘十為大衍之數、定義如是。

五、易以參天兩地而倚數、天數一三九七用參、順行也、數二四八六用兩、逆行。

六、順行、將一三九七奇數由一而三、由三而九、由九而二十七、復由二十七至八十一、周而不斷、係圓形、圓象天、逆行、將二四八六耦數由二而四、由四而八、由八而十六、由十六而三十二、由三十二而六十四、周而不斷、係方形、方象地。

如圖生成之理如是。鄭玄第三說。地二生火于南。地四生金于西。又天七成火于南。與地二并。天九成金于西。與地四并。六句。實誤會洪範一曰水。二曰火。三曰木。四曰金。五曰土所致。不知洪範言一二三四五。是指次第。並非指數。後人以次第為數。實失之遠。不獨鄭玄如此。先秦諸子皆然。正之者。惟素問五常政大論至洪範一曰水一節。（原文不譌。後人解之殊譌。）蔡沈論洪範。深知二七為火。四九為金之非。乃別創二七為金。四九為火。為虛之五行。惟不敢公然反對古人之說。以冀世人之悟。辨明是非用心至苦。至蔡沈之說。膚言亦多。棄其糟粕。存其精華乃可。總之古人治學。拘於舊說。不信新創。今人治學。競作新創。不研舊說。古今之弊。同是五燕六雀。至生成之算根。詳見下九宮章。不贅。至鄭玄以生成立論。已超出京馬荀三家之上。惜不知大衍對生成。在五十之一組中。混言生成以解大衍。實失其本。

五姚信董遇說。正義引曰。

天地之數。五十有五者。其六以象六畫之數。故減之而用四十九。

朱震郭雍譏之。以為五十有五減卦之六畫為四十九。不知五十有五。天地之極數。大衍之數五十。其一太極不動。（朱氏此說襲子夏傳而譌。）而四十九運而為八卦。重而為六十四。若去六畫。即說不通矣。姚董之說。實不足為訓。大衍之數。出於生成之天五地十。非在去一而為四十九時。

未去之前。其用猶未見。至六畫之數。在成卦之後。其用已顯。此就六家之說。正之如是。

韓康伯周易註引王弼說。

演天地之數。祖緜按。演與衍通。所賴者五十也。其用四十有九。則其一不用也。不用而用以之通。非數而數以之成。斯易之太極也。四十有九。數之極也。夫无不可以无明。必因於有。故常於有物之極。而必明其所由之宗也。

王說以大衍為太極。殊非。孔穎達正義。隨文敷義。太極大一。文中互出。雖呂氏春秋大樂篇亦以太極為大一。古人沿用已久。究覺非是。乾鑿度。故太一取其數以行九宮。古太大一字。鄭玄注曰。是以太一下九宮。從坎宮始。坎數一。故曰太一。鄭玄又云。數自太一行之。坎為名耳。是太極與大一各不相同。孔疏兩出。惟韓康伯引王弼注。顯係太極。而非大一。孔氏又以太極為虛无。无形即无數。大衍之數五十。明明有數。孔說如是。悖於義理。朱震以韓氏此言為然。郭雍對於王弼亦有說。義皆膚。故不錄。

孔穎達正義。又引顧歡之說。說與王弼同。歡好黃老。注王弼易。其書已佚。此說劉牧鈎隱圖。朱震漢上易叢說。郭雍傳家易說載之。其言曰。

立此五十數。以數神。神雖非數。因數以顯。祖緜按。李氏易傳作神雖非數而著。故虛其一數。以明不可言之義。

顧氏之說。全係玄言。劉牧詰之曰。韓注虛一為太極。即未詳所出之宗。而顧之未詳。又可知矣。朱震謂所謂神雖非數。因其說大而無當。不及韓說。郭雍謂顧歡云。立此五十數以數神。又何立焉。夫數本於自然。數之所始。聖人能知而明之耳。安能以私意加毫末於是也。故大衍之數五十。是為自然之數。皆不可窮其義。窮之愈切。其失愈遠。唯毋意毋必。斯得之矣。故曰至誠如神。自其用四十有九之後。聖人得以用之也。若是則大衍之數五十。猶數之天也。其用四十有九。猶數之人也。天人之道既立。則用與不用生焉。此之謂易之數也。(下略)詰顧歡之說。劉牧則淺而切。朱熹則浮而不實。若郭雍立論更謬。无怪為朱熹所輕視。

皇侃論語義疏。為政篇五十而知天命。引孫綽說。

大易之數五十。天地萬物之理究矣。以知命之年。通致命之道。窮學盡數。可以得之。不必皆生而知之也。此勉學之至言也。

論語云。五十而知天命。以文義繹之。五十是人之年歲。與大衍五十。絕對不能傅會。而孫綽以大衍之數五十解之。然與義不合。總之晉人尚玄。不循理之學說。殊多。不僅此說。

李鼎祚集解。網羅漢魏。迄於隋唐。不采孔穎達所舉六家。蓋孔氏已引。不再重覆。李氏集解亦引孔穎達說。對於大衍。惟引崔憬。又加按語。崔說云。

說卦云。昔者聖人之作易也。幽贊於神明而生蓍。參天兩地而倚數。既言蓍數。則是說大衍之數也。明倚數之法。當參天兩地。參天者謂從三始。順數而五七九。不取於一也。祖綠按崔說爲天數、下三九七、不取一者、一爲天數之始、故不取、見上圖說、詳下九宮章。兩地者謂從二起。逆數而至十八六。不取於四也。祖綠按崔說亦謂地數二四八六。崔云不取四者。是不請算術而謂。當云不取二也。二爲地數之始。故亦不取。至五與十居中。天數五爲生成之加減。地數十以減一二三四五六七八九各數即成逆數。五十相因得五十。即爲大衍。此因天地致上以配八卦。而取其數也。艮爲少陽。其數三。祖綠按崔氏天一地二節注、天三配艮。坎爲中陽。其數五。同上崔說天五配坎。震爲長陽。其數七。同上崔說天七配震。乾爲老陽。其數九。同上、崔說天九配乾。兌爲少陰。其數二。同上崔說地二配兌。離爲中陰。其數十。同上崔說地十配離。巽爲長陰。其數八。同上崔說地八配巽。坤爲老陰。其數六。同上崔說地六配坤。八卦之數。總有五十。不取天數一地數四者。此數八卦之外。大衍所不管也。祖綠按數有十卦僅八。崔氏竟以坎一巽四爲大衍所不管。瞀說。其用四十有九者。法長陽七七之數也。祖綠按七七崔說道著。惟以震爲七。是硬湊數。六十四卦既法長陰八八之數。祖綠按此句似脫也字。故四十九蓍則法長陽七七之數焉。蓍圓而神。象天。卦方而智。象地。祖綠按蓍圓卦方崔氏說謬。義詳先子周易解卷八。陰陽之別也。舍一不用者。以象太極虛而不用也。且天地各得其數。以守其位。故太一亦爲一數。祖綠按太極大一互出。此襲正義而謬。而守其位也。王輔嗣祖綠按輔嗣弼字。云。演天地之數。所賴者五十祖綠按原文五十下有也字。其用四十有九。其一不用也。祖綠按原文其一上有則字。不用而用以之通。非數而數以之成。即易之太極也。祖縣按原文即作斯四十有九。數之極者。祖縣按原文有作也但言所賴五十。不釋其所從來。則是億度而言。非有實據。其一不用。將為法象太極。理縱可通。以為非數而成。義則未允。何則不可以有對无。五稱五十也。孔疏釋賴五十。以為萬物之策。凡有萬一千五百二十。其用此策。大推演天地之數。唯用五十策也。又釋其用四十有九。其一不用。以其虛无。非所用也。故不數矣。祖縣按崔氏兩引孔疏均經翦裁又引顧歡同王弼所說。而顧歡云立此五十數以數神。神雖非數而著。故虛其一數。以明不可言之義也。 李鼎祚案。崔氏探玄。病諸先達。及乎自料。未免小疵。既將八卦陰陽。以配五十之數。餘其天一地四。无所禀承。而云八卦之外。在衍之所不管者。斯乃談何容易哉。且聖人之言。連環可解。約文申義。須窮指歸。即此章云。天數五。地數五。五位相得而各有合。天數二十有五。地數三十。凡天地之數五十有五。此所以成變化而行鬼神。是結大衍之義也。既云五位相得而各有合。即將五合之數。配屬五行也。故云大衍之數五十也。其用四十有九者。更減一以并五。備設六爻之位。蓍卦兩兼。終極天地五十五之數也。自然窮理盡性。神妙无方。藏往知來。以前民用。斯之謂矣。

崔氏治易。高出於何晏周弘正之上。崔氏此解。是根據魏伯陽納甲。納甲言潮汐摩擦。地球之自轉與月球之引力。在科學上是莫大之發明。製定潮汐圖。以十干甲乙丙丁戊己庚辛壬癸為符號。指明方向。猶今物理學用ABCD等字相同。其圖魏氏用卦名解之。崔氏之說。治易者。因李鼎祚讖之。咸從而和之。不察崔氏淵源之有所自。在探玄之病根。崔氏以乾卦用九。即以乾配九。坤卦用六。即以坤配六。以為定數。乾坤兩卦定。然後再配六子。至坎離震巽艮五卦。則雜以納甲之說。坎納戊。故以天五配坎。離納己。故以地十配離。震納庚。故以天七配震。巽納辛。故以地八配巽。艮納丙。故以天三配艮。至兌在納甲論。當以地四配之。特配以四。不能成五十之數。以創逆數而欺世人。蒙以河圖兌二之說。又以鄭玄之論生成。天七成火於南與地二併。則兌納丁。勉強湊合五十之數。數雖合而理終不能合。此崔氏之短也。

治易之難。莫如大衍。大衍既明。然後分二掛一揲四歸奇四營。不難迎刃而解。茲將前修之說。一一辯正。至治宋易者。據朱熹語朱震郭雍為之說。語朱震者已在上文詳敘。語郭雍者。載朱子文集中。與郭沖晦書。若治本義。而未瀏覽朱子大全一書。決不能知朱熹學派之原委。闕類而長之可矣。

述大衍既竟。乃概括大衍要旨如下。

一、太極大衍不同。

二、大衍出洛書生成。須用上列洛書圖中五十的一組五乘十得五十。即大衍。其他四組。在歸奇時用以取數。

三.其用四十有九。可根據周髀算經。

四.揲之以四。以象四時。漢志亦稱四象。即為四時。與是故易有太極。太極生兩儀。兩儀生四象。四象生八卦之四象。絕對不同。

五.是故四營而成易。四營由四十九。以分二掛一揲四歸奇四種公式。與揲之以四之四字不同。

明辨五者。則大衍之理。可迎刃而解矣。

九.附錄

單恩蘭讀易易知大衍篇解。本據稿

天一。地二。天三。地四。天五。地六。天七。地八。天九。地十。天數五。地數五。五位相得而各有合。天數二十五。地數三十。凡天地之數。五十有五。此所以成變化而行鬼神也。

單氏解云此節言以數定變化之體。祖縣按、數是固定之體。然因相加相減相乘相除有變化。天一至地十。舊本在易何為者也之前。程子謂宜在此。天一至地十。天數五至神也。舊本在再扐後掛之下。朱子謂在地十之下。今本從之。是也。後儒往往駁之。則亦狃于是古非今之習氣。而不知道之所在。只要理通。如舊本則必為之曲解。錯簡无疑。如今本則坦夷而理通。固可尊也。一至十。即舉經文所舉之數耳。祖縣按、天一地二之說、是傳不是經。凡經文云。祖縣按、此句單氏亦為以繫辭為經、一三五七九。皆陽數也。二四六八十。皆陰數也。陽奇陰耦。奇皆屬天。耦皆屬地也。數始于一。而終于十。古聖人以作定例。精之至也。後世習焉而不察耳。天數五。一三五七九之用也。地數五。二四六八十之用也。相得一與二遞舉也。祖縣按單氏此句殊為、相得謂一二三四五與六七八九十之數相得、故一與六相得、二與七相得、三與八相得、四與九相得、五與十相得、所謂相得、由五之加減而來、鄭玄已立說明之、各有合。一與六而對舉也。祖縣按、單氏僅舉一六而二七以下亦可類推、一與六為五之加減、猶文之比應也。祖縣按單氏此句亦為、比應義與對舉不同、天數二十五。祖縣按、二十五為一三五七九相加之數、地數三十。祖縣按、三十為二四六八十相加之數、數極於九、而十為各數之減數、自積之數也。祖縣按、單氏所謂積指相加之數、凡數五十五。相乘之數也。祖縣按單氏此說不知何據、鄭玄姚信董遇皆主五十有五、皆不能與大衍數合、乘法既備。則加減歸除。因之以成變化也。行鬼神。謂以數占卜也。餘詳辨正。祖縣按單氏辨正已佚、

天一地二一節。六十三字。是言洛書生成之數。原係錯簡。自程頤朱熹移易。置大衍之數五十一節之上是也。惟其理注釋皆扞格難通。因大衍之數。非朱氏不能達其旨。說詳下。

大衍之數五十。其用四十有九。分而為二。以象兩。掛一以象三。揲之以四。以象四時。歸奇於扐以象閏。五歲再閏。故再扐而後掛。

單氏解云。此承上節。以變化行鬼神之道而言也。祖緜按單氏未明天一地二全節之義，信口出之，以為當如此，致失大義。數以一計。則終于十。以十計。則終于百。祖緜按終于百，似據蓍生百莖立說，蓍生與數不一。天數得五。地數得五。以人取天地之數。亦五而已矣。祖緜按天五地五而人亦五，不知何據。故在身。則四肢與首表其用。在內則五臟。在外則五官。在用其所用。則五色五聲五行五倫。皆以五概之。五十者。合摩五而一之也。而十數則終于百。故兩分百之一。以成象之始也。亦不必鑿說蓍生百莖。而分半用也。祖緜按蓍生百莖曲說也，分半即五十，妄合大衍之數。其用四十九而去一。即以百之數去一半而象之也。分而為二。又象分半也。掛一又象去一也。揲四象去一分二掛一也。總之以百為原。以五十立體。以四十九立用。方能變化。若止謂兩儀四象。祖緜按細繹原文，分而為二以為兩，此兩字不是下文之兩儀；揲之以四以象四時，亦不是下文之四象。以偶計數。則有盡而變化窮。故萬有一千五百二十為限。惟以奇數算。則物雖有限數而變化无窮也。先儒論五十四十有九。其說甚多。別詳辨正。茲不復贅。祖緜按辨正已佚。

然則五十。天地之極數也。祖緜按極數二字，雖繫辭二見，用於此句義豈未安，下文舉歲星亦曰極數，單氏襲王弼注誤。去一。歸其太極也。天地无為。祖緜按周易以乾為天，以坤為地，天地有形，有形即有為。責功于六子。而少陽為之主也。少陽之數七。自數全體得四十九。祖緜按七七自乘之積乃自數。經綸于所虛之一。以為大衍妙用也。而所不用之一非不用也。即尚書所謂道心惟微也。祖緜按道心惟微，大禹謨言，荀子解蔽篇道經曰，人心之危，道心之微，相似，單氏以此句證之，犯高頭講章之弊。

其用四十九。總握以象渾成之太極。祖緜按此句涉子夏傳一不用者太極也及王弼注其一不用者……即易之太極也而謂分而為二。以象兩儀。祖緜按此兩字絕對非兩儀乃參天兩地而倚數之兩。掛一以象三才。祖緜按一生二二生三此三字義相似後人以三為三才殊非三才有象不必再分矣。

于是揲之以四。以象四時。祖緜按繫辭以象四時四時與四象當分別。歸奇於扐以象閏。掛去其一則所揲止四十八數。祖緜按四十八數即四十九數中掛一之數乃八個句股形之立成周髀算經有圖。夫歲星十二年一周天。以四時計之四十八數適得十二年。又一歲十二月之極數也。又掛一作无極之虛數。祖緜按上文言太極此又言无極无極二字雖見老子然與易不相侔此涉周敦頤通書而謂其扐一則象太極。扐二象兩儀。扐三象三才。扐四象四時。祖緜按繫辭提出一二三四是用以起數如後世算術起原之定例若以俗說兩象兩儀三象三才鑿空而談非理之正一三併。二二併。俱象四時。四四併。則象八卦。若孫中伯扐蓍圖。祖緜按中伯名夢逵常熟人書佚僅見錢大昕潛研堂文集讀易拔方序謂必當扐六。以副用六之意。卻是節外生枝。惟扐止于四數。以象四時。故必歸掛一之奇于扐四方有閏也。

五歲再閏。故再扐而後掛。考宋儒筮儀。祖緜按筮儀朱熹作凡三變成一爻。其法則三掛六扐。夫以四十八。中分得二十四。以歲四時計之。五年得二十策。其餘數四。則歸於扐矣。故約之曰五歲。是一扐也。又將其半揲之餘數歸扐。是十歲再扐也。然三變成爻。其掛扐有二十五策。所揲不過二十四策。平分之。不過三歲之四時也。故統三變約中之道曰五歲。三變之扐。總併于初變之兩扐。祖縣按單氏此說實違于分而為二之規定。單氏以為二十四策、為四十八策之半。在分二時。或一策或二策或三策或四策。則將如何起算。單氏以為決无以上之策。此實大謬。沈善登需時眇言亦然。其法第一變掛。掛去其奇一也。第二第三變不用掛。祖縣按。一爻三變而求策。第二第三仍當用掛為允。再扐而已。祖縣按此句亦謬。以全數皆偶也。至第四數。祖縣按。第四數。即為二爻之第一變。單氏以數名之。不確。合四十九全數。祖縣按。三變成爻後。又重分二掛一揲四。以求四變至六變求第二爻。又有奇矣。故又掛也。朱子謂僧一行畢中和等。祖縣按。一行說見上。畢中和亦唐人。說見唐書。每變皆掛。以合每變四營。再扐後掛之義。祖縣按。義字尚須考索。當易法字。亦通。而本義祖縣按本義朱熹注名。則謂掛。懸其一于左手小指之間也。揲。間而數之也。扐。勒于左手中三指之兩間也。凡有再扐。然後別起一掛也。祖縣按。十八變須十八掛也。又掛古本作卦。張氏惠言作布卦解誤。祖縣按張氏說見周易虞氏卷七。惟單氏解有襲張氏說。蓋三爻六爻為卦。從未有一爻稱卦者。爻以掛扐之數為準。蓋以人位天地。以閏月定四時也。此節專明揲蓍筮卦之象。

單氏此解。較沈氏需時眇言為淺顯。而提起歲星一事。有助于易者。且亘古解易者所未啟發。歲星推算之法。具見漢書律曆志。開宗明義。即曰自伏戲畫八卦由數起。與大衍一節。息息相通。不過大衍為綱。律曆志為目耳。二者不可偏廢。因世人治史。皆治傳紀。而畧於志表。治其末而忽其本。清季惟錢大昕重視之。大衍之數。亦見於律曆志。單氏以歲星為主。在律曆志云。斗綱之端。連貫營室。織女之紀。指牽牛之紀。以紀日月。故曰星紀。五星起其初。月起其中。志云五星。不獨歲星而已。又曰。五星會終。欲知太衍之理。當與漢書律曆志並治。乃能知其本原。惟志中陳腐之辭。出於劉歆。當辨別之。朱熹筮儀。專就占卜。沈善登需時眇言。雖經杭辛齋改正。惜尚多蕪辭。當擇要讀之。自能迎刃而解。惟須認定天一地二一節。六十三字。言洛書生成之理。亦即九宮一算之術。即漢志八十一為日法。揚雄作太玄經。即以此為據。惟更改卦名。使人多費記憶。至劉歆又以春秋附會之。至清季李銳識之。以為諸數之生。多不合算術。見李氏遺書。此其一。又不可將繫辭是故易有太極。太極生兩儀。兩儀生四象。四象生八卦一節。相提並論。此其二。又乾之策。坤之策。並非指乾坤二卦而言。即指繫辭之乾陽物也。坤陰物也。而言。說明凡一畫是陽。--畫是陰。以消息之理明之。消息是錯不是綜。錯則兩卦皆成三百六十。此其三。若不辨是與非。以之治易。理終不能通。

乾之策二百一十有六。坤之策百四十有四。凡三百有六十。當期之日。二篇之策。萬有一千五百二十。當萬物之數也

單氏解云。此承上節揲四之義。而推明其數也。策。猶算也。毛西河仲氏易曰。杭辛齋按。毛西河全集。有仲氏易。闡明其兄易說。阮元搜入清經解。說多武斷。陽數九。乘以四揲之數。四九三十六。此所謂六陽。當有二百一十六策。唐一行僧謂揲蓍得乾。則于四十九策中。已得十三策。杭辛齋按。毛氏謂十三策。而上文1例之正四之數。相

加得十三。所賸剛三十六策。祖縣按、三十六即四十九減十三所得之數、治易者謂之老陽、陰數六。乘以揲四之數。四六二十四。坤有六陰。當有一百四十四策。一行僧謂揲蓍得坤。則于四十九策中。已得二十五策。祖縣按、毛氏謂二十五策、即上文之例九八八之數相加得二十五、所賸剛二十四策。祖縣按二十四、即四十九減二十五所得之數治易者謂之老陰此毛氏仲氏易精粹語、荀爽謂三六一百八十。又六六三十六。合得二百一十六。二六一百二十。又四六二十四。合得一百四十四。右皆毛氏說。愚按八卦。陽爻十二。祖縣按、單氏以八卦陽爻十二、是乾六畫卦、得陽爻六、震坎艮六畫卦得陽爻六、本天數也。陰爻十二。析而為二十四。祖縣按、單氏以八卦陰爻十二、是坤六畫卦、析為十二、巽離兌六畫、各得陰爻二、析為十二、單氏立說非理之正、本地數也。併天地數為三十六。祖縣按、三十六、乃四十九三變所得之數、為一爻之減數、單氏此說大悖易理、極其數為三百六十也。祖縣按、三百六十、合乾坤二卦、單氏僅舉乾卦非、總易之六十四卦。顛倒相併。得三十六卦。所以歸八卦之爻數而無多也。總三十六卦之陽爻。得一百零八。蓋以十二三之得三十六。以三十六三之。得一百零八也。又以陽數九。乘天數十二也。三分觀之。則乾得三十六。坤得七十二。俗謂之天罡地煞也。祖縣按、天罡術人名詞、即北辰、地煞未詳、引之不當、總三十六卦之陰爻。亦一百零八。以二十四三之。得七十二。以七十二三之。得二百一十六。與陽爻一百零八。析二之數相符。是坤之全數。又即大衍乾之策也。祖縣按、句語病、此即三百五分之三也。以參天兩地相倚而觀。自然乾占三分。得二百一十六。坤占二分。得一百四十四。即以七十二兩之也。又以陰數六。乘地數二十四也。合二百一十六、一百四、四為三百六十。歸天數十二月。地數二十四氣。可當一期年也。然一期之外有五日及四分之一策。為盈數。一期之內有小月為虛數。一虛一盈而成閏。故君子尚消息盈虛也。（祖縣按消息即一陰一陽之謂道。與閏有別。）

單氏按語。殊謬。繫辭天數五地數五。已明白提出天數地數。乃洛書之生成。與乾之策坤之策。毫不相涉。說卦傳參天兩地而倚數。參兩即三二。亦合五。亦闡明洛書之意。與大衍揲得之數異。單氏又云。

戊申八月七日（祖縣按戊申道光二十八年。單氏自序在丙午年。是先作序而後作解。）解此章。論五十及其用四十有九。虛一以取靈機耳。（祖縣按易有一定之公式。不是靈機。）然猶不免所疑。正在凝想之際。若有謂之曰。用算盤觀子數。則得矣。余顧之无人也奇之。乃取算盤。方布四十九。便大悟。蓋算盤只有四九耳。四九三十六。（祖縣按三十六是老陽數。）四九三百六十。即當期之日也。以三十六置算。即為三六十八變。（祖縣按十八變得老陽揲餘之數為三十六。單氏說適得其反。）以二十四置算。（祖縣按二十四亦為揲餘所得之數。非以二十四置算。）即為二四如八卦。蓋即以易卦顛倒卦爻。（祖縣按周易六十四卦。十六卦為錯。與橫圖合。其餘四十八卦。如屯蒙之類。是綜。綜即是顛倒。）盈縮之法也。歲三百六十日有奇。即在五十去一之策中。不可竟去一策。於數則五十。而用則四十九。已舉成數矣。于是喜甚。古云思之思之。又重思之。思之而不通。鬼神將通之。其是之謂乎。祖緜按，單氏所引古云，係管子語。

單氏此言珠算。算盤起於何時。則不可攷。元人陶宗儀輟耕錄已及之。單氏對此記錄，以易為神祕之書。不通之處。有鬼神可以通之。以欺後人。如虞翻之夫人夢見道士撓三爻之說。不知德以十二峯為道號。徵母夢。任啟運病中忽神遊乾坤圖內。至十日乃甦。諸誕語相似。實不足信。單氏又云。

又合上下經。六十四卦。三百八十四爻。祖緜按，單氏此說，據邵雍觀物外篇體數之策，三百八十四語，單氏改策字為爻，較邵氏為勝。陰陽相半。陽爻一百九十二。每爻三十六。得六千九百十二策。陰爻一百九十二。每爻二十四。得四千六百零八策。合之為萬有一千五百二十。若以陽爻一百零八計之。得三千八百八十八策。以陰爻一百零八計之。得二千五百九十二策。祖緜按，陽爻陰爻一百零八，亦邵雍說，沈善登需時眇言已正邵說，舉出乾與震坎艮三卦，為十二畫卦，以一百零八定之，坤與巽離兌三卦亦為十二畫，以七十二定之，以正邵說之非。合之不過六千四百八十耳。倍之則一萬二千九百六十。而奇閏歲差立矣。以萬一千五百二十。減之以萬二千九百六十。實多一千四百四十。以歲三百六十。減之以三百八十四。實多二十四。以六十年為一元承之。祖緜按，元見邵雍皇極經世。即一千四百四十也。故作混天毬者。當立三百八十四度。而前人止謂三百七十四度。祖緜按，單氏云三百八十四度，乃邵雍之說，至三百七十四度，前人實无此說。正與所云易與天地準祖緜按，單氏原文，脫地字，不成句。不合也。

夫一年于三百六十日之外。多五日三度。計四年多二十一日。積四千年則多二萬一千日。祖縣按、單氏此說不合推法、猶之徑一圍三之法。皆有毫釐千里之謬也。尚書曰。以閏月定四時成歲。則知乾之策二百十六。坤之策百四十四。尚有餘而未盡也。而以月大小計。則歲三百六十日。按諸十二月。尚有餘也。猶萬一千五百二十。以較萬物之數若盈。以較萬二千九百六十之數。又若虛也。又再以三百八十四爻。陽爻得一百九十二。陰爻則亦一百九十二。為三百八十四。併陽爻數為五百七十六。十倍之為五千七百六十。再倍之為萬一千五百二十。此積倍之法也。祖縣按、此八句、非乾坤兩策之真諦、單氏勉強湊合、以乾之策。自歸除。則一也。以坤之策。自歸除。則一也。祖縣按、此六句、蛇足、以乾之策二百一十有六、除二百一十有六、為一、以坤之策百四十有四、除百四十有四、亦為一、單氏不知乾之策除萬有一千五百二十、得六、坤之策除萬有一千五百二十、得九、此言消息之大用、前人皆未知、以乾之策。歸除坤之策。則六六而不盡。祖縣按二一六除一四四、得〇·六六六……為無限不盡小數、大衍之數不類、以坤之策。歸除乾之策。則合于十五而有盡。祖縣按、以一四四除二一六、得一·五、單氏舉出此數頗巧、然不合大衍之數、此孔明八陣圖因之以立體用也。祖縣按、諸葛亮八陣圖、其法後人咸未知之、見唐韋絢劉公佳話、宋蘇軾詩文集、明楊慎升庵文集等、不當附會、若夫謂羽毛鱗介裸蟲各三百六十。祖縣按、單氏此句、據大戴禮易本命、天官徵星。萬有一千五百二十。皆漢人附會之談。不足徵也。要之萬物可以四揲求其大概耳。

單氏周易易知。以大衍篇較勝。特附錄之。並識其得失云。

第十五章　中爻釋疑

沈祖緜　瓞民學

一、中爻釋例

周易卦辭爻辭中无中爻之詞。這並不意味着周時卜官定卦爻辭時。不用中爻之法。相反的。中爻的運用。乃卜官定辭的方法之一。因卦爻辭「成文」、「定象」、「通志」、「成務」見繫辭傳之時。有用中爻以斷者。易尚變。變化之際僅據一爻之變。而不用中爻以斷則象的複雜錯綜的變化之理。无法說明。據象造辭則失定式。且卦爻辭係卜官的斷辭。亦就是觀卦爻之變和中爻得出的結論。結論部分。當然不講運用的方法。考國語左傳。載卜官以周易筮之。若僅舉卦爻辭結論。人們是不易理解的。必須加以解釋。因此在國語左傳中卜筮之時。或則中爻之法。以明卦爻之變。可證中爻雖不見於卦爻辭。實乃卜官斷辭重要方法之一。

中爻之術語。始見於繫辭傳下。其言曰。

　易之為書也。原始要終。以為質也。六爻相雜。唯其時物也。其初難知。其上易知。本末也。初辭擬之。卒成之終。若夫雜物撰德。辨是與非。則非其中爻不備。噫。亦要存亡吉凶。則居可知矣知者。觀其彖辭。則思過半矣。

二與四同功而異位。其善不同。二多譽。四多懼。近也。柔之為道。不利遠者。其要无咎。其用柔中也。三與五同功而異位。三多凶。五多功。貴賤之等也。其柔危。其剛勝邪。

此專論中爻。繫辭傳著作年代。一篇之中先后不一。疑此節有卜官遺留之術語。中經戰國后儒闡述。若「柔危」「剛勝」之語。顯係儒家之說。與卜官之說有異。其中「六爻相雜」「辨是與非」乃采自卜官斷辭之術語。易尚變。在變之時。非一卦孤獨之變。其現象有相互之作用。這就是卦與卦有聯繫。前已論之。但是一卦之中。每爻之變也有相互之作用。若僅以每爻之變為斷。非易變之至理。明乎此理。才能闡明宇宙事物變化。其運用之術。名之曰中爻。此即六爻相雜。唯其時物之謂也。中爻相互錯綜之象。始能「辨是與非」。以此斷辭。就「非其中爻不備」了。卦與卦相互作用。易謂之聯系。爻與爻相互作用。易謂之中爻。此卜官之術語也。卜官運用中爻之方法。以闡明卦辭爻辭中「宮」、「位」、「變」、「通」之理。若不明卦與卦之「聯系」。爻與爻之「中爻」相互作用。則把易經之變化。成為孤立的呆板的。若明「聯系」、「中爻」之變化。始把易經尚變之理。成為有規律可求的了。「中爻」的規律是。

用二至五爻。又成為內外卦。二至四爻為內卦。三至五爻為外卦。去初爻上爻不用。故謂之中爻。

中爻、崔憬又謂之二三四五。見李鼎祚周易集解引、是也。

二、論中爻與互體之異同

至漢京房、荀爽、鄭玄諸人。據中爻之理。競言互體。較中爻之理又發展了一步。「互體」的規律是用初至上爻。分成

一、初至四爻互。初爻至三爻為內卦。二爻至四爻為外卦。

二、三至上爻互。三爻至五爻為內卦。四爻至上爻為外卦。

三、二至上爻互。二爻至四爻為內卦。四爻至上爻為外卦。

四、初至五爻互。初爻至三爻為內卦。三爻至五爻為外卦。

據中爻之理。增出四例。以求爻與爻相互的作用。至宋又改「互體」為「互卦」。詞雖異而實同。然宋人改名。因乾陽坤陰。乾剛坤柔。乾天坤地。乃謂之體。繫辭傳剛柔有體是也。至於中爻。其體已變。不得謂之體。改名「互卦」。實較「互體」為勝。要之。「互體」即「互卦」。从中爻而來。但是互卦可包括中爻。而中爻不能包括互卦也。清黃宗羲象數論。江永河洛精蘊等。皆以互

卦立說。闡述中爻之義也。歷來治易者。對於中爻。或玄妙莫測。或鄙棄不道。執一之蔽。皆未能探微者也。今集自漢以來。論中爻之說。辨析證明。庶幾中爻相互作用之法。不致湮沒云爾。

中爻的規律。求之卦爻辭的組織。其理甚明。至漢京房始言互體。朱震漢上易傳云。

中爻崔憬所謂二三四五。京房所謂互體是也。

此說甚諟。中爻與互體。細析之尚有同異。

三、論京房鄭玄虞翻諸家中爻說

京房之說。見于今本京氏易傳。此書已為後人僞竄。（疑是唐人僞作）惟其中有引真本京氏易傳之語。若陸德明經典釋文引世位是也。（淮南子天文訓抱朴子登涉篇所言亦與今本京氏易傳合者）京房言互體者有

䷫姤。金木互體。按乾上金也。巽下木也。故曰金木互體。內卦為巽。二爻至四爻為乾。三爻至五爻亦為乾。故曰金木互體。此以初爻至四爻及初爻至五爻為互。

䷓觀。金土火互為體。按觀六爻无金象。有云觀為乾宮四世卦。乾為金。故曰金。說可采。土則以坤為之。初爻至三爻為坤。二爻至四爻亦為坤。坤土也。火當以離為之。爻无離體。說譌。疑火為木字。原文有譌。闕疑可也。

䷲震。陰陽交互用事。按此言交互。非互卦。後人誤為互卦。非是。此乃錯卦。震錯巽也。

䷛大過。互體象乾。按二至四為乾。三至五亦為乾。此實中爻。

䷼中孚。互體見民。按民為艮之譌。三至五為艮。此實中爻。

䷴漸。互體見離。按三至五為離。此實中爻。

䷤家人。互體見文明。家道明也。按三至五為離。離彖曰。離。麗也。文明之象。此實中爻。

䷘无妄。內互見艮。止於純陽。外互見巽。順於陽道。金木配象。吉凶明矣。按二至四艮象。為內互艮。說卦傳。止也。純陽謂外卦乾。三至五巽象。為外互巽。說卦傳。順也。陽道謂外卦乾。此實中爻。

䷑蠱。互悅而動。按蠱之中爻為䷵歸妹。說卦傳。兌。悅也。內卦為兌。震。動也。外卦為震。此實中爻。

䷷旅。陰陽二氣交互。又曰。內象適變。盪陰入陽。巽順於物。進退意器。外象明。應內為鼎。

按陰陽二氣交互者。謂旅離宮一世之卦。一世之卦。即離初爻變艮。離陰而艮陽。初爻為內卦。故曰內象適變盪陰入陽。巽順於物者。說卦傳。巽順也。進退者。說卦傳。巽為進退。意器字譌。當作薏喪。薏今作億。說文一曰十萬曰薏。喪正字為𠸶。與器形似而譌。京氏上文云。上九陽居宗廟。得喪于易。(得喪原作喪牛。)為喪字之明證。震六二億喪貝。鄭玄注。十萬曰億。與說文同。外象明者。外象即外卦。外卦為離。離明也。應內為鼎者。應內即外卦之離。應內卦二爻至上爻為䷱鼎也。此京氏易。以二爻至上爻互成內外兩卦。此實互體。

䷿未濟。六爻交互異於正象。按此言中爻之大用。中爻者。要終於乾坤既濟未濟四卦。乾坤是固定的不能交互。既濟未濟兩卦。既濟交互未濟。未濟交互既濟。是永无盡期的。此言交互。乃說明中爻的原理。

䷺渙。水上見木。渙然而合。內外健(原文健。)而順納實。居中正互見動而上。按水。坎也。木。震也。內、內卦坎。外、外卦互艮也。內外健者。坎艮皆陽卦。以健目之。此健字係假借。與說卦傳。乾、健也。巽。順者。坤也。說卦傳坤。順也。實下文云內卦坎中滿一陽居中。積實于內之實。居中正互者。言以坎一陽爻以成互卦。即指中爻二三四五爻也。見動。動說卦傳震動也。指二爻至四爻中爻內卦為震。此言中爻。

䷹兌。內卦互體見離。按中爻二爻至四爻為離卦。此言中爻。

䷵歸妹。互見離坎。同於未濟。按二爻至四爻為離。三爻至五爻為坎。故曰互見離坎。與未濟之中爻相同。故曰同於未濟。此言中爻。

右舉世所謂京房互體十四事。互字不見于易之經傳。在京氏以前亦未之見。互體與中爻。間有出入耳。

陸德明經典釋文。舉京氏易文字異同。及訓詁外。卦首注某宮某世。陳振孫直齋書錄解題。周易釋文見卷一云。多援漢魏以前諸家說。蓋唐初諸書皆在也。卦首注某宮某世。用京房說。

京氏易以宮世之說為最可信。宮世與中爻有關。可證京氏互體非偽者也。李鼎祚集解。䷙大畜利涉大川。應乎天也。引京房注云。

謂二變五體欿。欿即坎字。故利涉大川。五天位。故曰應天。

此京氏言升降。並不是互體。惠棟周易述八。疏曰。

此京義也。二升五。五降二而應之。故曰應乎天。俗謂六五應九二。非也。

惠氏已辯俗說之非。今人以此為中爻。更非。今本京氏易傳。經晁說之校訂。其條例曰。

會於中。而以四為用。一卦備四卦者謂之互。此闡明京氏易互體之例也。

晁氏又有別錄也。言京氏易者。惜已佚。

繼京房言互體者。有荀爽。見李氏集解荀氏於易主升降。如䷃蒙。本離宮四世之卦。而荀氏云。

此本艮卦也。案二進居三。荀氏之意，謂二爻與三爻互易成䷳艮。三降居二。（三降居二，亦成艮。）

荀氏以升降釋蒙卦。升降又以為卦變。對於易理。實无價值。李氏集解引荀爽釋䷄需九二曰。二與四同功。而三據之。故小有言。乾雖在下。終當升上。二當居五。故終吉也。按繫辭二與四同功而異位。三與五同功而異位。蓋解釋中爻立成之例。言簡而明。而荀氏此解。以升降附會之。使理反晦。又如䷅訟之上九云：三者陽功成也。君明道盛。則奪二與四。故曰終朝三拕（褫、荀之作拕）也。䷆師之六四云。二與四同功。四承五。五无陽。故呼二舍於五。四得承之。故无咎。䷋否六二。二與四同功。為四所包。故曰包承也。小人，二也。謂一爻獨居閒象。得繫於陽。故吉也。大人謂五。乾坤分體。天地否隔。故曰大人否也。二五相應。否義得通。故曰否亨矣。荀說如此。雖以繫辭「同功」論中爻。實不解「同功」之義。同功者。二與四同為陰功。三與五同為陽功。言爻之陰陽寓得位與失位之意也。荀氏乃以升降釋中爻。則旨全違。至直揭互體者。如艮之九三釋文云。

䷳列其臂。（臂、諸家作夤。）互體有坎。坎為臂。按、互體有坎。荀氏指卦言。在爻已變坤矣。

又如艮之九三釋文云。

䷳厲動（動、諸家作薰。）心。互體有震。震、動也。按、互體有震。荀氏亦指卦言。在爻亦變坤矣。與上文列其臂。皆據二三四五中爻立說。

陸德明所舉荀氏兩說。與李氏集解引者語氣不同。豈陸氏所見本與李氏異。惜无從考證。與荀氏同時者有鄭玄。主張互體。宋王應麟輯鄭氏易傳。輯入玉海中。其序云。

鄭康成學費氏易。為注六卷。多論互體。以互體求易。左氏以來有之。凡卦爻二至四。三至五兩體交互各成一卦。是謂一卦含四卦。祖縣按。一卦含四卦者。凡一卦有內外二卦。互卦二至四為內卦。三至五為外卦。故曰含四卦。繫辭所謂中爻。所謂八卦相盪。祖縣按此句義悖。盪。乾盪坤。震盪巽。坎盪離。艮盪兌者是。與中爻不涉。六爻相雜。唯其時物。雜物撰德是也。唯乾坤无互體。祖縣按王應麟此說謬。六十四卦。卦卦有中爻。其根為乾坤既濟未濟四卦。蓋純乎陽純乎陰也。餘六畫之卦。皆有互體。坎之六畫。其互體含艮震。而艮震之互體。亦含坎離之六畫。其互體含兌巽。而兌巽之互體。亦含離。三陽卦之體。互自相含。三陰卦之體。亦互自相含。王弼尚名理。譏互體。祖縣按王弼述中爻說。詳下論王弼說。然注䷥睽六三曰。始雖受困。祖縣按。始初爻。䷮困。王弼係倒讀。初爻至三爻☱。四爻至上爻☲倒讀之。兌內離外睽。終獲剛助。祖縣按睽六三為乾。乾陽也。故曰剛。睽自初至五成困。祖縣按。睽自初至五為困。王應麟此云。乃倒讀。倒讀不始於王弼。九家易注繫辭。蓋取諸豫。已言倒讀。弼注比六四。臧庸曰。舊誤作四。今改。祖縣按。臧庸改五妄。比无六五。有九五。王弼九五注。失前禽。用鄭義。孫志祖曰。玉海集鄭氏易无比六四注。何以知弼用康成說。疑六四為九五之誤。之類。或用康成之說。鍾會著論。丁杰云。見魏書鍾會王弼傳。力排互體。而荀顗難之。（下略）

又玉海跋云。

康成注易九卷。多論互體。

今舉鄭玄言互體者如下。

䷃蒙。卦辭注曰。互體震而得中。嘉會禮通。陽自動其中。德於（丁滧曰宋本玉海於作施胡本亦同）地道之上。萬物應之而萌芽生。教授之師取象焉。按此言中爻。地道指中爻坤。於當作施。寫者誤之也。德於句不屬。此公羊傳定十五年疏引。

䷌同人卦辭注曰。乾為天。離為火。卦體有巽。巽為風。天在上。火炎上而從之。是其性同于天也。……故謂之同人。　按此言中爻卦體有巽。指二爻至四爻為巽體。天在上指四爻至上爻為乾。說見集解。

䷓觀卦辭。互體有艮。　按見儀禮鄉飲酒疏引。鄭氏此注不能明辨中爻與互體。

䷕賁卦辭注云。卦互體坎艮。艮止于上。坎險于下。夾震在中。故不利大行。小有之則可矣。　按見集解引。此言互體。二至四坎也。四至上艮也。夾震在中。三至五震也。

䷙大畜卦辭注云。自九三至上九有頤象。　按見禮記表記正義引。此言互體。九三至六五為震。六四至上九為艮。成䷚頤。

䷙大畜六四。童牛之梏。注云。巽為木。互體震。震為牛之足。足在艮體之中。艮為手。持木以就足。是施梏。　按見周官大司寇疏引。此言互體。巽為木。六爻无巽象。因六爻之卦。四爻陰爻為巽之正位。惠棟周易述云。此鄭義也。並以虞翻說申鄭義。謂五之正。四體巽故施木於牛角。防其觸害也。此惠氏昧於家法。且未知巽為木是言位。強欲以虞翻之說附會之。混淆漢人家法。而忘却繫辭中爻之說。兩舉同功而異位的位字。此所謂舍本逐末。正位為中爻之大用。說詳 先子示兒錄中編。四論八卦之正位一章。不贅述。震為足。艮為手。說卦傳文。鄭云持木以就足。今畜牛者无此法。在鄭玄時。及門弟子已懷疑及此。鄭志。鄭玄佚書之一。泠剛問蒙初六注云。木在足曰桎。在手曰梏。今大畜六四。施梏於足。牛四足。何以稱梏。不審桎梏手足定有別否。答曰牛无手。前足施梏也。故以足言之。說見周官大司寇正義。及內饔正義。及禮記月令正義。前足施梏也句。據月令正義增。答泠剛之問。是鄭玄強詞。悖於事物。不足從。鼎說之易詁訓傳此書已佚。見董真卿周易會通。曰。說文。牿字云。牛馬牢也。周書今為牿牛馬。周書費誓。作今惟淫舍牿牛馬。說之援。參彖是二字。二字言告與梏。虞侯果皆以為楅衡。廣雅釋器。梏。楅衡。榍也。則亦告字也。鄭作角。鼎所見本作角。與此注相矛盾。釋文。牿。劉表云。牿之言角也。陸績云。牿當作角。九家作告。說文同云。牛觸。說文。觸下有人字角著說文。著作箸。橫木。所以告人。王弼注。處艮之初。履得其位。能止健初。距不以角。柔以止剛。剛不敢犯。抑銳之始。以息強爭。王弼亦以梏為角。孔穎達正義。說膚。處艮之始。謂外卦艮六四為艮卦之始畫。履得其位。謂六四為巽之正位。能止健始。謂艮、止也。健、乾也。說卦傳文。六四變陽。與初九陽爻相上下敵應。能止乾之初爻。距不以角。荀子仲尼篇。楊倞注。距與拒同。敵也。謂以巽木加於角上。使角不能相抵。即以柔止剛。使剛不敢犯之意。抑銳釋文抑又作挫。銳為兌之孳乳。六四繇又互兌。銳為假借。荀子議兵篇。兌則若莫邪之利之兌。以諸說證之。作角為兌。

䷜坎六四尊酒簋貳用缶。注云。六四上承九五。又互體在震上。 按見詩陳風宛丘正義及禮記禮器正義引。此注下解爻辰。惟上承九五。是言中爻。

䷜坎上六繫用徽纆。寘于叢棘。注云。三五互體艮。又與震同體。艮為門闕。于木為多節。震之所為有叢拘之類。門闕之內。有叢木多節之木。是天子外朝。左右九棘之象。外朝者。所以詢事之處也。左嘉石平罷民焉。右肺石達窮民焉。罷民邪惡之民也。上六乘陽有邪惡之罪。詩大雅正月正義引鄭注上六无六字故縛以徽纆。置于叢棘。而使公卿以下議之。 按見公羊傳宣元年正義引。此言互體。

䷝離九四突如其來如。焚如。死如。棄如。注云。震為長子。爻失正。又互體兌。兌為附決。謂據袁鈞輯本增子居明法之家而无正。何以自斷其君父不志也。突如。震之失正。不知其所如。又為巽。巽為進退。不知所從。不孝之罪。五刑莫大焉。得用議貴之辟刑之。若袁鈞輯本作各如所犯之罪。焚如殺其親之刑。死如殺人之刑。棄如流宥之刑。 按見周禮秋官司烖疏引。突、鄭玄作𠫓。𠫓說之曰。說文作㐬、作𠫓云。不順忽出也。从到子易曰突如其來如。不孝子突出。不容於內也。
或从倒古孚。孚為子重文。京鄭皆作𠫓云。不孝子也。此言互兌互巽。係中爻。

䷟恒九三。不恒其德。或承之羞。注云。爻辭得正。互體為乾。乾有剛健之德。體在巽。巽為進退。是不恒其德也。又互體為兌。兌為毀折。是將有羞辱也。　按。見禮記緇衣正義引。係中爻。巽為進退。或之也。言長男長女為夫婦。不恒其德。致中道仳離。致中饋之主由他婦為羞。鄭釋羞為辱。失其義。或鄭又改咸。亦非。

䷟恒六五。恒其德。貞婦人吉。夫子凶。注云。又互體兌。兌為和說。　按。見禮記緇衣正義引。此言中爻。

䷠遯卦辭注云。遯逃去之名也。艮為門闕。乾有健德。互體有巽。巽為進退。君子出門。行有進退。逃去之象。　按。見集解引。此言中爻。

䷤家人六二。无攸遂。在中饋。注云。爻體離。又互體坎。火位在下。水在上。飪之象也。饋食也。故云在中饋也。　按。見後漢書楊震傳注及王符傳注引。此言中爻。後漢書注引王應麟輯畧異。此據丁杰本。

䷨損卦辭注云。艮為山。兌為澤。互體坤。坤為地。山在地上。澤在地下。澤以自損。增山之高也。按、見集解引。此言中爻。

䷪夬、卦辭注云五互體乾。按、此言中爻。王應麟鄭氏周易序云。唯乾坤无互體。前已證其譌。此與上文損中爻坤係確證。是鄭氏以乾坤有互體。

䷬萃。卦辭注云。互有艮巽。巽（王脫巽字。丁杰補）為木。艮為闕。木在闕上。宮室之象。按、見集解引。此言中爻。

䷮困。卦辭注云。坎為月。互體離。離為日。兌為暗昧。日所入也。按、見集解引。此言互體。

䷯井。卦辭注云。互體離兌。離外堅中虛。瓶也。兌為暗澤。泉口也。按、見集解引。此言中爻。

䷱鼎。卦辭注云。鼎象也。卦有木（集解作水。譌。此從王本）火之用。互體乾兌。乾為金。兌為澤。澤鍾金而含（含惠棟校作合、孫堂同）水。爨以木火。鼎烹孰物之象。按、見集解引。此言中爻。集解云。卦有水火之用。指原卦言。王應麟改水作木。是。內卦巽木象。外卦離火象。下文爨以木火。是明證。

䷴漸九三。鴻漸于陸。夫征不復。婦孕不育。王氏引禮記郊特牲正義云。九三上與九五。互體為離。離為火。腹孕之象也。又互體為坎。坎為丈夫。坎為水。水流而去。是征夫不復也。夫既不復。則婦人之道顛覆。故孕而不育。按、見郊特牲正義引。不言鄭注文。而文義似鄭。當存之。此言中爻。水流而去。指坎變爻言也。

䷶豐。九三折其右肱。无咎。注云。三艮爻。艮為手。互體為巽。巽又為進退。手而便於進退。右肱也。　按見儀禮覲禮疏引。此言中爻三艮爻。又互體為巽。皆指不變而言。

䷷旅。初六旅瑣瑣斯其所取災。注云。瑣瑣猶小小。爻互體艮。艮小石。小小之象。三為聘客。初與二其介也。介當以篤實之人為之。而用小人瑣瑣然。客主人為言。不能辭曰非禮。不能對曰非禮。每者不能以禮行之。則其所以得罪。　按見儀禮聘禮記疏引。互體也。艮為山。為小石。篤實之象。兌為巫。小人之象。焚指離而言。孫志祖曰。旅下體艮。非互體艮也。互字疑衍。孫說謬。因不辨互體與中爻之別。

䷾既濟。東鄰殺牛不如西鄰之禴祭。注云。互體為坎。又互體為離。離為日。坎為月。日出東方。東鄰象也。月出西方。西鄰象也。　按見禮記坊記正義引。此言中爻。

繫辭。重門擊柝。(惠棟析改欜。)以待虣(釋文暴。鄭作虣。)客。蓋取諸䷏豫。注云。豫坤下震上。九四體震。又互體為艮。艮為門闕。艮為門。震曰所出。亦為門。重門也。艮又為手。巽爻也。應在四。皆木也。手持兩木也。手持兩木以相敲。是為擊柝。擊柝為守備警(惠棟改警為驚。)戒也。四又互體坎。坎為盜。五離爻。為甲冑戈兵。盜甲冑(甲冑原文作謂。惠棟改作甲冑二字。袁鈞云。謂字是甲冑二字并合而譌。)持戈兵。是暴客也。又以其卦為豫。有守備則不逸。按，見周禮天官宮正疏引。此言中爻，手持二木以相敲，是為擊柝。擊柝為守備警戒也三句。又見左傳哀七年正義引。惟二作兩，敲作敵。不重擊柝字，又无下為字。從來治鄭氏易者，對此惟校勘字句而已。至巽爻也，應在四，皆木也。又五離爻二事。皆泛泛讀過，致其義盡失。豫六爻无巽无離，為什麼提出巽離，這是把位字立說。巽爻也，應在四，皆木也三句，句有譌字。當云巽爻應在四，皆木也。上云九四體震，震巽為兩木。巽之正位在四，而震居之。震巽奇耦相與，乃為兩木。鼎說之卦例云：奇耦相與，據一以起二，而為主之相者，謂之應。其例如此。巽為震之相，此句舊增一也字，致文義扞格難通，當刪。離之正位在二。二為陰爻，居得其位，為甲冑為兵戈之象。

又繫辭：後世聖人易之棺槨，蓋取諸☱☴大過。注云：大過者，巽下兌上之卦。初六巽體，巽為木。上六位在巳，巳當巽位，巽又為木。二木在外，以夾四陽。四陽互體為二乾。乾為君為（宋本正義脫下為字譌）父。二木夾君父，是棺槨之象。按，見禮記檀弓正義引。此言中爻。袁鈞曰：檀弓疏引易文連下不稱注。以互體爻辰說易，與鄭他注出一手，必是鄭注。疏脫注字耳。原輯王應麟輯本，附卷末。云其說蓋亦本諸康成。袁說允。據此注，前證王應麟序唯乾坤无互體之說非是。又得一確證。

右鄭玄注。涉及中爻互體者二十五則。摭錄之。輯鄭易者始王應麟玉海本。明胡震亨刊集解本。據王氏所輯。並為附錄以補之。不詳所據之書。世人譏其有乖傳信。姚士粦又增入二十五條。刊入秘典彙函。具有源委。清惠棟增入九十二條。入雅雨堂叢書。孫堂重校之。入漢魏二十一家易注。堂又作補遺一卷。增三十條。丁杰復因胡震亨惠棟兩本。重加考定。棄去乾鑿度注文。又經張惠言訂正。入湖海樓叢書。附正誤一卷。臧庸敘錄一卷。又因鄭氏師出多門。初習京氏易。後習費氏易。擇鄭注詩禮中所引易義用京氏易者。別為一卷。惟京費之別。殊難明辨。首條引詩召南草蟲。引易男女覯精。萬物化生。即不能區別京費之別。又如䷃蒙。九二。彪蒙吉。晁說之易詁訓傳云。包。京房鄭玄陸績一行皆作彪。彪字乃京氏易也。鄭玄作彪。係从京氏之學。而諸家輯鄭从費氏易者。皆誤列之。古人已邈。後之疑古者。將何擇焉。張惠言茗柯全書。有周易鄭氏箋。袁鈞輯鄭氏佚書。冠以易注九卷。逐條考證。於是專攻鄭易者甚多。惜溺於訓詁。昧於條例。无犖犖可取。墨守而已。

與鄭玄同時者有宋忠。虞翻曰。若乃北海鄭玄。南陽宋衷。雖各有注。忠亦小差玄。而皆未得其門。難以示世。虞翻傳注。忠亦作衷。亦言互體。如

䷊泰。六四象曰。翩翩不富。皆失實也。注云。四互體震。翩翩之象也。　按。見集解引。此言互體。

與鄭玄同時者有服虔。服氏治春秋左氏傳。世說新語文學上。鄭玄欲注春秋。尚未成。時行與服子慎遇宿客舍。先未相識。服在外車上與人說己注傳意。玄聽之良久。多與己同。玄就車與語曰。吾久欲注。尚未了。聽君向言。多與吾同。今當盡以所注與君。遂為服氏注。據此左傳注中。有鄭玄之注文。王應麟周易鄭注輯本引有服氏以互體說易三條。附於卷末。以為服據鄭說也。

王應麟引服氏云。凡卦爻二至四。三至五。兩體交互。各成一卦。先儒謂之互體。按見莊二十二年左傳正義及儀禮覲禮疏引。

張惠言詰王應麟不當引服附鄭注後。其言曰。易之互體自田何以來傳之。集解所見京房荀爽宋衷虞翻。皆有明文。非康成獨得之解。厚齋以論互體為康成之學。故載此條。又附入服虔左傳注二條。此厚齋鄭學之淺也。惠側之是已。張說見張皋文箋易詮全集。王應麟此條輯入鄭注卷末。又二條輯附卷末。供人參考而已。張譏其鄭學之淺。未免過甚。王氏又輯服虔說二條。

左傳僖十五年。初晉獻公筮嫁伯姬於秦。遇歸妹䷵之睽䷥。史蘇占之曰。不吉。其繇曰。士刲羊。亦無衁也。女承筐。亦無貺也。周易繇辭作女承筐无實。士刲羊无血。足證卜人對於繇辭。憑自己為之。不一例。惟不能離乎象。正義曰。服虔以離為戈兵。兌為羊。震變為離。是用兵刺羊之象也。言上六變。三至五有坎。坎為血。血在羊上。故刺無血也。震為竹。竹為萑。震變又為離。離為大。火動而上。其施在下。故萑無實也。按，此言互體。惟王引服說未全。可檢正義。

左傳宣十二年。知莊子曰。此師殆哉。周易有之在師䷆之臨䷒曰。師出以律。否臧凶。正義引服虔云。坎為水。坤為眾。又互體震。震為雷。雷鼓類。又為長子。長子帥眾。鳴鼓巡水而行。行師之象也。臨兌為澤。坤為地。居地而俯視於澤。臨下之義。故名為臨。按，此言互體。

王應麟曰。以互體說易。亦本諸康成。張惠言又曰。易有互體。自子夏田何。非康成所造。何得以他人之說。槩以附康成。即以服春秋出於鄭氏。然此集鄭易。非集鄭春秋也。惠刪之良是。張說亦非。子夏傳見李氏集解及釋文引。不言互體。田何之說。羣籍中不留隻字。只能從儒林傳追溯授受淵源。王應麟舉服說。不過舉為旁證。服虔而外。尚有韋昭。韋昭國語注。亦言互體。袁鈞鄭氏佚書。鄭志八卷。其敘云。嘗檢諸經正義。所引與鄭君問答者。冷剛、張逸、趙商、韋曜、曜名昭，陳壽吳志避晉諱改曜。孫皓、劉琰、田瓊、炅模、王瓚、臨碩，凡十人。臨碩鄭君答難禮一書。則鄭志問答止九人。此袁說也。考韋昭吳志韋曜傳。收曜付獄。時歲鳳皇二年也。華覈上疏救曜。云曜年已七十。餘數無幾。據傳推昭生於獻帝建安九年。鄭玄死於建安五年。何能與鄭玄問答。作正義者。不加考證。謬於前。袁鈞直鈔其說。再謬於後。一也。韋昭說入鄭志者。僅齊風甫田。

韋曜問曰。甫田維莠。今何草。答曰。今之狗尾也。見御覽九九八引。僅云答曰。不言鄭玄所答。吳書。吳志傳。孫休永安元年置學官。立五經博士。五年與博士祭酒韋曜。博士盛沖講論道藝。時曜年為五十八歲。孫休死。孫晧立。史稱晧好學。又曜傳。曜以為外相毀傷。使不濟。濟非佳事也。故但亦難問經義言論而已。此韋昭對孫晧學術上如是。二也。鄭志十一卷。隋書經籍志。魏侍中鄭小同撰。詩正義七月疏引孫晧說。作吳志。王應麟困學紀聞云。康成不與吳孫晧同時。王說是也。又云。吳志亦无此語。後人因孫晧名氏。遂改鄭志為吳志。王說未允。隋書經籍志吳書二十五卷。韋昭撰。本五十五卷。梁有。今殘闕。侯康補三國志藝文志曰。吳志注引此書甚多。文弢齊書禮志序云。吳則太史令丁孚拾遺漢事。是丁氏吳書有禮志也。韋昭因之。亦當有志。侯說允。則吳志與鄭志不涉。袁鈞輯鄭志未能明辨。混而為一。又致晧為灝。詩豳風七月正義。引孫晧問。孫晧此問外。又有周官大冢宰及凌（人禮記月令正義。王制正義引孫說）孫晧之問。即韋曜傳所謂晧使侍臣難折公卿者是。三也。惟韋昭之學。與鄭玄相似。昭之前輩。在吳有汝南程秉。師事鄭玄。丹陽唐固。修身積學。固著韋昭引之稱（唐尚書而不名）細讀國語解。知服虔程唐。上接鄭玄。國語自敘。雖舉虞翻。蓋虞吳人所崇。又注國語。故昭不能與唐固並提。至注晉語四。公子親筮之。得䷂屯之䷏豫。爻係䷂亦言互體。今擇要錄之。

震車也。解曰、易、坤為大車。震為雷。今云車者。車亦動。聲象雷。其為小車乎。 按、韋解、坤為大車。說卦、坤為大輿。吳曾祺補正云、車動聲象雷。近強。吳氏又云、左傳杜注云、震變為坤。蓋坤之用在震。故車在馬後。行而不止之象。雷亦主發動之義。吳說亦近強。杜注震變為坤。指屯內卦變坤而言。與此不涉。說卦傳、震其於馬也為作足。宋蔡淵周易經傳訓解、作足。謂雙舉也。其說可采。以作足之馬以曳車。行於地上。合於事物。雖係後人之說。似勝。與孟喜逸象。震為行車也合。

坎、水也。坤、土也。屯、厚也。豫、樂也。車班外內。順以訓之。解曰、車、震也。班、徧也。徧內外者。謂屯之內有震。豫之外亦有震。坤、順也。豫內為坤。屯二與四亦為坤。 按、內為內卦。外為外卦。屯二至四為坤。此言中爻。

泉源以資之。解曰、資、財也。屯三至五。豫二至四。皆有艮象。三至五有坎象。徐元誥國語集解、三上補豫字。艮山坎水。水在山為原泉。流而不竭。 按、此言中爻。

土厚而樂其實。不有晉國、何以當之。解、屯、豫皆有坤象。重坤故厚。豫為樂。當應也。 按、坤彖曰。坤厚載物。坤象曰。君子以厚德載物。樂、豫象曰。先王以崇德作樂。當、應也。呂氏春秋無義篇高誘注文。以上釋屯之豫。

震，雷也。車也。坎，勞也。水也。眾也。解，易以坤為眾。坎為水。水亦眾之類。 按，說卦傳，震為雷。孟喜逸象震為行車。駕馬以行者。勞，說卦傳，勞乎坎。又坎勞卦也。坎為水。水亦眾之象。韋解謬。說卦傳，坤為眾。韋氏下文解眾順文也。以坤為眾。彼此矛盾。

主雷與車。解，內為主也。 按，內指屯也。屯內卦震。震為雷為行車。屯為坎二世卦。當以坎為主。

而尚水與眾。解，坎象皆在上。故尚水與眾。 按，章末春秋內外傳筮辭內外傳考證云。尚與上通。坎彖辭曰。行有尚。彼之上指五。此之尚指外體三爻。章說悖於例。尚亦當訓主。廣雅釋詁三。尚主也。不過主與尚之別。指變與未變。屯二至四。未變坤也。坤為眾。三至五。變則坎也。坎為水。

車有震武。解，震，威也。車聲隆。（隆上公序本有軒字。）象有威武。

眾順。（公序本順上有而字。）文也。解，坤為眾。為順為文。象有文德。為眾所歸也。 按，上云坎為眾。此云坤為眾。先後矛盾。當從此。順，坤象乃順承天。（天指乾卦。）坤文言，坤道其順乎。說卦傳，坤為文。繫辭，物相雜故曰文。此言屯四爻陰變陽。五爻陽變陰。在未變時中爻為坤。故曰眾順。

文武具。厚之至也。故曰屯。解，屯，厚也。 按，此釋屯之未變而言。內卦震。震為雷。威也。象武。中爻坤。坤為文。彖文屯、厚也。未詳所出。豈以中爻坤。厚載物立說。但不能兼顧武字之義。序卦傳。屯者盈也。盈義為長。

其繇曰。元亨利貞。勿用。有攸往。利建侯。解、繇。卦辭也。亨、通也。貞、正也。攸、所也。往、之也。小人勿用。有所之。君子則利建侯行師。　按、元亨利貞。乃太卜之術語。亨通貞正。襲子夏傳語。見李氏集解、不及元利。疑解有脫文。勿用有攸往。勿用、當以乾初九、潛龍勿用之勿用解此。不當以師上九、開國承家、小人勿用釋之。且卦辭云元亨利貞。此四字非小人所能居。韋文齍。屯之豫。變與六不變。中爻皆有艮。說卦傳。艮、止也。止乃不用。非不用也。待時而動也。

主震。雷、長也。故曰元。解、內為主。震為長男。為雷。雷為諸侯。故曰元。元者善之長。　按、內為主。是言內卦為主。雷長也句費解。疑震為長之譌。說卦傳、震為長子可證。諸侯經傳无明文。震繇辭曰。震驚百里。彖曰。震驚百里。驚遠而懼邇也。出可以守宗廟社稷。以為祭主也。酈炎上封事曰。古者封建諸侯。皆百里。易震為雷。亦為諸侯。王充論衡。雷虛篇。百里不共雷。易曰。震驚百里。為諸侯之象。元者善之長。乾文言文。又見左傳昭十二年文。又襄九年。善作體。

衆而順。嘉也。故曰亨。解，嘉，善也。衆順服善曰亨。亨者嘉之會。 按，亨者嘉之會。乾文言文。又左傳襄九年文。屯无離。不得謂之亨。因卦辭元亨利貞。言一卦之大體。包括六爻而言。屯六三☳☲變離。故曰亨。

內有震雷。故曰利貞。解，內為主。 按，內為主。內，內卦也。屯內卦震。故曰內有震雷。賈逵之說。尚欠精實。沈煒筮法發微詰之。以雷之出以二月得豫象。雷之入以八月得歸妹象。義勝。此云利。六四變兌而言。貞指外卦坎而言。賈侍中云。震以動之。利也。侯以正國。貞也。利。義之和也。貞。事之幹也。

車上水下。必伯。解，車，震也。坎，水也。車動而上。威也。水動而下。順也。有威而衆從。故必伯。 按，易以內卦為上。外卦為下。但是六爻第六爻。陽爻曰上九。陰爻曰上六。上九上六之上。與內卦為上。涵義不同。屯卦未變。內卦震為車。上。外卦坎為水。下。國語將屯與豫分別立說。

小事不濟。壅也。故曰勿用有攸往。解，濟，成也。小事。小人之事也。壅，震動而遇坎。坎為險阻。故曰勿用有攸往。 按，章未春秋內外傳筮辭考證云。陰為小。互體坤。坤為事。不濟。遇險而壅。章說近是。惟陰為小。不如云艮為小。中爻三至五。本艮象。而二至四中爻為坤。坤象。萬物資生。事也。六四則又為艮。坤之事。為艮所止。(艮止也。說卦傳。)說卦傳。艮為少男。小也。不濟謂為艮所止。故曰小事不濟。外卦坎。說卦傳。坎為亟。屯之六四䷂變兌。兌為毀折。又為中爻之艮以止之。故曰邅邅。說文未出邅為正字。解以小事為小人之事。不當。一夫之行也。解、一夫、一人也。易曰震一索而得男。故曰一夫。又曰震作足。故為行也。　按、一夫之行。言不能容眾。如書泰誓。獨夫受意同。因六四變兌中爻无坤。是失眾。故曰一夫。與震一索而得男。不涉。又曰震作足。說卦傳承上其於馬也而言。此當據震為足。

眾順而有武威。故曰利建國。解、復述上事。　按、韋解屯豫分說。屯卦之解。至此而盡。

坤、母也。震、長男也。母老子彊。故曰豫。解、豫、樂也。　按、豫內卦坤。外卦震。

其繇曰。利建侯。行師。居樂出威之謂也。解、居樂、母在內也。出威、（本或作震）子在外也。居樂、故利建侯。出威、故利行師。　按、此言豫卦。

是二者得國之卦也。解、二謂屯豫。　按、司空季子之說。強調重耳得國。堅定從者之心。爾後之治易者立說殊多。以程迥古占法。丘富國易學說約為勝。丘說尤顯明。丘云。屯、有震无坤。則言建侯。而不言行師。謙（祖緜按。內卦艮。外卦坤。䷎謙。）有坤、无震。則言行師。（祖緜按。謙六五。利用侵伐。无不利。上六。利用行師。征邑國。而不言建侯。）此合震坤成卦。故兼之。（祖緜按。豫內坤外震。䷏豫。故曰震坤成卦。）建侯以興利。故樂。行師以除害。故威。丘氏以謙對比豫。已知上下兩卦之聯繫。惜拘於其師朱熹之說。未及闡發。

韋昭之注。雖未揭出互體兩字。而實言互體。宋元以前解易者。无如此詳盡。或曰國語韋敘。因賈君（逵）之精實。採虞（翻）唐（固）之信善。則韋昭解易。定采虞義。此說殊非。韋昭言互體與鄭玄說合。至于虞氏屯豫兩卦之注。載李氏易傳。義皆不合。

虞翻生在韋昭前。其易注。李氏易傳。摭錄最多。近人治虞氏易。咸從李傳。其言互體者。僅一條。

蒙初六䷃爻用說桎梏。注云。坎為穿木。震足艮手。互與坎連。故稱桎梏。初發成兌。兌為說。坎象毀折。故曰用說桎梏。　按。此言互體。坎為穿木。未詳所出。惠棟周易述用虞義據九家易坎為桎梏以解之。發為初六爻辭發蒙之發。

九家易一書。有中爻互體三則。九家者。京房、馬融、荀爽、鄭玄、宋衷、虞翻、陸績、姚信、翟子玄。皆漢魏人。

屯上六䷂。乘馬班如。泣血漣如。注云。體坎為血。伏離為目。互艮為手。掩目流血。泣之象也。　按。見李氏易傳引。此言互體。出伏字。疑京房易。

小畜九三䷈。輿說輻。夫妻反目。象曰。夫妻反目。不能正室也。注云。四互體離。離為目也。離既不正。五引而上。三引而下。故反目也。輿以輪成車。夫以妻成室。今以妻乘夫。

其道逆。故不能成室。　按此條袁鈞輯入鄭氏易。惟文不類鄭氏。亦不知九家何家易也。漢書律曆志。引者信也。文選典引注。引者伸也。信伸古一字。繫辭云。引而伸之。兩字互訓。此言中爻。

鼎䷱卦辭。九家易引云。鼎言象者卦也。木火。孫堂注云卦也木火四字誤疑當作卦體木火孫說是。互有乾兌。乾金兌澤。澤者水也。爨以木火。是鼎鑊烹飪之象。亦象三公之位。上則調和陰陽。下而撫毓百姓。鼎能孰物養人。故曰象也。　按見集解引。互有乾兌。是指中爻。爨以木火。是指本卦。內卦巽。木也。外卦離。火也。

四、論王弼中爻說

繼九家易。乃言王弼。王應麟云。王弼尚名理。譏互體。此王氏失言。王弼亦言中爻。在周易略例明彖曰。

物无妄。祖縣按此无妄非卦名。　然必由其理。統之有宗。會之有元。故繁而不亂。眾而不惑。故六爻相錯。可舉一以明也。剛柔相乘。可立主以定也。是故雜物撰德。辯是與非。則非其中爻莫之備矣。故自統而尋之。物雖眾。則知可以執一御也。由本以觀之。義雖博。則知可以一名舉也。祖緜按一名舉也文義不順疑舉一名也之譌。

此王弼論中爻也。明彖一篇。着重在一主字。在一一字。又曰。中之為用。中即中爻。王弼持論。忽明忽昧。在辯位云。

案象无初上得位失位之文。祖緜按清代治漢易者皆云初上无位出王弼殊非王弼文乃言位不過无得失之文然亦非也見下辯証又繫辭但論三五二四同功異位。亦不及初上。何乎。唯乾上九文言云。貴而无位。需上六云。雖不當位。若以上為陰位邪。則需上六不得云不當位也。祖緜按凡卦六爻陰爻當位者二爻四爻上爻陰爻居之為當位需上爻係當位上六指變爻言變陽則不當位若以上為陽位邪。則乾上九不得云貴而无位也。祖緜按凡卦六爻陽爻當位者初爻三爻五爻陽爻居之為當位乾上九係不當位文言貴而无位是指不變爻言貴指陽爻陰陽處之。皆云非位。祖緜按王弼說不合易例而初亦不說當位失位也。祖緜按初指初爻也然則初上者。是事之始終。祖緜按初爻為始上爻為終无陰陽定位也。祖緜按王弼說大違易例初上皆有位有當與不當之別爾故乾初謂之潛。過位謂之无位。未有處其位而云潛。上有位而云无者也。祖緜按王弼此說全與故易六位而成章違歷觀衆卦。盡亦如之。初上无陰陽定位。亦以明矣。夫位者。列貴賤之地。待才用之宅也。爻者守位之任。應貴賤之序者也。位有尊卑。爻有陰陽。尊者陽之所處。卑者陰之所履也。故以尊為陽位。卑為陰位。祖緜按王弼未能判明六爻與中爻之別故立說多違去初上而論位分。則三五各在一卦之上。亦何得不謂之陽位。二四各在一卦之下。亦何得不謂之陰位。初上者。體之終始。事之先後也。故位无常分，事无常所。非可以陰陽定也。祖縣按，中爻去初上，六爻不能去初上，初爻陽爻為當位，上爻陰爻為當位，相反為不當位。故繫辭但論四爻功位之通例。而不及初上之定位也。祖縣按，六十四卦，惟既濟陰陽有定位，餘卦則否。然事不可无終始。卦不可无六爻。初上雖无陰陽本位，是終始之地也。統而論之，爻之所處則謂之位。卦以六爻為成。則不得不謂之六位時成也。

王弼立說一、謂以位與中爻為一。位是位，中爻是中爻，不可相混。二、六爻去初上兩爻，謂之中爻。而六爻之位，仍然以初三五爻得陽爻為當位，二四上爻得陰爻為當位。繫辭曰異位，明明言中爻之位，與六爻之位有別。

王應麟謂王弼尚名理，譏互體。其說見略例明象篇。

互體不足，遂及卦變，變又不足，推致五行。

此王弼譏漢時儒者說易之謬，並非譏互體也。且王弼非但不譏互體，而又闡發中爻之說，在

䷟恒之九三，不恒其德，或承之羞，貞吝。王弼注云，

處三陽之中，居下體之上，處上體之下，上不全尊，下不全卑，中不在體，體在乎恒，而分无所定，无恒者也。

案恒九二至九四皆陽爻，故王云處三陽之中，是兼震巽兩卦而言。二至四為下體，三至五為

上體。上體下體非互體而何。九三為䷳三爻變。三多凶。則分无所定矣。此中爻之例也。又䷳艮

艮之九三云。艮其限。列其夤。厲閽心。王弼注云。

限。身之中也。三當兩象之中。故曰艮其限。夤。當中脊之肉也。止祖縣按艮止也加于身。中體而分。故列其夤。而憂危薰心也。艮之為義。各止於其止。上下不相與。祖縣按與義見下至中則列矣。列加于夤。危莫甚焉。危亡之憂。乃薰灼其心也。施止體中。其體分焉。體分兩。主大器喪矣。

此王弼以艮之九三䷳三多凶。故曰大器喪矣。中體體中，指互體。此又王弼以中爻解易之一例也。且王弼亦言變。如革之九四䷰悔亡有孚。改命吉。王弼注云。

處水火之際。居會變之始。能不固吝。不疑於下。信志改命。不失時願。是以吉也。

初九處下卦之下。九四處上卦之下。故能變也。无應。悔也。與水火相比。能變者也。是以悔亡。

革无坎象。變則上體與中爻。皆有坎象。故曰水火相比。又曰水火之際是也。此王弼言變與中爻之一例也。程頤以王弼不言變爻象互體。王應麟誤解王弼譏互體之意。據此可證程王之言。非的解也。王弼之於易。自有傳授。惜好作玄言以炫世。是其所短。

王弼之誤。在不能肯定中爻用二爻至五爻。不用初上兩爻。以為初上无得位失位之文。作爻象者。在乾需上爻已出位字。作爻象者。在三爻至五爻。小象皆出得位失位當位不當位未

當位位正當之文。反覆叙出。无非知位之重要而已。

王弼說。无初上得位失位之文。在乾之上九文言曰。貴而无位。而需之上六象曰。雖不當位。則上爻有位。曰无位。曰不當位。皆係失位。孔穎達正義釋乾上九云。貴而无位者。以上非位。祖縣按、上爻以陰爻為得位。而上九居之。是无位也。是孔氏以陰陽定位立說。是也。需上六實係得位。象曰雖不當位。未大失也。孔穎達正義據王弼略例辯位。謂上六居无位之地。非也。象言雖不當位者有二。因九四象曰。雖不當位。有與也。困九四本不當位。今云雖不當位。因卦指不變言。爻指變言。需上六本當位。因爻變艮。故曰雖不當位。是言因爻變而不當位。然在卦仍當位。故以未大失也定斷之。困九四象曰。有與也。與為術語。周禮太卜。三曰與。鄭玄注。與謂所與共事也。不可限於作龜之八命。因下文云。以八命者贊三兆三易三夢之占。係卜筮夢占同用。與有交義。言爻變也。爻變則陽為陰。故曰相與。孔穎達正義。謂有與者位雖不當。執謙之故。物所與也。失之膚。又公羊三科九旨。與亦九旨之一。文詳僖元年。齊師宋師曹師救邢傳。治易者。當明辯之。

與王弼同時者有鍾會。會論易无互體。考三國志魏志鍾會傳云。

會常論易无互體。才性同異。涵芬樓宋紹熙刊本三國志、互作玄。昔余作變象互體辯。見制言四十八期。當時依宋過甚。竟據玄字立說。而忘即晉書荀顗難鍾會易无互體文。顗為荀爽族人、治荀氏易者、前誤、以宋本當訂正。

鍾會之易。今不可見。裴松之注載會為其母傳云。

會十一誦易。十四誦成侯易。

成侯即會父繇。其易說今亦未見。鍾會治易。主張易无互體。載籍罕見。无法詳考。

五、論宋明中爻說

對於中爻自晉至唐。有韓康伯注。孔穎達正義。崔憬探玄及侯果注而已。皆未能明備。自宋迄明程頤易傳。空談性理。不及中爻。更談不到互體。朱熹本義及啟蒙間及之。亦无扼要語。宗朱熹者。如胡一桂周易本義附錄纂疏。及啟蒙翼傳。胡炳文易本義通釋。致力頗勤。殊少心得。至吳澄易纂言。對中爻立說較善。至明胡居仁易象鈔。來知德周易集注。郝敬周易正解。何楷古周易訂詁。皆號名籍。視吳澄之說。皆有慚色。明人入清。名著二臣傳者有胡安世著大易則通共十二卷。觀二四爻二多譽四多懼說。觀三五爻三多凶五柔危說。實无足觀。不過隨文敷義而已。歷代易之注釋。強不知以為知者。夥頤。焉足為胡氏責。在明叔季之世。釋氏喜言易。今所見憨山易注。（金陵刻經處刻本）李贄周易因。馬權奇尺木堂易說等書。在明末心學橫流。以禪解易。此風至清初猶盛行。如金聖歎通宗易論。（入通行本金聖歎全集。又有周易義例全鈔未見。）皆禪宗語錄也。

六 論清人中爻說

至清初。黃宗羲不帝清。憂患之餘。著象數論。論互卦。見卷二。其說瑜瑕參半。如云。

左傳莊二十二年。周史為陳侯筮。遇觀之否。曰坤土也。巽風也。乾天也。風為天於土上。山也。杜預注。自二至四有艮象。艮為山。此互體說易之始。漢晉相承。王輔嗣黜而不用。鍾會亦言易无互體。荀凱（祖緜按。凱當作顗。）夫春秋之說經者。去聖人未遠。其相傳必有自。前非證之經文。而見其違背。未嘗可以臆棄矣。

黃說是。惟王弼黜而不用。仍據王應麟說。黃氏未及訂正。又云。

或曰。遯无坤。六二稱牛。明夷无乾。六二稱馬。以互體求之亦无乾坤。誠如輔嗣有虛設之牛馬也。曰不然。遯之稱牛。以艮。艮剛在上。猶牛革在外。稱牛革不稱牛也。明夷之稱馬。以互體之坎。坎於馬為美脊為亟心。馬之壯者也。

黃氏或問之說。據邢璹注王弼周易略例。申其義爾。釋遯之稱牛。非也。諸家釋此義皆未安。此爻以位言也。六二為坤之正位。說卦傳坤為牛。艮為手。執之象。小象曰固。黃牛之革。固之至者也。因乾為剛。巽為柔。革性具剛柔。艮手執之。剛柔之道可辨。當以位立說。不當以互體立說。與明夷異。黃氏雖主張互體之說。惜未能細細分析所致。黃氏又詰朱震曰。

朱子發於一卦中。既互兩卦。又於互卦伏兩卦。

伏卦之說。見京氏易傳。惠棟易漢學四卷。京君明易上有飛伏說。引荀爽說四。引虞翻說四。九家易一。飛伏係術語。不見於十翼。是漢人之說。且飛伏與互卦。絕不相類。朱震謂以為一。黃氏指為偽說。滋蔓者是。黃氏又詰林栗（林易說為周易經傳集解）之說曰。

林黃中以六畫之卦為太極。上下二體為兩儀。合二互體為四象。又顛倒看二體及互體。通為八卦。

林栗此說。與朱熹互相駁詰。林說謬。與繫辭是故易有太極。太極生兩儀。四象生八卦之言全違。如林栗以一卦為太極。則六十四卦有六十四個太極。真是匪夷所思。黃氏又謂

黃中有包體圖。每卦只取一互卦。留三畫為本體之卦。乾包八卦。八卦包乾。如乾包坤則為損䷨益䷩。坤包乾則為咸䷞恒䷟。餘準此。凡一卦之相包。得三十二卦。八卦得二百五十六卦。

包體之名。不見於傳。始見於京氏易傳。又謂之大象。惟一一推排。僅得十卦。惟包卦於易是據象言。與互卦異。黃氏又引戴師愈說。更無可采。可置諸不論。黃氏又以吳澄說為謬

說。滋蔓其言曰。

吳草廬以先天圓圖。互體立卦。左右各二卦。互一卦。六十四卦。互成十六卦。又以十六卦互之。成四卦而止。

吳澄易纂言言中爻之理。實較諸家為勝。黃氏又載吳氏之圖節錄其說。惟吳氏亦謂中爻為互體。分析欠細。至中爻成乾坤既濟未濟四卦。是有一定之次序。黃氏引吳氏互先天圖。又節錄吳氏之說。闕而不全。總之吳氏之說。也不可偏廢也。黃氏又詰朱震林栗戴師愈吳澄四家之說曰。

偽說滋蔓。互卦之根蔓也。若因此而并去互卦。无乃懲噎而廢食乎。

黃氏深知互卦之要。以為不可廳棄。並立互卦表。以六十四卦。立成乾坤、姤復、夬姤、漸歸妹、既濟未濟大過頤蹇解家人睽十六卦。至此十六卦何以成中爻。雖立表。讀者仍无緒可尋。朱林戴三氏之說。當與吳氏說分別言之。不能并為一談。黃氏並引吳澄之說曰。

自昔言互體者。不過以六畫之四畫互二卦而已。未詳其法象之精也。今以先天圖祖縣按、先天圖原文作圓圖。觀之。互體所成十六卦。祖縣按原文无十六卦三字。皆隔八而得。黃注、外一層隔八卦得兩卦即中一層互體之卦名。縮四而一。黃注內層一卦縮外層四卦。祖縣按吳氏以圓圖立說。然不及橫圖之易明。改用橫圖見下。圖之左邊祖縣按原文作圖左。起乾夬歷八卦而至睽歸妹。黃注中層睽歸妹即據乾夬。又歷八卦而至家人既濟。又歷八卦而至頤復。圖之右邊祖緜按原文作圖右。起姤大過。祖緜按吳氏一再云歷八卦頤復與姤大過相銜結非歷八卦說詳下。歷八卦而至未濟解。又歷八卦而至漸蹇。又歷八卦而至剝坤。左右各二卦互一卦。合六十四卦。互體只成十六卦。又合十六互體。只成四卦。乾坤既未濟也。祖緜按原本無濟字周易乾坤終既濟未濟。以此歟祖緜按原文作周易所以始終歟。

吳澄互卦之說。大臨小疵。惟以圓圖證。不若橫圖證。使人容易明瞭。且可明圖左以乾起。圖右以坤起。以兩儀分界。消息之理。亦可包括中爻之中。易理可以會通。若以枝枝節節為之。則偽說滋蔓。不可究詰。

與黃宗羲同時者。吾浙治易者有山陰趙振芳。趙又籍仁和。著易原。與金華戚雄、臨海陳錫所著易原異旨。趙氏對中爻以吳澄為依歸。而又繹其義曰。

坎中爻為震艮。震艮中爻為坎。離中爻為巽兌。巽兌中爻為離。體常不易。陰陽之正也。中孚巽兌二陰合。而中爻為震艮之二陽。小過震艮二陽合。而中爻為巽兌之二陰。頤震艮而為坤。大過巽兌而為乾。變乃雜。居陰陽之互根也。

趙氏繹言。學者皆未能通曉。又附以林栗之說。創互根之說。是舉林栗之說。以附會吳澄。非是與易原並存者，有徐在漢之易或。徐氏之學，致力中爻，但是書引明人張淵周易說統。張書係制義之說。羼入說經。此徐氏之所短。故其書不及趙氏之醇。徐論互卦。見易或卷十。以坤乾離坎四卦立說。一、重坤八卦之互震八卦同。二、重乾八卦之互巽八卦同。三、重八卦之互艮八卦同。四、重坎八卦之互。兌八卦同。強為湊合。失易之例。徐氏著原始要終章云。

中爻謂中四爻。從二至四。三爻也成一卦。從三至五。三爻也成一卦。……二與四三與五同功者。同為一卦之始終也。祖緜按徐氏釋同字失其義、下同異位者。二本為二。復為初。祖緜按復字亦无義、當云在中爻為初、四本為四。復為三五也。三本為三。又為二四。五本為五。復為上也。在正卦。三四為上下之際。在互卦。三四為往來之樞。中爻之雜撰。全在三四兩爻。四既為三。又為五。三既為四。又為二。此是非所由生。不可不辨。故曰三多凶。四多懼。而遠與近。所以中多懼之義。專為四言之。危與勝。所以中多凶之義。專為三言之。正所謂辨是與非也。（下略）

徐氏此說。足補吳澄之說。惟釋同功。究竟未諦。當從韓原伯說為允。繼胡安世、徐在漢、趙振芳之後。為御纂周易折中。總裁為李光地。其人學術行品、為後世所詬病。李注意互體。但是折中所採擇者。漢宋雜揉。无折中的論斷。據錄張振淵周易說統。說統不足。又雜以徐在漢易或。无新理發明。失之甚矣。最可鄙者。引用姓氏門。明人下引十人葉爾瞻、未詳汪砥之、見易或說統未引程敬承、名汝繼，又以字行，婺源人，著周易宗義八卷，張雨石、名汝森，山陰人，著易滄窩指圖八卷，見四庫全書提要存目，字作明若，譌，孫質卿、張振淵說統作質庵，又有質卿，不貫姓，疑振淵子經，吳一源、未詳汪咸池、未詳盧中庵、名翰，又字子羽，潁州人，著中庵籤易一卷行世，又有易經中說四十四卷，未見，見四庫存目，郭海鵬、未詳游謙溪。名震得，字汝晉，婺源人，治陽明之學，著謙溪甲乙集。汪砥之見易或。餘九人皆據說統。而折中云。以上十人未詳世次。或失其字其陋謬若斯。按說統刊於明萬曆四十三年冬十一月。（一六一八年、）折中刊於清康熙五十四年三月（一七一五年）相距九十七年。易或刊於清順治十五年（一六五八年、）與折中付梓時相距僅四十年。纂書例當博采。而卒爾引用。抑何疏耶。惟折中暨理朱熹啟蒙及啟蒙附論。校對者五人。除魏廷珍吳孝登未詳其學術。如何國宗梅瑴成王蘭生皆明算術。故有精義。惟折中案語多游移兩可。如釋繫辭三與五同功而異位。引侯行果、孔穎達正義作侯果吳澄、胡炳文三人說。其案云

柔危剛勝。吳氏以為指五。胡氏以為指三。侯氏兼之。須分別融會。乃得經意。此類案語。真可謂懸案未斷。近人記載。謂周易折中。性理精義。皆出楊名時之手。楊氏充南書房校對。為李光地得意弟子。楊死時。盧文弨作家傳。彭紹升作事狀。徐用錫作傳。方苞作墓誌銘。袁枚作神道碑。全祖望作行述。皆言楊氏審校折中。李紱送楊賓實布政序云。

吾嘗知公在南書房。朝廷出西洋三角算問公。將附周易後。公曰。西洋法誠密。然與三聖人易不必比附。一日又以後人所繪河圖洛書下問公。閱畢奏云。以臣觀。无佳處。以李塨之序觀之。知楊氏對於折中。有所抉取。余欲窮其究竟。以楊所著易義隨記。與折中互證。知措辭不同。豈以溫樹之秘。盡削之歟。惟隨記一書。亦不足取。細攷折中一書。御前校對。與南書房校對。分修諸臣各異其旨。其書當分為二。一至十八卷。出分修與南書校對之手。十九至二十二卷。似出御前校對之手。至三角算不載卷末。實楊氏之錮。啟蒙附論載洛書勾股圖。勾股與三角算同源。不過一疏一密之別爾。至云三聖周公在陽城立土圭。土圭係測日之用。非三角不能得其數。在尚書堯典。周禮大司徒。司馬土方氏。形方氏。已備載之。楊氏以為不必比附。陋之至。

折中啟蒙述四象生八卦。闡明邵雍八分為十六之理。其案語云。

四畫十六者為八卦之上各加兩儀。祖縣按。各加兩儀四字。當加一陽一陰。義更明瞭。三畫之八卦。因而為之十六。又重為之三十二。又為四象之上各加四象也。祖縣按。此兩句。亦未妥當云。八卦之上。因而為十六也。於經雖未見。祖縣按。此句亦未然。繫辭云。八卦成列。象在其中矣。因而重之。爻在其中矣。八卦一圖為十六。然及六十四卦既成之後。以其自二至五四爻互之。祖縣按。此即中爻。得兩個乾夬睽歸妹家人既濟復頤大過未濟解漸蹇剝坤十六卦。或自初至四。祖縣按。乾兌離震巽坎艮坤八卦。每宮得二卦。計十六卦。謂之互根。或曰三至上。祖縣按。計得四個十六卦。

或自四爻至初。或自五爻至二。或自上爻至三。（祖緜按、三句贊）此錯綜顛倒互之。皆得乾坤。既濟未、濟。剝復。姤夬。漸歸妹。大過頤。解蹇。睽家人。（祖緜按以每宮得兩卦數之、當云乾、夬、睽、歸妹、家人、既濟、頤、復、姤、大過、未濟、漸、蹇、剝、坤、被以周易序、）適合十六卦之數。孔子於雜卦發其端。（祖緜按、雜卦與互卦不涉、下雜卦明義說非、）漢儒互卦之說。蓋本諸此也。邵子詩云。四象相交成十六事。即以此四畫者為四象相交者爾。學者誤以上文天地否泰十六卦當之。失其旨矣。

折中述互卦之理。以八卦上。因之以一陽一陰得十六卦。繫辭曰。因而重之。逸周書作雒解。南繫于洛水。北因于郟山。孔晁注。繫、因、皆連接也。是其證。八卦上加一陽一陰得十六。即兩儀十六卦之位。一、以初爻至三爻為內卦。二爻至四爻為外卦。二、以八卦乾一、兌二、離三、震四、巽五、坎六、艮七、坤八之卦位。加以一陽一陰。得十六卦。今更敘明之。

1

乾☰、乾上加一陽、為☰。內卦乾、外卦乾、成乾䷀。

乾☰。乾上加一陰、為☰、內卦乾、外卦兌、成夬䷪。

2

兌☱、兌上加一陽、為☱、內卦兌、外卦離、成睽䷥。

兌☱、兌上加一陰、為☱。內卦兌、外卦震、成歸妹䷵。

3

離☲、離上加一陽、為☲、內卦離、外卦巽、成家人䷤。

離☲。離上加一陰、為☲、內卦離、外卦坎、成既濟䷾。

4

震☳、震上加一陽、為　、內卦震外卦艮、成頤䷚。

震☳、震上加一陰、為　、內卦震外卦坤、成復䷗。

5

巽☴、巽上加一陽、為　、內卦巽外卦乾、成姤䷫。

巽☴、巽上加一陰、為　、內卦巽外卦兌、成大過䷛。

6

坎☵、坎上加一陽、為　、內卦坎外卦離、成未濟䷿。

坎☵、坎上加一陰、為　、內卦坎外卦震、成解䷧。

7

艮☶、艮上加一陽、為　、內卦艮外卦巽、成漸䷴。

艮☶、艮上加一陰、為　、內卦艮外卦坎、成蹇䷦。

8

坤☷、坤上加一陽、為　、內卦坤外卦艮、成剝䷖。

坤☷、坤上加一陰、為　、內卦坤外卦坤、成坤䷁。

折中據邵雍之說。玄妙而不具體。未能探其源。邵雍亦然。宋人識雍祕而不宣。以傳子孫。讀其子伯溫見聞錄其孫博後錄。對易亦膚。茲將互卦之理。加以闡明如下。

1. 自初爻至四爻。即兩儀至十六卦的卦位。乃為互根。乾宮二卦。為䷀乾、䷪夬。兑宮二卦。為䷥睽、䷵歸妹。離宮二卦。為䷤家人、䷾既濟。震宮二卦。為䷚頤、䷗復。陽儀盡於復。

陽儀盡於復。與陰儀盡於姤。是兩儀之界限。截然不同。陽儀順行乾之乾夬。至兌宮睽歸妹。相隔十位。吳澄云八位。義同下同。兌宮之睽歸妹。至離宮之家人既濟。相隔十位。離宮之家人既濟。至震宮頤復。相隔十位。世之治易者。不能分判兩儀之別。以為全體皆隔十位。是不知橫圖之公式。實失之粗。

陰儀坤宮二卦。為䷁坤為䷖剝。艮宮二卦。為䷦蹇為䷴漸。坎宮二卦為䷧解為䷿未濟。巽宮二卦。為䷛大過為䷫姤。陰儀盡於姤。

陰儀盡於姤。陰儀逆行。順行逆行。為陰陽之別。坤之坤剝。至艮宮蹇漸。相隔十位。艮宮之蹇漸。至坎宮解未濟。相隔十位。坎宮之解未濟。至巽宮大過姤。相隔十位。陽儀之頤復。與陰儀之大過姤。相隔不過二位。若以十位數之。實扞格難通。

吳澄謂又合十六互體。只成四卦。乾坤既未濟也。在十六卦。乾夬互乾。睽歸妹互既濟。家人既濟互未濟。頤復互坤。姤大過互乾。未濟解互既濟。漸蹇互未濟。剝坤互坤。見下附圖一。

2、自二爻至五爻。即四象至三十二卦的卦位。乃為中爻。太陽與少陽。各為乾夬睽歸妹家人既濟頤復八個互卦。共十六卦。少陰與太陰。各為姤大過未濟解漸蹇剝坤八個互卦。亦共十六卦。合成三十二卦。見下附圖二。

3.自八卦至六十四卦。即得六十四卦。這六十四卦。由互求得之。乾離巽艮四卦。其互為乾夬睽歸妹家人既濟頤復八個卦。四卦共得三十二卦。兌震坎坤四卦。其互為姤大過未濟解漸蹇剝坤八個卦。四卦共得三十二卦。合得六十四卦。見下附圖三。

4.互卦不以周易之序為序。而以消息之序為序。因為三易皆用互卦也。

乾宮之乾夬與坤宮之坤剝。序為乾坤序。周易序同。夬剝序。

兌宮之睽歸妹與艮宮之蹇漸。序為睽蹇序。歸妹漸序。周易序同。

離宮之家人既濟與坎宮解未濟。序為家人解序。既濟未濟序。周易序同。

震宮之頤復與巽宮之姤大過。序為頤大過序。周易序同。復姤序

以上四者互卦之序如此。若從周易夬姤序、剝復序、家人睽序、蹇解序。則宮次失其序。

折中引啟蒙上云。四畫之上各生一奇一耦。亦為五畫者三十二。邵子所謂十六分為三十二者是也。折中案云。

互畫三十二者。自初至三。可互一卦。自三至五。又可互一卦。依此法錯綜顛倒互之。則得復姤。

頤、大過、屯、鼎、恒、益、豐、渙、坎、離、蒙、革、同人、師、臨、遯、咸、損、節、旅、中孚、小過、大壯、觀、大有、比、夬、剝、乾、坤諸卦。亦適合三十二之數。先儒亦有以是說互卦者。祖縣按，先儒指鄭玄輩。如損益皆互頤。祖縣按，損中爻互復，益中爻互剝，此云互頤者，損二爻至上爻互頤，益初爻至五爻互損。頤象離為龜。故損益二五言十朋之龜之類。

折中舉三十二卦。皆係消息立說。與周易序卦異。學者每以為无緒可尋。茲先言兩儀至三十二卦之互。以乾離巽艮四宮順行。坤坎震兌四宮逆行。

乾宮　乾、夬、大有、大壯四卦。

兌宮　中孚、節、損、臨四卦。

離宮　同人、革、離、豐四卦。

震宮　益、屯、頤、復四卦。

巽宮　恒、鼎、大過、姤四卦。

坎宮　師、蒙、坎、渙四卦。

艮宮　小過、旅、咸、遯四卦。

坤宮　坤、剝、比、觀四卦。

折中案語。所舉三十二卦。從震宮之後。巽宮之始起。歷頤、大過、屯、鼎、恒、益。又從離宮之豐。坎宮之渙起。歷坎離蒙革師同人。又從兌宮之臨。艮宮之遯起。歷損咸節旅中孚小過。又從乾宮之大壯。坤宮之觀起。歷大有比夬剝乾坤。所舉三十二卦。不以周易之序為序。而以消息為序。三十二卦之互根。亦為乾坤既濟未濟。見下附圖四。

又從四象至六十四卦之互。亦三十二卦。其互卦與兩儀至三十二卦。相同。以乾離巽艮四宮用上四卦。兌震坎坤四宮用下四卦。共三十二卦。三十二卦。即六十四卦之半。亦以兩儀分。見下附圖五。

總之釋互卦者。折中所述朱熹啟蒙之說。聞道出一二。惜未能盡其蘊也。

次論惠棟之易。惠墨守虞翻義。虞氏無注。則旁采鄭玄。如若夫雜物撰德。辨是與非。則非中爻不備。李鼎祚集解引虞翻注云。

撰德謂乾。辯別也。是謂陽。非謂陰也。中、正。乾六爻二四上非正。坤六爻初三五非正。故雜物因而重之。爻在其中。故非其中。則爻辭不備。道有變動。故曰爻也。

而惠氏周易卷十七引虞翻則云。

撰德、謂乾。辯、別也。是謂陽。非陰也。中正也。乾六爻二四上匪正。坤六爻初三五匪正。故非其中爻則不備。道有變動。故曰爻也。

惠氏引書動甚竄改。中正也。原文無也字。又節去雜物因而重之爻在其中十一字。故非其中。則爻辭不備。惠氏臆改故非中爻不備。虞注已與中爻之旨違。惠氏一改。義更不明矣。若乾六爻二四上匪正。坤六爻初三五匪正。是言爻位。不是言中爻。又惠氏以中爻釋之。說多支蔓。在李光地惠棟兩派宋漢交爭之後。自樹一幟者。有曹庭棟（庭棟或作廷棟）之易準。從事於數。以數推易。著互卦篇。即用吳澄圜圖。而加以數。中層三十二卦。皆以生成之數為數。如乾坤為五。夬剝為十。妄以繫辭天數五地數五為乾坤。夬屬乾宮。剝屬坤宮為十者。取太玄經五與五相守。又以未濟為一。既濟為九。離宮三世卦。以洛書離九。不當為一。既濟坎宮三世卦。以洛書坎一。不當為九。又立合十之說。愈說愈晦。總之。易有一定公式。可從易知易能求之。即得其例。而後世治易往往妄立新說。使明者反晦。曹氏似之。曹氏說曰。

漢魏以來。講易者每取互卦。而不知其法象之妙。具于圜圖。（祖縣按。圜即圖。互卦出於圜圖。吳澄已言之。）與圖數之相對合十。（祖縣按。相對合十。乃九宮之術語。非互卦。說遠。）莫不符契。外層即圜圖六十四卦次序。中層凡二卦同互一卦。（祖縣按。即乾夬坤剝之例。）得三十二卦。左右相同。實得十六卦。自左乾夬睽歸妹。（祖縣按。此屬陽儀。）對右坤剝蹇漸。（祖縣按。此屬陰儀。）十六卦无不合十。亦有合二十者。（祖縣按。此曹氏之妄說。彼乾五坤五合十。夬十剝十合二十。）總其數一百八十。倍之仍得三百有六十。其內層亦二卦同互一卦。得十六卦。四分之相同。實得四卦。乾既濟未濟坤。以對坤未濟既濟乾。四卦相對合十。總其數八十。十其八卦之八也。祖縣按，曹說至為。極互卦之變化。而圖數之變化從之。中層之互。乾坤姤復。各分為二。祖縣按，二即陽儀陰儀之分。順逆以為運行。祖縣按，陽儀內之卦順行，陰儀內之卦逆行。數則生成相比。祖縣按，以生成之數釋互卦殊非，且其數本錯誤。五與十並位南北。祖縣按，乾南坤北，與五十无涉。一六、二七、三八、四九。在左者自下左旋。在右者自下右旋。其內層之互。縮外層四卦為一卦。如乾夬大有大壯四卦并而為乾是也。祖縣按，并字未當，不如用互字為允。所得惟乾坤既濟未濟。周易序卦。乾坤始之。既濟未濟終之。其義亦見于此。而數則惟有五對五。一對九。為洛書本象。始中終之數。一至九以布其位。五居中以立其體。于外層見其分。即于內層觀其合。十圖之數。无往而不寓妙理。嗚呼至矣。

曹氏之說。以吳澄為本。自作聰明。湊合數字。實昧於數。周易的組織。出於河圖。而河圖无數。後人所謂乾一兌二離三震四巽五坎六艮七坤八。是言成卦之次第，卦之位乃定。與洛書絕對无關。曹氏云五對五。一對九。又云十圖之數。實對於易理之軌，无知。

胡煦周易函書約注卷十六。言中爻能括己見。胡氏參須纂修折中。其說與折中異，摘錄其說如下。

釋時物云。位之象物。雖有定體。然既以爻時物。則在爻動不居上說。如乾龍物也。而始終內外不同。因有潛見飛躍之殊也。蓋卦為爻體。爻為卦用。體有定而用无定也。

釋中爻云。中爻謂在中之四爻。對初上言也。一曰雜者。兩物相雜而互之也。指互卦說。

釋噫亦要存亡吉凶。則居可知矣云。要歸也。約也。祖綠按，要，歸也，未詳所出。釋約，釋名，釋形體：要，約也。論語憲問：久要不忘平生之言。孔注，久要舊約也。

以上三則。頗有所見。至釋同功而異位。以功位為君臣之分。在專制時代，措辭如是。

沈起元周易孔義集說。其書集前人之說。不若折中之濫。且加以按語。別有見解。以折中對比之。實一可讀之書。言中爻云，

始終。按一爻言初。六爻言上。祖綠按，六爻言每卦之第六爻。始終之謂也。

至於中爻互體。祖綠按，沈氏不分中爻互體。議□闕文有以互體而備全卦之用者。如屯有互坤，為眾。故利建侯。有互艮為止。故勿用有攸往。……有從互卦而立爻義者。同一震也。重卦之四在互艮互坎之中。故有泥象。祖綠按，䷲震，二至四為艮，三至五為坎。同一艮也。重卦之三。在互坎互震之中。故有危薰心象。祖綠按，䷳艮，二至四為坎，三至五為震。舉斯以觀。餘可類推。故曰辨是與非。則非中爻不備也。因象辭已有中爻立義者。故曰思過半矣。

此沈氏說之可采者。惟中爻與互體。并為一談。是其所短。

任啟運周易洗心卷九釋中爻无甚卓見。至於二多譽。四多懼。近也。云畫自內生。內近而外遠。釋遠近二字足備一說。又卷二附中爻三圖。一係任氏自撰。二李光地圖。三吳澄圖。无甚發明。

江永河洛精蘊卷四外篇有互卦說。據折中之說。加以條理。以便學者。惟據折中雜卦明義。則雜而越。亦一疵也。其後楊翼亮譯古含奇互卦說。鈔襲江永全文。惟四象相交為十六事圖。加入四象符號。如二太陽。二少陰。二少陽。二太陰而已。其實亦非楊氏所創獲。是襲折中雜卦所列一圖。

全祖望經史問答。創中爻之說。別出心裁。惜成書未見。

焦循治易。以洞淵九容之數。實通於易。乃藉測天之法。測易之爻位。緣數之比例。求易之比例。阮元王引之深譽之。在章句八解釋中爻。以二五為中爻。即鑄成大錯。如釋二與四。同功而異位。二多譽。四多懼。近也。柔之為道。不利遠者。其要无咎。其用柔中也。焦氏以遠近猶言緩急。實昧於訓詁。繫辭言遠近者二。一、无有遠近幽深。遂知來物。二、遠近相取而悔吝。焦氏不據此。實失之粗。无咎與悔吝。皆太卜的術語。所謂吉凶悔吝无咎。五者是太卜斷語。繫辭云。

彖者。言乎象者也。爻者。言乎變者也。吉凶者。言乎得失也。悔吝者。言乎小疵也。无咎者。善補過也。

易之用字有一定範圍。以繫辭下一斷語。如人能知无咎。則不知有吉凶。不知有悔吝。其要在无咎而已。今世治易。重在經與傳。或重經輕傳。雖傳文之說。已滲雜儒家之說。未能盡合易理。然其述作。亦不能憑空捏造。必有心傳出之。以釋經。一切術語。經未及之。而大義有存於傳者。

張惠言周易虞氏義、卷八。則非其中爻不備。張氏以非其中爲句。以爻字屬下句。不知虞翻注中正。乃以正釋中。並不是以中爲句。中釋正。據射儀言、鄉射禮記。皮樹中、閭中、虎中、兕中、鹿中。言射者中的謂之正。張氏長於文學。昧於經術。致犯錯誤。

黎世序河上易說。卷八。對中爻无甚新解。其結論云。此章總論六爻。分初上與中爻。以示學者之體。黎氏說膚。

端木國瑚周易指。卷三十七。釋中爻。以大過本末弱也爲張本。前人已言之。實无關弘旨。周易指附圖三卷。對於中爻。獨无圖。

姚配中周易姚氏學。卷十五。此言中爻。卑卑不足道。對於則非其中爻不備。案云。

中爻二至五。中四爻也。謂之中爻者。五上之中。二下之中。祖縣、僕襲荀氏說、與傳言初上違。三四互體之中。中。四爻兼互體。故備也。

中爻與互體。細細分析。實有異同。漢人已混而爲一。姚氏強爲湊合。而忘卻繫辭所謂其初難知。

其上易知本末也之旨。失之疏忽。

俞樾俞樓襍纂二互體徵一卷。四十一則。文顯而明。惟觀六二闚觀。按云自二至四互艮。艮為門闕。故有闚觀之象。謂俞氏脫利女貞一句。當云自二至四互坤。坤為母故曰利女貞。自三至五互艮。艮為門闕。故有闚觀之象。

沈善登需時眇言卷三。原筮云。

每卦中四爻互體。猶母腹子。互體成卦。猶子出胎。

又卷四。原象云。

中爻即互體也。蓋卦有體用。象有顯微。對待為體。流行為用。不易為體。變易為用。而每卦本體。必具互體。本體象顯。互體象微。

沈氏對於中爻。譏漢宋學家之失。其附六十四卦十六互體圖。明析如畫。其六言見卷四原象云。

乾陽而坤陰。光陽而氣陰。光本太易。氣成渾命。祖綿按渾命見乾鑿度。又作混沌。而氣非光不靈。原注云。氣有點質而滯著不化。驗之人身可見。光亦非氣不顯。原注云。光體空寂。如無火必附物乃見。祖綿按無火為然火之譌。光氣交融。乃能變化而生天地萬物。故太易渾命。一體二名。无形有形。形形互顯。非可執為二物也。其形諸卦。畫大過互乾。乾即太易。祖綿按乾鑿度所謂太易。即太極。由兩儀交媾。始分陰陽。陰陽各三畫成乾坤。則乾不得云太易。坤不得云渾命。禮記月令疏引乾鑿度作大極。象光行氣中也。頤互坤。坤即渾侖。上下皆陽。象天包地外也。

沈氏以太易渾侖為乾坤。非也。渾侖、乾鑿度曰。氣形質具。而未相離。故曰渾侖。是陰陽兩儀交互為渾侖。不能以坤象之大過互乾。乾是中爻。不是太易。頤互坤。坤是中爻。不是渾侖。乾之成卦。由兩儀四象而生。非太易也。坤之成卦。亦由兩儀四象而生。非渾侖也。乾從陽儀而生。坤從陰儀而生。即範圍天地之化而不過者是也。兩儀交互。謂之渾侖。即曲成萬物而不遺者是也。沈氏立論多違。

又次述　先子周易易解。卷九、釋中爻。茲錄如下。

釋本末也云。六畫之卦。其中有一樞機。此樞機在天地之中。曰中爻。以盡人事者也。

釋則非其中爻不備。云其指易言。又云作易者何為而重中爻。因易之卦。有天卦。乾即有地卦。坤即而獨无人卦。蓋人在天地之中。六十四卦无一而非人事。中爻之變化。實人事也。

釋乾卦文言曰。聖人作易。首乾。次坤。天地之道盡矣。人在天地之中。不另作一卦。以名之曰人。因六十四卦。无一不為人事而作。以人能贊天地之化育。兩相比較。可證。又居。　先子集項安世說猶舉也。古无訓居為舉者。舉疑與之譌。左傳襄二十三年。誰居。杜注。居。猶與也。疑與之譌。惟項氏下文又云。則六爻舉可知矣。是舉不譌。義究未允。不若從釋文馬融云。居、處也。為當。

釋二與四同功異位云。二與四中爻……二以卦位論。坤之正位也。四巽之正位也。同功者。同陰陽之功也。（祖縣按、韓康伯注、同陰功也。是據二與四而言。此言陰陽之功、包括三與五陽爻而言。）異位者。坤之正位在二。巽之正位在四也。然、二四各有善因。陰位多柔。二又在中也。二坤之正位。坤承天而行。故多譽。四巽之正位。巽為進退。故多懼。近者言善雖不同。而同為陰性。（祖縣按、二爻四爻皆陰。）則相近也。坤主靜。巽順剛。（祖縣按、巽彖、柔皆順乎剛。）故曰不利遠。柔為之也。

又釋三與五。同功而異位云。三與五亦為中爻之一卦。三以卦位論。艮之正位也。五乾之正位也。同功。同陰陽之功也。異位者。艮之正位在三。乾之正位在五也。三艮止也故多凶。五乾元亨利貞故多功。乾為父。艮為少男。貴賤之等也。若三五之位。柔居之。危道也。剛居之。勝道也。（祖縣按、柔指陰爻、剛指陽爻。）三多凶四多懼者。因此兩爻為中爻之樞機。責任至鉅。故多凶多懼。舊說多以四近于君為多懼。是因尊君之義而誤。乾鑿度以四為諸侯。五為天子。乃漢儒之曲說。不可從。然、乾為天。曷不曰巽之正位近天而多懼乎。總之四之多懼。其性情也。（祖縣按、巽之性情、說卦傳巽為進退、為不果、游移不定、故多懼、非）近乾之正位而多懼也。

歷來易注。對於中爻。類多皮膚。此解切實簡明。至於正位。又見　先子所著周易示兒錄中編。論八

卦之正位。論互卦之理，論互卦之具。在立卦也可參考，

杭辛齋易楔卷三、互卦。原注：中爻、約象、錯綜、繫辭。左傳莊二十二年。陳侯使筮之遇觀之否。相綜

按內附朱震語錄、京房約象說及吳澄說。无甚新見。在卷三、位。雖提二三四五同功異位。亦未言其要。

七、論近人中爻說

至於近人黎翔鳳周易探原（商務印書館刊本）言互卦。以為此符號應用之展開。未言符號展開之方法。錢叔陵同功異位辭要。（見易學討論集。商務印書館刊行）雜揉京房江永焦循諸說。亦未能體會其理。

以上扼要敘述兩漢至今。諸家釋中爻互卦互體之言。加以辨證。總之中爻互卦互體。乃易變中的一種作用。即相互作用是也。近人識之為象數之術。棄之不道。這樣論易之理，到底如何「相互」的作用使宇宙從變化中不斷發展。就无法深解了。因此中爻相互之作用。不當視為象數。而不加以批判分析。因為相互作用之理。說明六十四卦不是孤立的得中爻相互作用。方能、決定此一現象。和彼一現象變化的主要的原因。例如繫辭刳木為舟。剡木為楫。舟楫之利。以濟不

通。致遠以利天下，蓋取諸渙（䷺）。清光緒癸巳間（一八九三年）盛行楊萬里誠齋易傳。漢宋兩派外，宋易又裂為程朱之別。楊氏之學在宋元之間。陳櫟、胡一桂、吳澄已深病之。當時不誦誠齋易傳，則詆為无學。而鄉會第二場經義，非從程楊易傳，即不能入彀。甚至自鳴治漢學者，亦舍鄭虞而從程楊。士風如此，亡國也宜。楊氏釋曰：

故其彖曰：利涉大川，乘木有功也。

楊注膚甚。先子申其義曰：

是渙散也。祖緜按：序卦傳說而後散之，故受以之渙。物大通也。所以濟不通也。中爻互艮。艮為手。又互震。震，動也。動以手之物，在系桴也。

並證以吳澄易纂言八卷釋云：

刳木者，空其中為舟以浮水。剡木者，剡薄其端為楫以運舟。

先子引吳澄之說，與楊氏對比，因同為宋學，以吳之矛攻楊之盾爾。又申吳義曰：

艮，止也，不通之象。震以動之，通也。然坎為水，舟楫動于水上，濟也。

總之，舟之以楫，為人類初步之發明。繼續發展。有帆（說文作颿）、舵（說文作柁）、櫓、橈。方言九：楫謂之橈，或謂之櫂。說文：楫，舟櫂也。釋名：在旁撥水曰櫂，又謂之楫。焦循易餘籥錄十八：據淮南子主術訓：夫七尺之橈而制船之左右，所謂隱櫂謂之槳。皆以水為資。辨明橈與楫櫂不同。橈即繫於舟側木板。焦說是也。舟子呼為潤水板。

較之槳之功用，已有進一步之發展。或曰：今者機械用火力以行舟，中爻无離，如何發動？乃答之曰：中爻雖无離，而互卦有之，初之四互卦有離，為䷧解，解中爻有離。又曰：今日之舟，能潛能飛，卦象則无之？答曰：渙上卦巽，巽入也，潛之象。渙初之四互卦為解，解中爻互離，離為飛鳥，飛之象。又渙中爻互漸，漸以鴻取象，鴻能飛也。總之，我國人不事訓詁，即空談性理，求以象數求實踐，除沈善登、杭辛齋輩，實不多覯。蓋中爻互卦，真在樞機，能深研樞機，方可治易。繫辭云：

仁者見之謂之仁，知者見之謂知，百姓日用而不知，故君子之道鮮矣。

見仁見知，言其人无識見，自作聰明，空談一切，不顧實際者而言。近日治易者，每以是仁知各異，是誤解的，是不科學的。因下文百姓日用而不知，深識自命為仁知之輩而言。卦是呆板，不能運用中爻，如舟定留水中，永遠不能前進。繫辭發明中爻，漢人又進而發展互體之說，使體卦用爻發揮，以盡易之能事。

中爻互卦互體的相互作用，表現在成十六卦，即兩儀至十六卦四層，成三十二卦，即兩儀至三十二卦五層。无論十六卦三十二卦，皆一互再互，歸納於乾坤既濟未濟四卦。此四卦可擬地球之位置，乾南坤北，南極北極也。赤道之東點為離，赤道西點為坎，自離至坎為晝，以既濟擬議之，自坎至離為夜，以未濟擬議之。坎離无定位，以日為離，日入為坎，在古時已明地球自轉之理。 先子易解卷一。解坤文言。引尚書考靈曜（見御覽三十六）曰。地恒動而人不知。譬如人在大舟中。閉牖而坐。而人不覺也。故坤文言曰坤至柔而動也剛。又曰承天而時行以解之。皆言地動也。既濟未濟兩卦中爻。永遠流行不息。日進无疆。以解地球自轉。乃得其旨。下列五圖以明之。

一至三圖。說明中爻以外更有初爻至四爻相互四爻係十六卦。故互卦為十六。十六卦又歸納乾坤既濟未濟四卦。之根又四爻至上爻相互。上爻為六十四卦。故互卦為四個十六卦。即為六十四卦。至中爻二爻至五爻。互爻係三十二卦。故中爻為二個十六卦。視圖自明。

至於初爻至五爻之互。二爻至上爻之互。視四至五圖。互卦之根乃是乾坤而无既濟未濟。昔賢皆未注意之。

附圖于後。

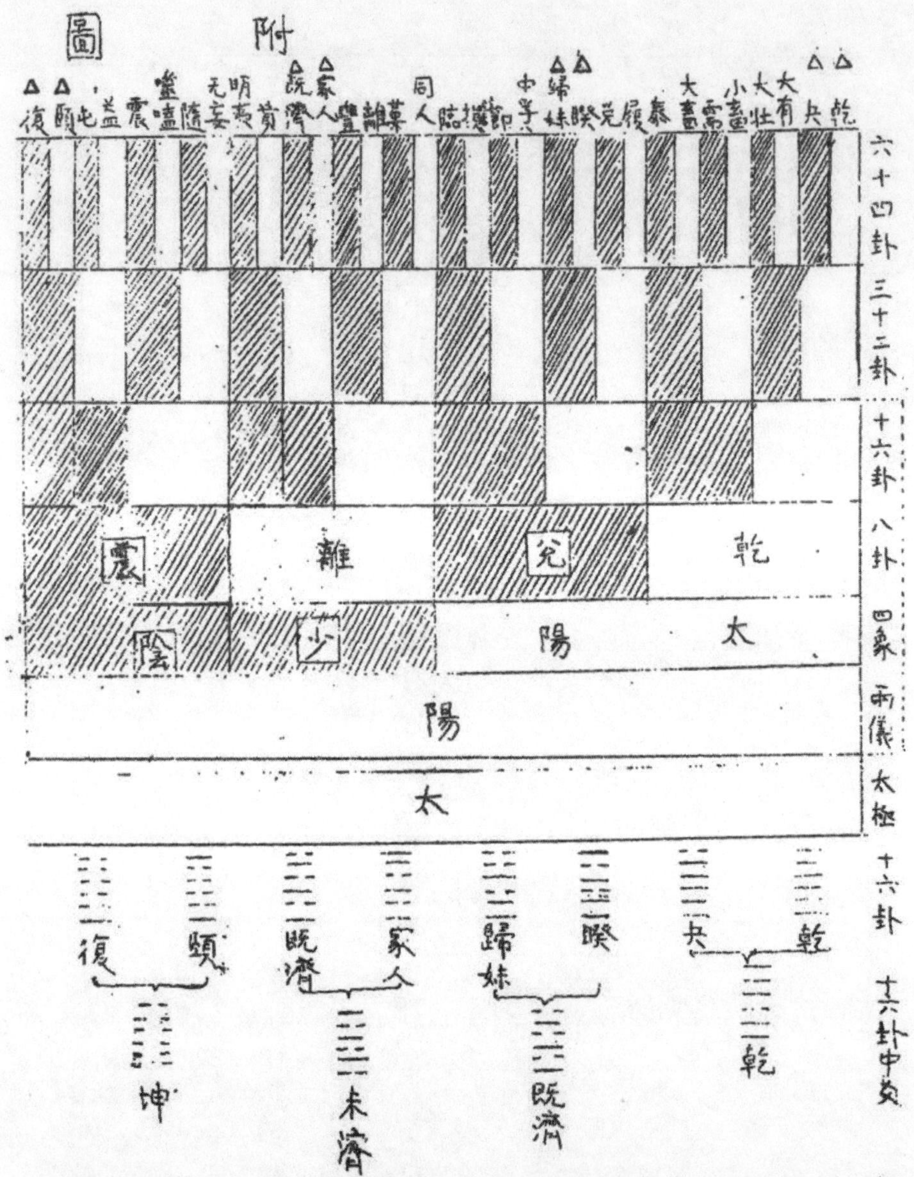

說明：

1. 此十六卦即兩儀至十六卦格內之卦。兩儀至八卦為內卦，四象至十六卦為外卦。

2. 此十六卦，乾宮二卦為乾夬，兌宮二卦為睽歸妹，離宮二卦為家人既濟，震宮二卦為頤復。皆順行。坤宮二卦為坤剝。艮宮二卦為蹇漸。坎宮坎二卦為解未濟，巽宮二卦為大過姤。皆逆行。

3. 十六卦以△為標記。

4. 凡卦序以消息為序，不从周易。乾坤序夬剝序。睽蹇序歸妹漸序。既濟未濟

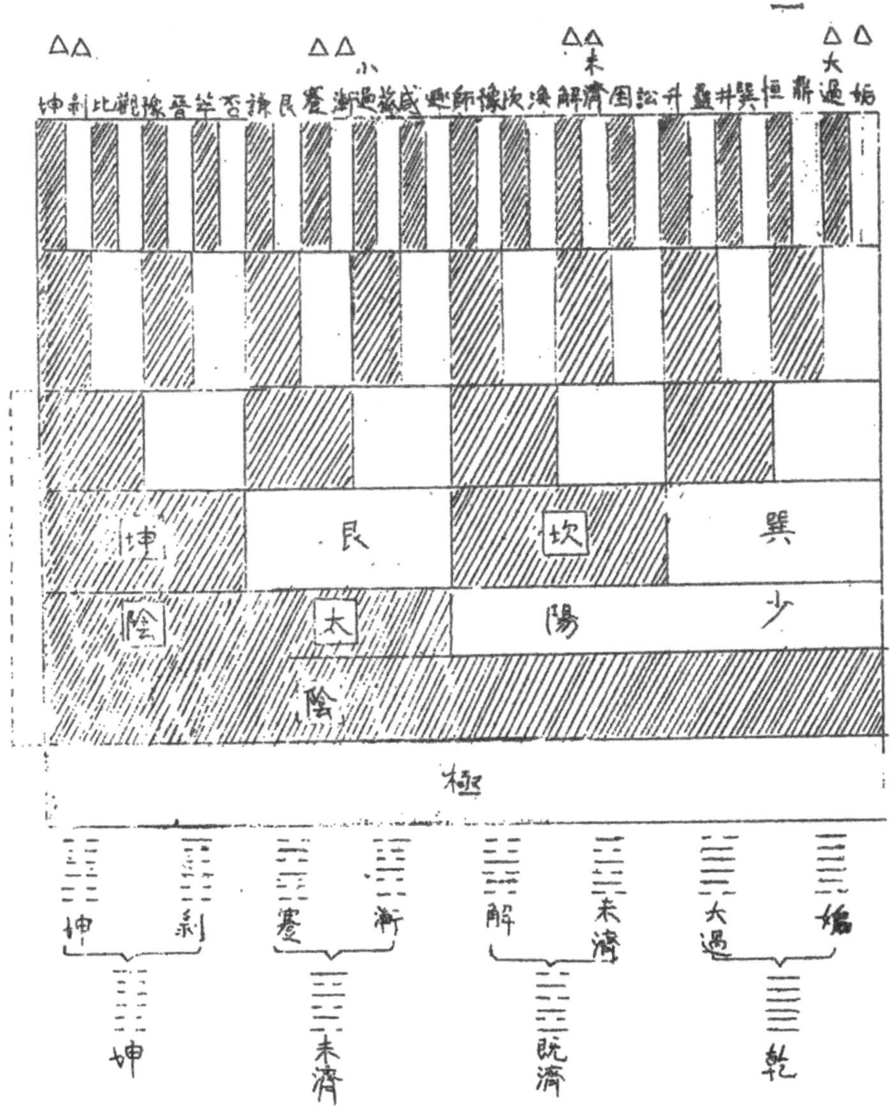

序。頤大過序。復姤序。5.十六卦互乾坤既濟未濟。有一定之序。

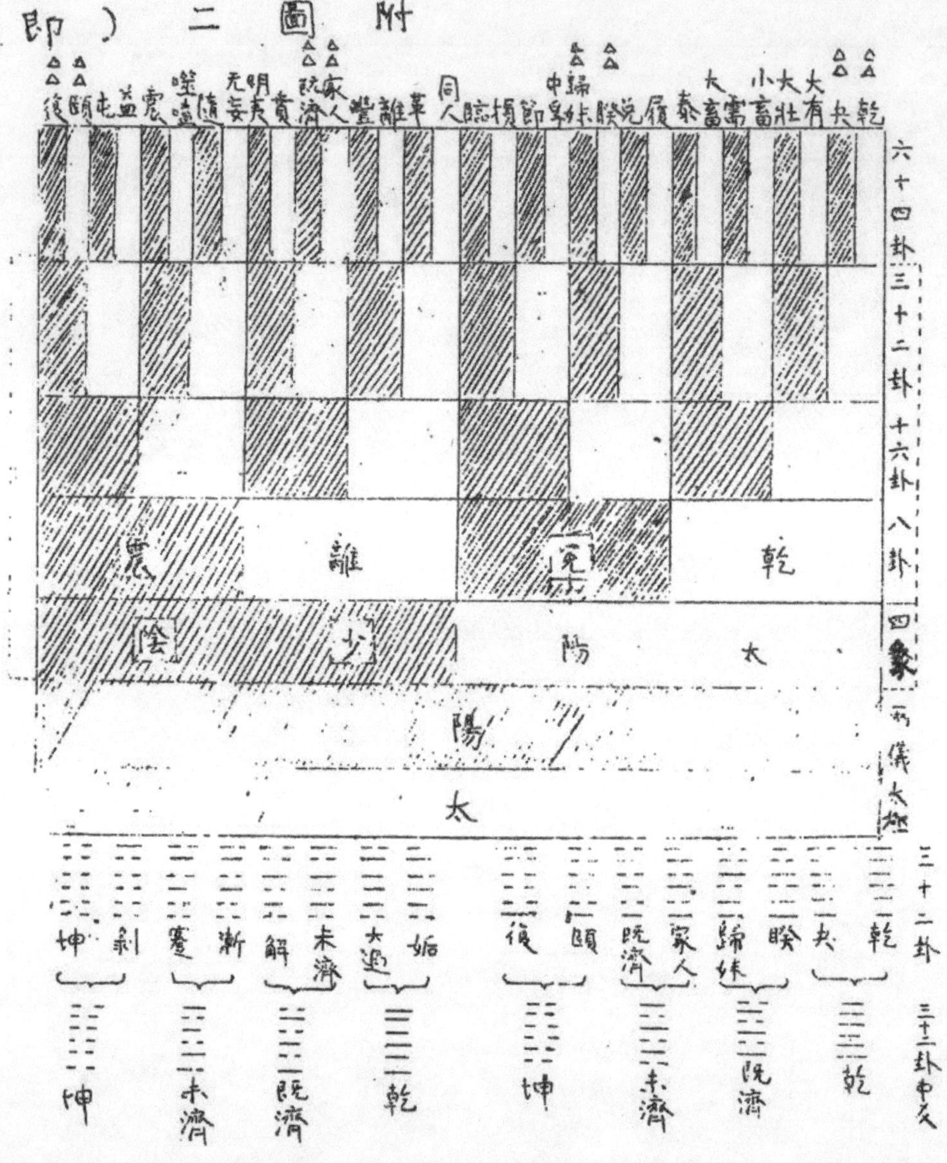

說明：

1. 三十二卦是兩個乾夬。睽歸妹家人既濟。頤復。坤剝。蹇漸。解未濟大過姤十六卦。即四象至三十二卦格內之卦。四象至十六卦一層為內卦。八卦至三十二卦一層為外卦。即為中爻。

2. 以四象為根。太陽和少陽各得乾夬。睽歸妹。家人既濟。頤復。八個五卦。太陰與少陰各得坤剝。蹇漸。解未濟。大過姤八個五卦共得三十二卦。

3. 十六卦上各標記ΔΔ。為須用兩次之意。

4. 陰陽各十六卦分清陰陽四象。

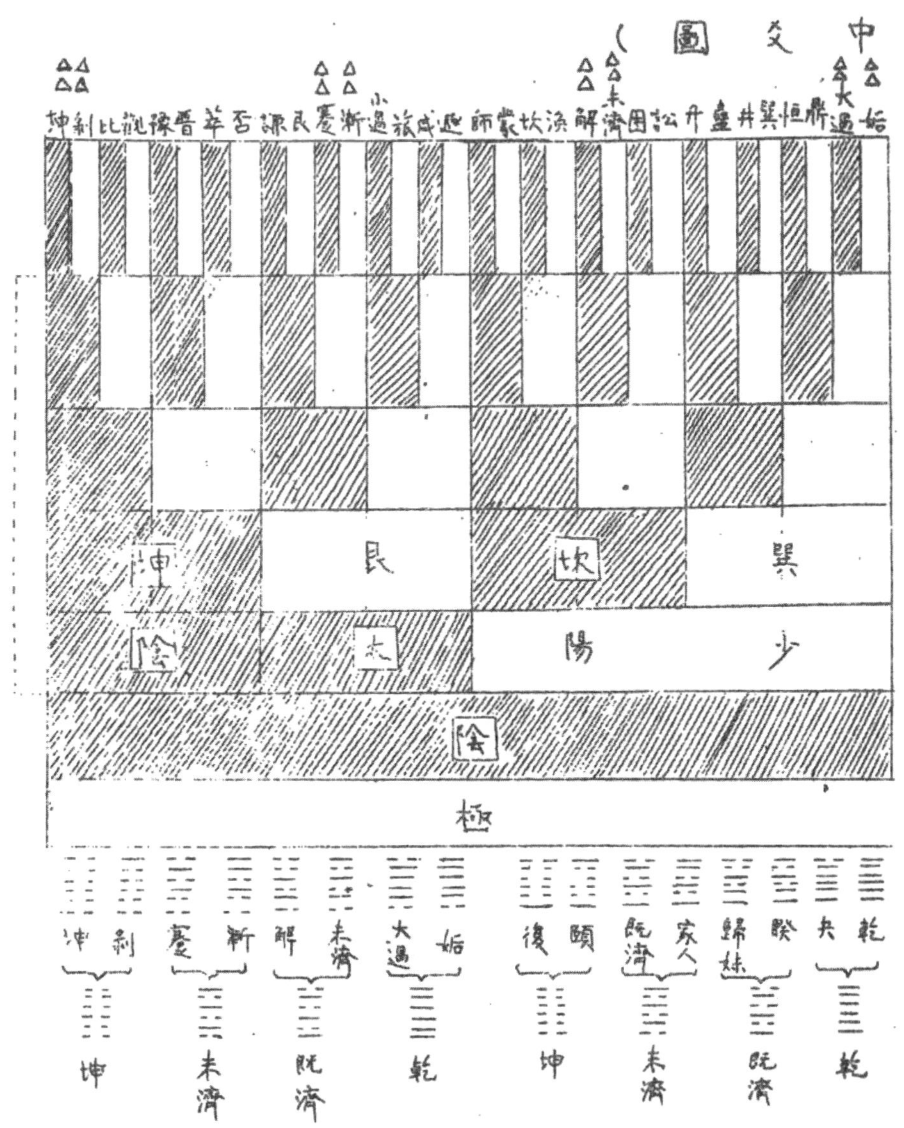

附記：

治漢學者。謂太陽少陰少陽少陽是陳摶輩譌說。當從虞翻四象四時也。方合古誼。漢書律歷志。已言太陽少陰少陽太陰。是治經疏於史。

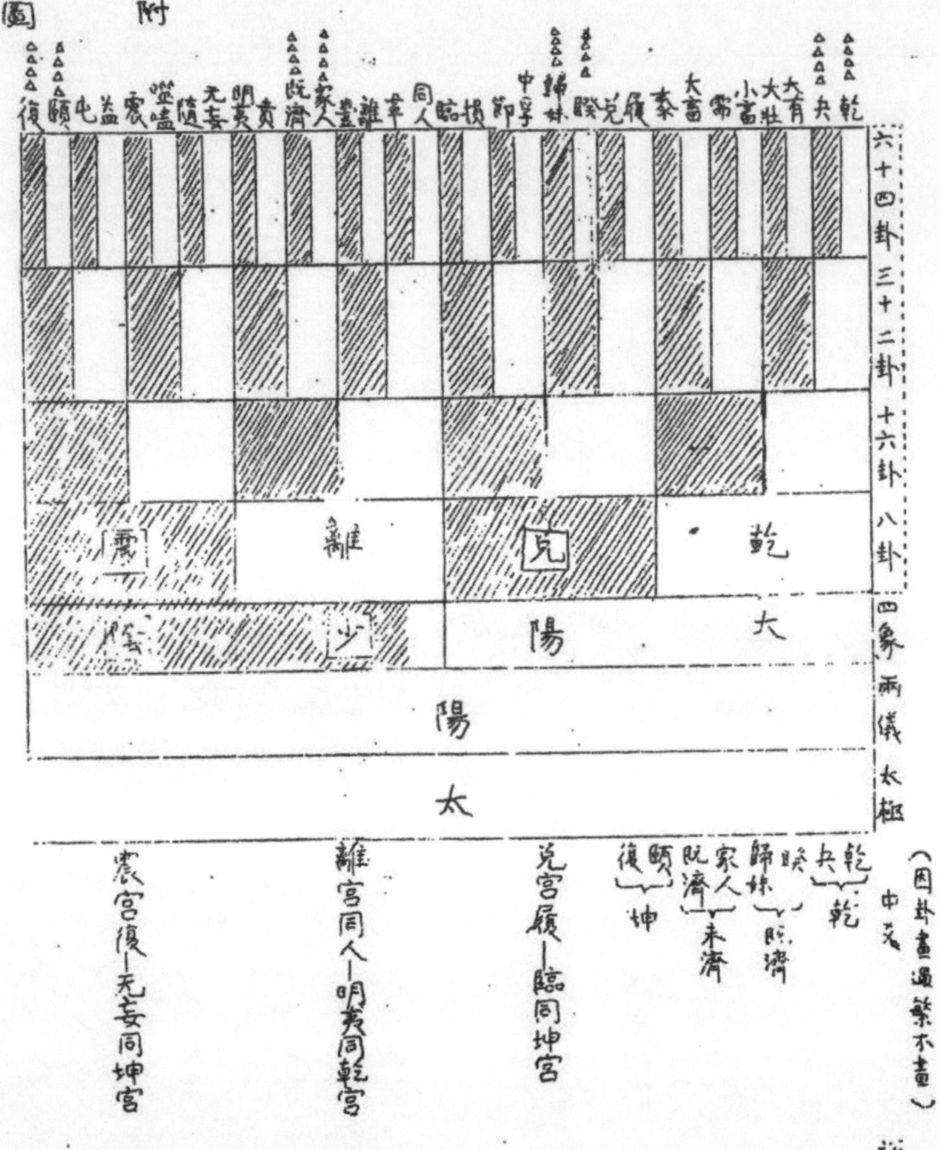

說明：

1. 從八卦至六十四卦。互卦亦得六十四卦。乾宮為乾夬睽、歸妹、家人既濟頤復八卦。離巽艮三卦同乾卦。四卦得三十二卦。皆順行。坤宮為坤剝蹇漸、解未濟大過頤八卦。坎震兌三卦同坤卦。四卦得三十二卦。皆逆行。

2. 乾離巽艮為順行之卦。坤坎震兌為逆行之卦。其陰陽。不以卦之陰陽為陰陽。而以畫卦之陰陽為陰陽。

3. 十六卦上各標記△△△△、為須四次之意。

4. 陰陽各三十二卦分清一陽一

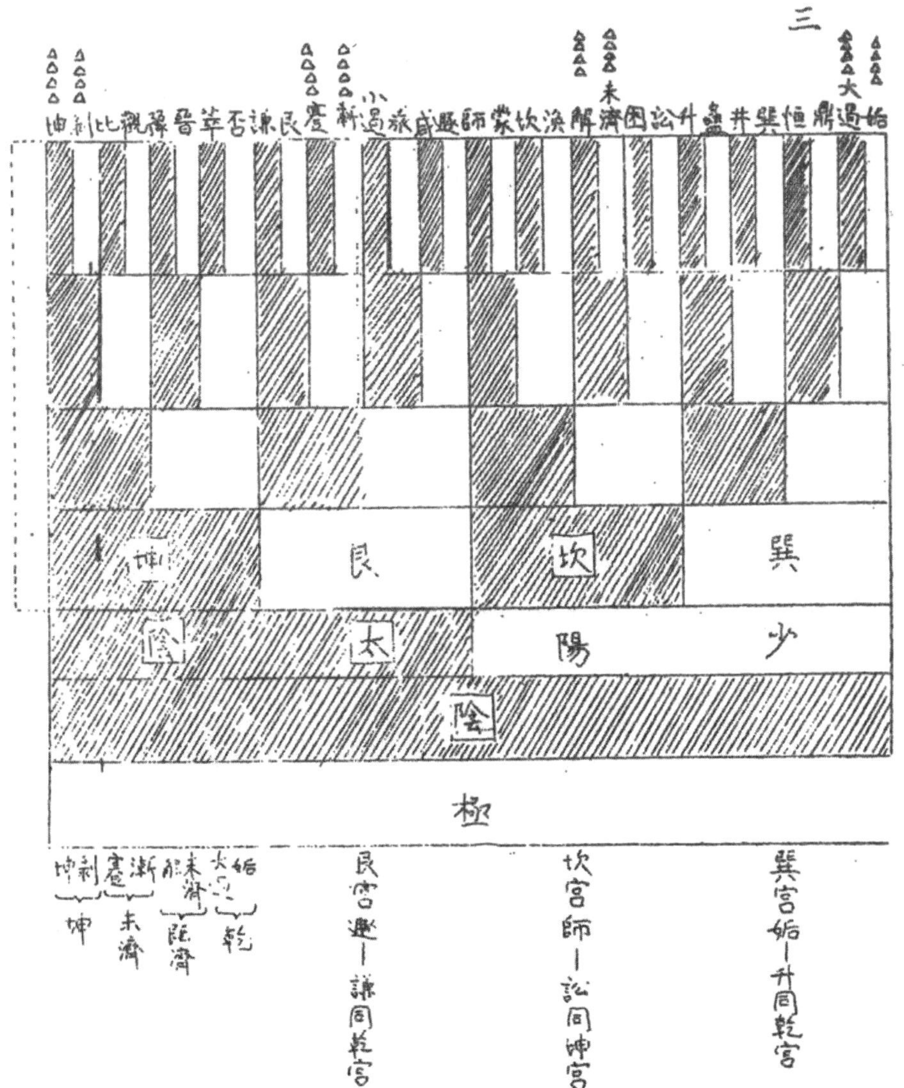

陰畫卦之理。

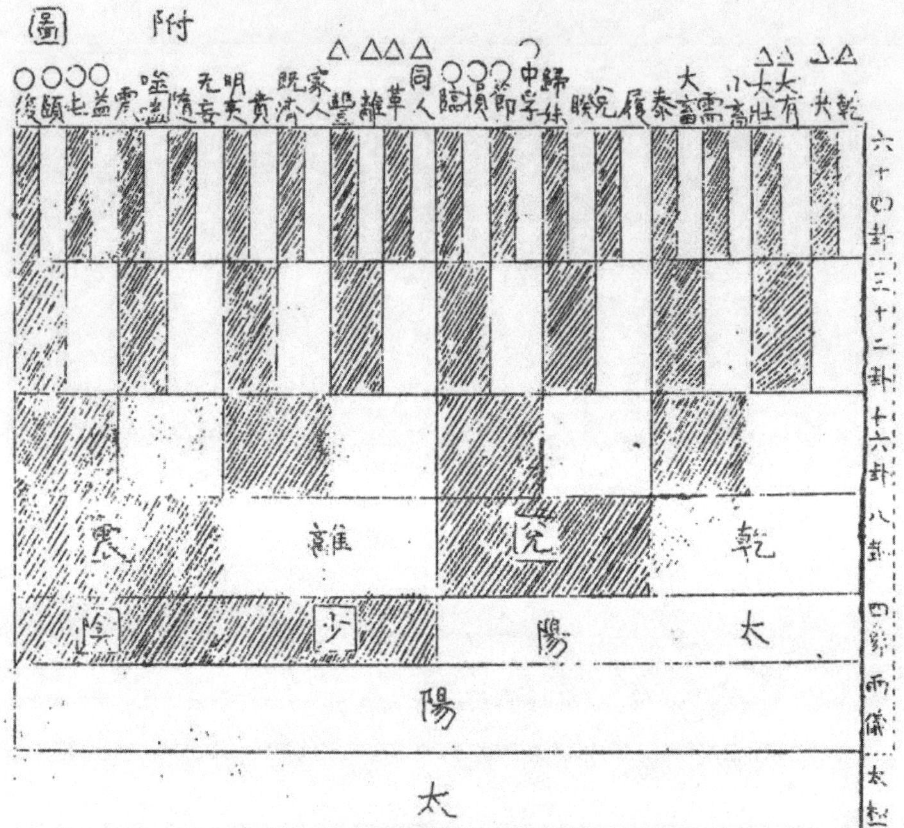

復	頤	屯	益	豐	離	革	同人	臨	損	節	中孚	大壯	大有	夬	乾	
坤	坤	剝	剝	大過	大過	姤	姤	復	復	頤	頤	夬	夬	乾	乾	互卦
		坤	坤	乾	乾	乾	乾	坤	坤	坤	坤	乾	乾			再互

說明：

1. 初爻至五爻之互卦。初爻至三爻為內卦，三爻至五爻為外卦。
2. 此圖陽儀取乾夬頤復四卦，陰儀取坤剝大過姤四卦。陽順行。陰逆行。
3. 凡乾離巽艮之互卦，以△為標記。坤坎震兌之互卦以○為標記。
4. 圖中三十二卦之序。以消息為序，不以周易之序為序。乾坤序。夬剝序。大有比序。大壯觀序。中孚小過序。節旅序。損咸序。臨遯序。同人師序。革蒙序。離坎序。豐渙序。益恒序。屯鼎序。頤大過序。復姤序。
5. 三十二卦之互。為乾坤夬剝頤大過復姤八卦。夬剝頤大過復姤六卦之

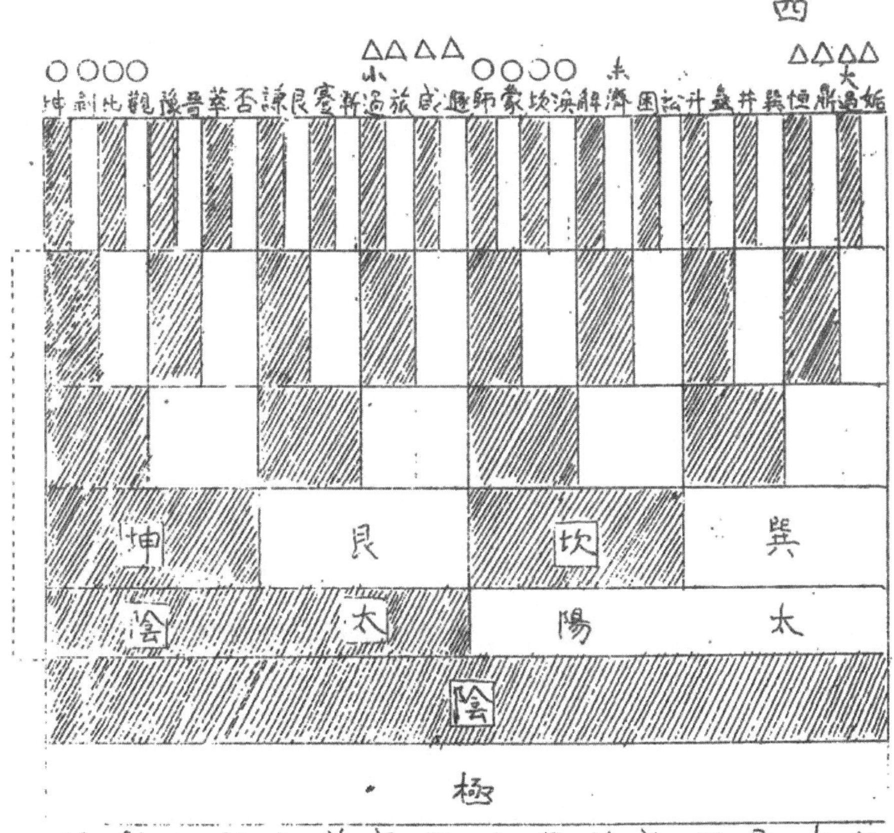

坤 剝 比 觀 小過 旅 咸 遯 師 蒙 坎 渙 恒 鼎 大過 姤

坤 坤 剝 剝 大過 大過 姤 姤 復 復 頤 頤 夬 夬 乾 乾

坤 坤 乾 乾 乾 乾 坤 坤 坤 坤 乾 乾

互。夬姤大過互乾。剝復坤互坤。无既濟未濟之互。

附圖

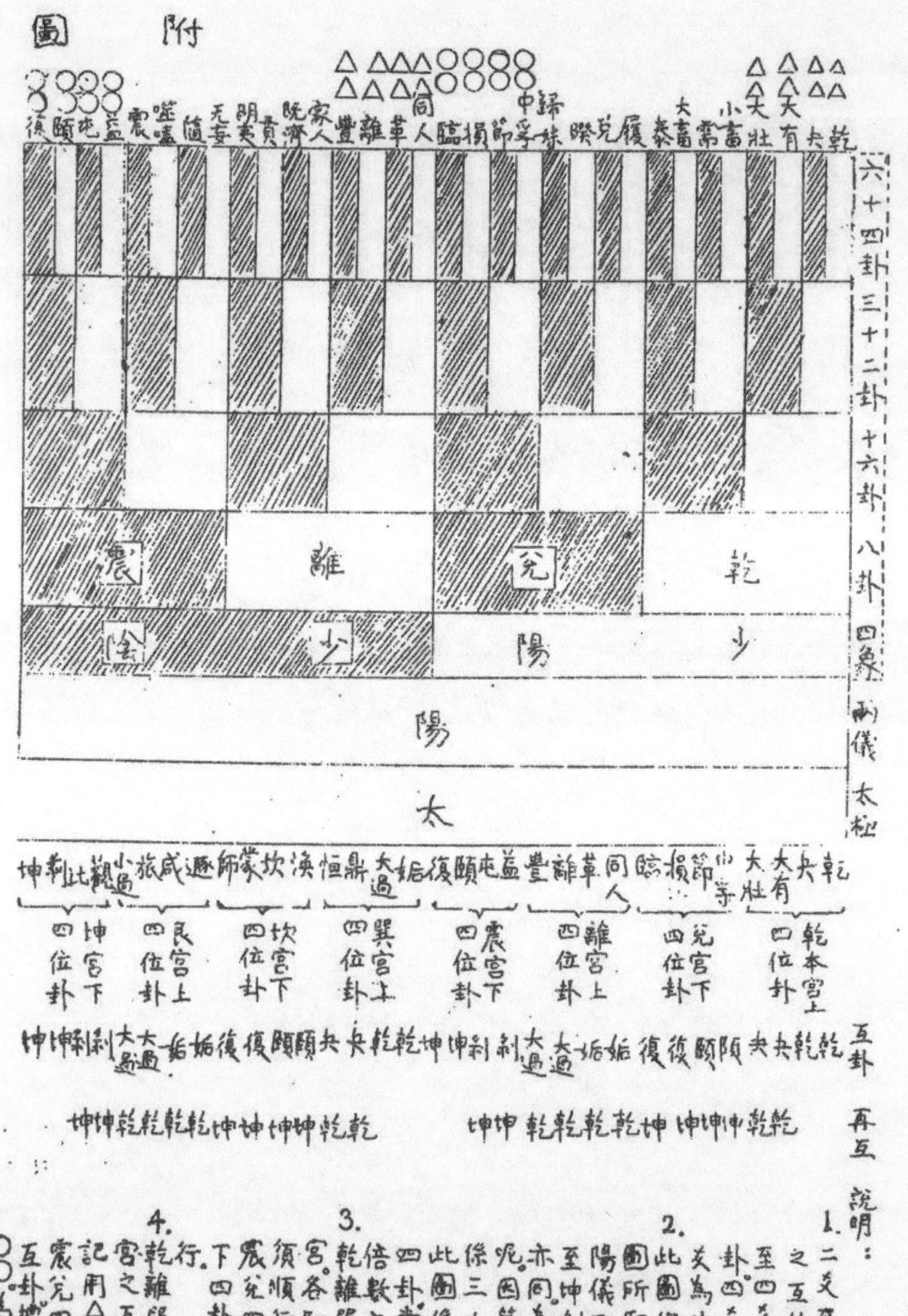

說明：

1. 二爻至上爻之互卦，二爻至四爻為內卦，四爻至上爻為外卦。
2. 此圖與第四圖所取不同。陽儀取乾夬至坤剝，陰儀亦同。為什麼呢？因第四圖係三十二卦，此圖係六十四卦，當加一倍數之。
3. 乾離巽艮四宮各取上四卦，須順行。坤坎震兌四宮取下四卦，須逆行。
4. 乾離巽艮四宮之互卦標記用△△，坤坎震兌四宮之互卦標記用○○。為什麼？

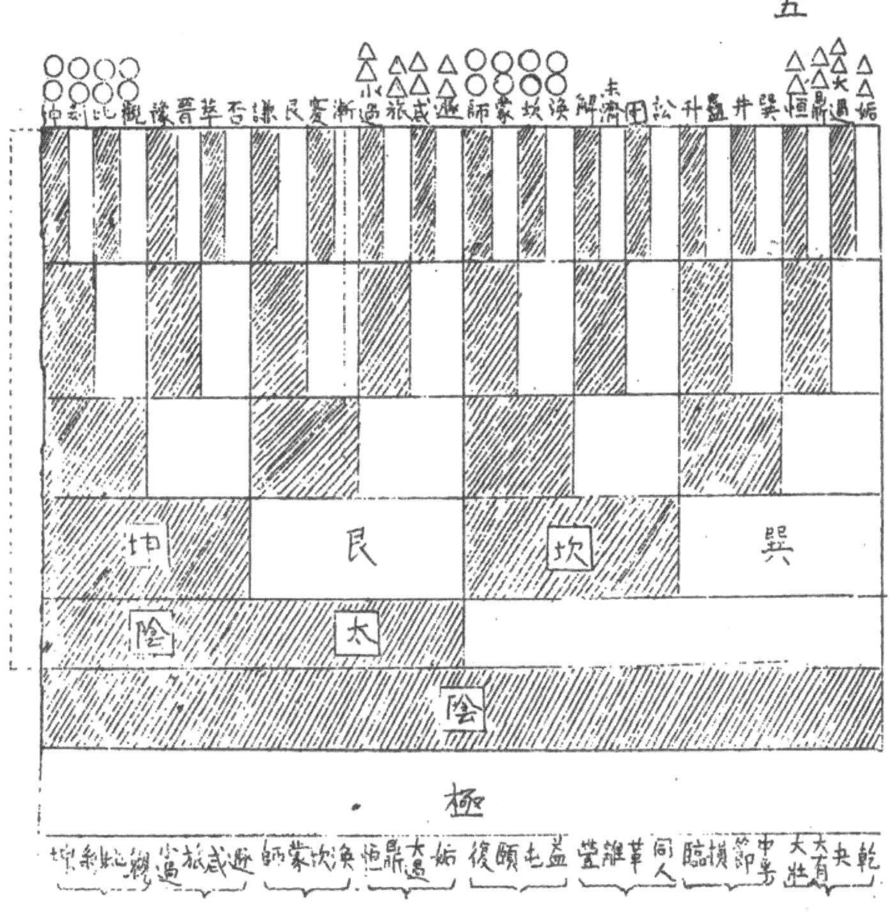

（下同上陽儀排法不贅）

要用△△和○○。因為在陰陽兩儀。當兩次用之的緣故。

5. 陽儀三十二卦。陰儀三十二卦。相加為六十四。互卦之根。有乾坤而无既濟未濟。與四畫之互不同。

八、得位

在六十四卦。惟䷾既濟一卦。爻爻當位者。乃是得位。相反䷿未濟一卦。爻爻不當位。乃是失位。得位失位當位不當位是術語。見彖辭象辭。今略述如下。

凡彖所言位。據一卦立說。實與中爻不涉。彖言當位。如

䷦蹇之彖曰。當位貞吉。以正邦也。

䷴漸之彖曰。進得位。往有功也。進以正可以正邦也。

當位得位義同。一言以蔽之。无非二爻五爻陰陽各得其位而已。漸彖言進得位。進指漸言。彖言漸之進也。序卦傳曰漸者進也。所謂漸者。凡事當日進无疆。益象語。自強不息。乾象語。之意。

反之為歸妹。

䷵歸妹。征凶。无攸利。彖曰征凶。位不當也。

因歸妹二五皆失位。與漸為上下卦。故一主進。一主不進。征。爾雅。行也。說文。正行也。亦有進意。漸與歸妹上下連繫之卦為䷚頤䷼中孚。故頤之六二言征凶。而象曰六二征凶。行失類也。行即釋征。曰失類較失位尤凶。類指陰陽之別。如乾文言各從其類之類是也。在中孚九五有孚攣如。无咎。象曰有孚攣如。位正當也。頤之六二為失類。中孚之九五為位正當。中孚與頤連繫於漸歸妹二卦。即乾文言所謂

六爻發揮旁通情也。

卦辭爻辭不出位字。易傳始言之。已加入了儒家思想。如乾文言。

乃位乎天德。

䷄需彖。

位乎天位。以正中也。

䷉履彖。

履帝位而不疚。光明也。

繫辭曰。

聖人之大寶曰位。

以上四說。與繫辭天地設位。而行乎其中矣。說卦傳天地定位。語相矛盾。乾所謂天德。需所謂天位。履所謂帝位。皆言九五得位。董仲舒春秋繁露人副天云。陽、天氣也。陰、地氣也。是天地即是陰陽。素問陰陽應象大論云。陰陽者天地之道也。又云。陰陽者血氣之男女也。禮記中庸。天地位焉。乃為天地的的論。但是春秋繁露基義篇。君為陽。係主君權立說。不可從。至天德。又見周禮大宗伯。以天產作陰德。以中禮防之。以地產作陽德。以和樂防之。以禮樂合天地之化。百物之產。以致百物。是主生產立說。但此以天陰地陽立說。其義與易適相反。鄭司農鄭玄已論述之。至於位由一陰一陽挨次排列。由太極兩儀四象八卦因而重之。凡卦其位為1 2 4 8 16 32。合本卦為六十四。一陽一陰之次第變化。以陽消陰息。而成一陰一陽之謂道。老子謂道沖而用之。又謂萬物負陰而抱陽。沖氣以為和。沖即消息也。逸周書王佩解。化行在知和。孔晁注。可否相濟曰和。和亦有消息之意。所謂位者。乃爻之立成所需。爻爻有位。爻爻有得位失位之理。王弼謂初上无得位失位之文。是誤以中爻不用初上所致。繫辭列貴賤者存乎位。韓康伯注云。爻所處曰位。明明言六爻皆有位。例如乾初九象曰。潛龍勿用。陽在下也。陽字即是位。下字更是位。又如隨上六象曰。拘係之。上窮也。上字即是位。而王弼以周易三百八十四爻中。初上二爻之爻象不出位字。即下以无初上得位失位之文。以為確證。殊非。且爻象對於初上爻。多下志字。志說文未出。以識為之。釋名。釋言語。識。幟也。有章幟可按視也。則志字亦有位義。管子心術篇。位者謂其所立也。以意申之。凡事无位則不能立。爻之成立。非位不可。知六爻之位。中爻之義。始明也。

考爻象。初爻二爻陰爻居之。如䷌同人。彖曰。柔得位而應乎乾。曰同人。言二爻得位。在三爻係陽爻之位。陰爻居之。象皆云不當位。共十事。

1. ䷉履六三。象。咥人之凶。位不當也。

2. ䷋否六三。象。包羞。位不當也。

3. ䷏豫六三。象。盱豫有悔。位不當也。

4. ䷒臨六三。象。甘臨。位不當也。

5. ䷔噬嗑六三。象。遇毒。位不當也。

6. ䷥睽六三。象。見輿曳。位不當也。

7. ䷲震六三。象。震蘇蘇。位不當也。

8. ䷵歸妹象。征吉。位不當也。因陰爻居三爻故。

9. ䷹兌。象。來兌之凶。位不當也。

10. ䷼中孚。象。或鼓或罷。位不當也。

右十條。皆據六三言。凡三爻之位。當陽居之。今六三陰爻。故曰不當位。若陽爻乃得位。不言九三者。因九三之當位已定。可不言。

四爻。係陰爻之位。若陽爻居之。為不當位。爻象共舉六條

1. ䷢晉九四。象。晉如鼫鼠。位不當也。

2. ䷪夬九四。象。其行次且。位不當也。

3. ䷬萃九四。象。大吉无咎。位不當也。

4. ䷮困九四。象。雖不當位。有與也。

5. ䷶豐九四。象。豐其蔀。位不當也。

6. ䷽小過九四。象。弗過遇之。位不當也。

右六條。皆據九四言。凡四爻之位。當陰居之。今九四陽爻。故曰不當位。若陰爻乃得位。位不當。象又謂之非其位。又謂之未當位。又謂之未得位。即是位不當。爻象又有三條。

1. 非其位。 ䷟恒九四。象。久非其位。安得禽也。

2. 未當位。 ䷧解九四。象。解而拇。未當位也。

3. 未得位。 ䷷旅九四。象。旅于處。未得位也。

以上九條。一、不當位。二、非其位。三、未當位。四、未得位。王弼據䷽小過彖。剛失位而不中。是以不可大事也。定名失位。彖言剛失位。言以九五為尊位。今六五居之。故曰失位。象言九四不當位者九條。乃證以六四當位者三條。

1. ䷒臨六四。象。至臨无咎。位當也。 按位當。即當位。一本作當位。爲當與六三象當長為韻。故倒文。

2. ䷕賁六四、象、六四、當位疑也。 按、疑、當從詩大雅、桑柔、靡所止疑、傳、疑定也。訓定。

3. ䷦蹇六四、象、往蹇來連、當位實也。

以上三條、皆言六四為當位、又言得位者二。

1. ䷈小畜、彖、柔得位、而上下應之曰小畜。

2. ䷺渙、彖、剛來而不窮、柔得位乎而上同。 按、剛來而不窮、言九五得位、柔得位、言六四得位而上同、言與九五同得位。

以上兩條、言得位與當位同、與上九條九四皆不當位、互相對比、位義自明。茲言五爻、五爻陽爻居之為得位。后儒以封建思想、附會九五之尊之曲說、這種觀點是不正確。得位不得位、无非言陰陽顛倒而已。

五爻言位不當有二。

1. ䷡大壯六五、象、喪羊于易、位不當也。

2. ䷵歸妹、彖、歸妹征凶、位不當也、

以上二條、因五爻當陽居之、今陰居之、故位不當。然、在䷵歸妹六五、象曰、其位在中、以貴行也。

與歸妹彖語相矛盾。不知象言中爻去初上兩爻。為䷾既濟。既濟之卦。爻爻得位。故曰其位在中。猶言其位在中爻也。行是術語。此所謂行。即繫辭所謂旁行而不流之行。亦即繫辭所謂推而行之存乎通。推而行之謂之通之行。不能以六五來擬議此爻不當位又即失位在

䷽小過彖曰剛失位而不中。是以不可大事也。

六五居九五之位。故曰剛失位不中者言九五為中。今六五則不中。在象言九五位正當者有四。

1. ䷉履九五。象夬履貞吉。位正當也。
2. ䷋否九五。象大人之吉。位正當也。
3. ䷹兌九五。象孚于剝。位正當也。
4. ䷼中孚九五。象有孚攣如。位正當也。

右四條。皆據九五得位言也。又言天位者一。當位者二。有位者一。得位者一。位正中者一。正位者一。

1. 天位 ䷄需彖。位乎天位。以正中也。
2. 當位 ䷠遯彖。剛當位而應。與時行也。
3. 當位 ䷦蹇彖。當位貞吉。以正邦也。
4. 有位 ䷬萃九五象。萃有位。未光也。 按釋文一本作志未光也。亦謁。既有位。不當

云未光。且爻辭為无咎。為悔亡。當云志光也。未字涉上六象。未安上也。而譌。

5.得位。䷴漸。彖。進得位。往有功也。　按、彖。漸之進也。漸有進義。進得位。猶言漸得位。

6.位正中。䷸巽九五。象。九五之吉。位正中也。

7.正位　䷺渙。九五。象。渙王居。正位也。

以上十一條。皆言九五得位。曰天位。曰當位。曰有位。曰得位。曰位正中。曰正位。即是位正當。可歸納為一。後人解象。隨文立說。殊覺无謂。上爻陰爻居之為得位。陽爻居之為不當位。見於象及文言者有二。

1.䷀乾上九。亢龍有悔。文言。貴而无位。高而无民。賢人在下位而无輔。是以動而有悔也。　按、繫辭以為作易者。為文王與紂之事。乾之初九潛龍勿用。似指文王。上九亢龍有悔。似指紂。紂雖有位。而不當位。故曰貴而无位。高而无民。

2.䷄需上六象。不速之客來。敬之終吉。雖不當位。未大失也。　按、說見上。

以上皆言六爻之位有一定之範疇。又有六二九五皆得位者。如

䷤家人。彖。家人女正位乎內。男正位乎外。男女正。天地之大義也。　按、內卦六二得位。故曰女正位乎內。外卦九五得位。故曰男正位乎外。六二九五得位。故曰男女正。

䷍大有彖。柔得尊位而大中。而上下應之曰大有。　按六五不當位。六五柔也。柔居尊位。言九五之位。六五居之也。大中王弼注云。居中以大。

䷾既濟彖。剛柔正而得位。　按既濟爻爻得位。

䷿未濟彖。雖不當位。剛柔應也。　按未濟爻爻不得位然爻爻剛柔相應。

以上四條。家人言二五兩爻皆當位。既濟言爻爻當位。大有言六五不當位。未濟言爻爻不當位。總之。彖與象重在位。但象所言位。皆主卦不變言。惟需之上六云。雖不當位。則以變言也。因王弼所言畧例。不能分析位與中爻之別。故詳言之。

位與中爻不同。位之意義。易傳作者。引伸闡發。把位的意義。層層加深。但和中爻之說。有顯著分別。故考證之。否則易與中爻混淆也。

三易新論 下卷

沈祖緜 瓞民學

第十六章 虞氏易平議

隋書經籍志。周易九卷。吳侍御史虞翻注。唐書經籍志同。釋文叙錄。唐書藝文志並載虞翻注十卷。其書久佚。李鼎祚周易集解引之。及他書所錄。雖不能全。然虞氏易義。賴以不泯。隋志又載周易日月變例六卷。虞翻陸績撰。虞陸同時。又皆治易。惟家法不同。合撰一書。恐有誤也。三國吳志本傳。又為老子論語國語訓注。宋庠國語補音叙錄。吳侍御史虞翻注春秋外傳國語二十一卷。皆佚。韋昭國語解。猶采摭虞翻之說。考國語晉語四泉原以資之。韋昭解云。屯三至五。豫二至四。皆有艮象。三至五有坎象。艮山坎水。水在山。為泉原。流而不竭。此殆據虞氏易義以解之。漢魏易義。唯虞較備。自清惠棟張惠言迄於今。治虞氏易者。不下數十家。篤守遺義。勤於輯比。集校雖工。然虞氏之說。立義不當。自相謬誤之處。鮮能稽考。茲篇所述。將虞氏易旨舉要論之。庶不為虞說所囿。墨守而不敢闡發爾。

一 卦變正誤

卦變。虞翻謂之之正。其說肇始西漢。盛於東漢末年。荀爽虞翻。咸以此推卦。而虞尤甚。三國吳志虞翻傳注引翻別傳云。

孝靈之世。潁川荀諝。祖縣按後漢書荀爽傳爽一名諝。號為知易。臣讀其注。有愈俗儒。

虞氏推重荀者。實在卦變而已。其他易說則荀虞各不相謀。至魏晉王弼蜀才。亦尚卦變。而蜀才所舉之例。又與虞畧異。陸德明經典釋文序錄云。

蜀才注十卷。

文注云。

七錄云。不詳何人。七志云。是王弼後人。案蜀李書。祖縣按蜀李書係李氏據蜀時記載也。姓范。名長生。一名賢。隱居青城山。自號蜀才。李雄以為丞相。

常璩華陽國志九。崔鴻十六國春秋蜀錄。載蜀才事同。後漢儒林傳。任安少遊太學。受孟氏易。蜀漢時。杜微周羣杜瓊。皆師事任安。說詳拙著周易孟氏學。長生在蜀李時。想猶得任氏之餘緒也。今以虞翻蜀才卦變之說考之。其說與姬昌所演的周易方式實不相符合。荀爽習費氏易。費學如馬融鄭玄。均不言卦變。獨荀爽與王弼宗之。疑別采他家之說。後人謂翻自言郡吏陳桃夢見道士。布易六爻。撓其三者以飲翻。撓其三者。言撓一爻與五爻同。撓二爻與四爻同。撓三爻而變亦三爻。陽變陰。陰變陽。以合十二辟卦。……翻自云讀荀氏之注。則卦變之說在翻以前已有之。其證一也。虞氏䷎謙卦注。

彭城蔡景君說剝上來之三。

䷖剝。上爻之三爻。為䷎謙。蔡氏卦變之說。虞注引之。蔡在虞前。其證二也。又李氏集解䷙大畜彖。馬國翰輯京氏章句彖譌作象。利涉大川。應乎天也。京房云。

謂二變五。體坎。故利涉。五天也。故曰應乎天。

京氏卦變之說。與虞翻坎卦注云。乾二五之坤。離卦注云坤二五之乾相似。又繫辭虞注有八說同坎離。不過京氏之變以體。體即中爻。虞翻以乾坤二五兩爻為主。然言變則同。京西漢人。其證三也。據此三證。則後人謂卦變始於東漢末年。其說无稽。

卦變之說。蔡景君以剝上來之三。荀氏賁注云。此本泰卦。萃上六注云。此本否卦。井注云此本泰卦。虞翻承之。治易者。以虞氏易注。參伍錯綜。而闡厥蘊。未免失言。

虞氏對於卦變。其說不能成立。有二。舉例如下。

(一)虞氏卦變之說。與周易爻位不合。䷄需。虞注云。大壯四之五。䷅訟。虞注云。遯三之二也。以乾坤兩卦十二消息立說。虞氏言卦變。需訟兩卦注居首。故首標之。其說位既不合。言又失次。

至周易上下卦之序。乃一分為二。是不變的。而變在於爻。且不能脫離爻位。此姬昌演周易的定式。可藉橫圖以明之。惟不尚陽消陰息。僅以本卦的爻位為次。初爻隔本卦三十二位。（按此需卦以需為本位，三十二位，當除需卦。）二爻隔本卦十六位。三爻隔本卦八位。四爻隔本卦四位。五爻隔本卦二位。上爻隔本卦一位。位數與消息相同，不尚消息者。即繫辭所謂變通之旨。今虞氏以十二消息為主。與周易定式不同。僅云某之某。致與周易之世位不合。訟卦推法不贊。茲列大壯某之某六事。可按橫圖推之。

需䷄虞注云。大壯四之五。（蜀才注，此本大壯卦。）以需本卦隔三十二位䷯井。初九需隔十六位䷾既濟。九二需隔八位䷻節。九三需隔四位䷪夬。六四需隔二位䷊泰。九五需隔一位䷈小畜。上六其六爻之變如此。若以大壯四之五。以釋需卦卦辭。殊非。且位亦失當。須把橫圖一一推算。方知大壯四之五與需不涉。並且需六爻之變无大壯。

大畜䷙虞注云。大壯初之上。（蜀才云，此本大壯卦。祖繇按，初字譌。）初當為四。惠棟周易述。仍其譌。疏又強為解。張惠言虞氏義中其義曰。坤之消息、兼從爻例。初之上。非正例。亦殊非。曲護譌字。不加辨證。是張氏的短處。李銳周易虞氏略例。節去初字。理更難通。李林松讀易劄記（見周易述補五）云。大壯初之上。初字乃四字之譌。李說是也。按大畜隔三十二位䷑蠱。初九大畜隔十六位䷕賁。九二大畜隔八位䷨損。九三大畜隔四位䷍大有。六四大畜隔二位䷈小畜。六五大畜隔一位䷊泰。上九焦循以為六。謂萃也。鼎䷱四之初。……變通於萃䷬。萃成咸䷞。舍蓄而不盡。故名大畜也。說更支離。此皆好奇心太熾。舍正路而弗由之弊。

大過䷛虞注云。大壯五之初。或說三之初。說惠棟張惠言作兌。因兌三之初。為大過也。李銳改兌為說。以說作訟。又改兌三之初為說三之五。李氏又加案語云。頤小過中孚大過四卦。皆反復不衰。頤小過皆從晉來。依例推之。則大過中孚當從訟來。說字疑作訟字。李說武斷。虞氏注中孚云。訟四之初也。因䷼中孚之卦。不能用十二消息為例。故以䷅訟四之初。強來湊合。可證卦變可隨人任意改竄。且此注虞云䷛兌三之初。李氏又竄兌為訟。更覺漫衍无經。不可致詰。至反復不衰。見虞注頤卦。彼云頤晉四之初。又云反復不衰。與乾坤離坎大過小過中孚同義。故不從臨觀四陰二陽之例。或以臨二之上。虞氏提出頤等八個卦。而未言作用。其實頤等八卦。今余考定係上下兩卦連繫和連續之用。即由成萬物而不遺之理。與卦變亦絕不相涉。虞氏先言頤晉四之初。次言故不從臨觀四陰二陽之例。繼言或以臨二之上。立說无抉擇。自相矛盾。未有如虞注頤卦之顛倒錯亂若是者。按大過隔三十二位䷪夬。初六大過隔十六位䷞咸。九二大過隔八位䷮困。九三大過隔四位䷯井。九四大過二位䷟恒。九五大過隔一位䷫姤。上六可證虞氏大過之變為大壯五之初。或兌三之初之譌。睽䷥虞氏注云。大壯上之三在繫蓋取无妄二之五也。惠棟疏云。繫。繫詞也。蓋取謂十三蓋取也。繫下云。弦木為弧。剡木為矢。弧矢之利。以威天下。蓋取諸睽。虞注云。无妄五之二也。張惠言說同。對於蓋取十三卦。虞氏拘於卦變。未能闡明制器尚象。又與設卦以盡情偽之旨。不能符合。按睽隔三十二位䷿未濟。初九睽隔十六位䷔噬嗑。九二睽隔八位䷍大有。六三睽隔四位䷨損。九四睽隔二位䷉履。六五睽隔一位䷵歸妹。上九六爻之變无大壯上之三。鼎䷱虞注。大壯上之初。江藩張惠言李林松仍之。惟李氏疏正惠氏本義辨證云。彖辭柔進上行。當是遯初之五。按李氏已正遯二之五，得中應剛故元亨。四陰二陽之例。非大壯則遯來。亦仲翔說也。尋遯初當是遯二。惠偶誤文也。李說不足取。虞說四陰二陽之例。見䷚頤及䷼中孚小過注。而各有別。頤注云。故不從臨觀四陰二陽之例。中孚注云。訟四之初。……此當從四陽二陰之例。遯陰未及三。而大壯陽已至四。故從訟來。小過注云。晉上之三。當從四陰二陽臨觀之例。臨陽未至三。而觀四已消也。三說各異。虞氏頤卦注。言上下兩卦連繫與連續的定例。說詳上十一章論周易二。至中孚虞云訟四之初。小過虞云晉上之三。中孚與小過皆三爻四爻陰陽畫重。虞氏不能以十二消息之卦說之。乃以乾的游魂卦晉配小過。（兌游魂）離的游魂卦訟配中孚。（艮游魂）然後復由晉從觀來。虞云晉觀四之三。蜀才云晉此本觀卦。訟從遯來。虞云訟遯三之二也。蜀才云此本遯卦。未免迂曲。凡卦一卦皆可變六十四卦。顧炎武日知錄一謂无所謂自復姤自臨遯者。顧說誠然。惜未能闢其謬。又未能明其用反為治虞氏易所識。按鼎彖至柔進而上行。是承以木巽火離而言。內卦巽木也。外卦離火也。鼎以烹飪立象。置巽木於下。上行為火。得木火之功。物乃變熟。何必以大壯上之初。遯二之五來曲解之。反生障蔽。按鼎卦在橫圖隔三十二位大有。初六鼎隔十六位旅。九二鼎隔八位未濟。九三鼎隔四位蠱。九四鼎隔二位姤。六五鼎隔一位恒。上九以六爻之變來對比與大壯上之初。遯二之五絕不相涉。

兌虞注大壯五之三。按兌在橫圖隔三十二位困。初九兌隔十六位隨。九二兌隔八位夬。六三兌隔四位節。九四兌隔二位歸妹。九五兌隔一位履。上六是兌六爻之變與大壯五之三不涉。

綜觀以上大壯某之某六事。一一分析。可證虞注以一得之見。欲包括周易。是錯誤的。

(二)虞氏卦變之說。與周易宮世不合。虞氏之說。雖經惠棟、江藩、張惠言、李銳、李林松輩。大昌於世。顧治漢學祖馬鄭者闢之。治宋學者尤甚。王引之經義述聞卷一。虞氏釋貞以之正違失經義。及卷三虞氏以旁通說彖象二文。駁詰頗力。惜尚未能洞悉虞氏之病源。致不為治虞氏學者所心服。杭辛齋學易筆談卷三虞易平議因目覩時危。借虞氏以自抒身世之感。可作廣州光孝寺遊記讀之。實非詁經之作也。

考虞翻某之某之說。乃承蔡景君之說。支離漫衍。非易之蘊。周易卦爻辭乃卜人據文王所演的六十四卦定式。加以繇辭。是占卦的書籍。因西周的文字簡樸。後人不解。致成射覆爾。文王演易。其精粹處在易象。如上下兩卦之組織及上下兩卦連繫及連續。䷂屯䷃蒙兩卦連續為坎和小過。虞氏在頤卦注云。

與乾坤坎離大過小過中孚同義。

因此八卦皆為上下兩卦連繫和連續之用。虞氏又有反卦之說。為姬昌演易之所自。皆得古人之訣。筆之於書。雖未能發其蘊。猶存古義。這並不是虞氏卦變的條例。余疑為此係左傳昭二年韓宣子所見易象中語。至於宮世。京房所重。陸德明經典釋文每卦下必首引某宮某世卦。例如屯蒙兩卦。屯下云。坎宮二世卦。蒙下云。離宮四世卦。而虞注屯云。䷜坎二之初。䷂二初易位。虞氏以為即是屯。又注蒙云。䷳艮三之二。䷃三二易位。虞氏以為即是蒙。惟蒙不屬艮宮。失其宮云。殊覺未諦。凡卦消息之定例。屯為坎宮的二世卦。蒙為離宮四世卦。有謂繫辭不言宮世。故虞氏不言。答曰繫辭言六爻之動。三極之道也。即。

離宮世之位。又曰兼三才而兩之故六。六者非它也。三才之道也。非宮世。惜虞氏未識當演易。其定式。乾坤為離亦卦。䷂屯蒙䷃是有世位的。非京房所造。世者即六爻之變的位。如坎初爻變䷻節。節即坎一世。二爻變䷂屯。屯即次二世。三爻變䷾既濟。既濟即坎三世。四爻變䷰革。革即坎四世。五爻變䷶豐。豐即坎五世。上爻變䷝離。離為坎的對。而虞氏不以坎宮二爻變為屯。而曰坎初二易位。未免曲折。又如離初爻變䷷旅。旅即離一世。二爻變䷱鼎。鼎即離二世。三爻變䷿未濟。未濟即離三世。四爻變䷃蒙。蒙即離四世。五爻變䷺渙。渙即離五世。上爻變䷜坎。坎為離的對。而虞氏不以離宮四爻變為蒙。而曰艮三二易位。且以為由艮宮而來。未免不倫。總之虞氏說周易。實雜而越。未能明得失之報。在周易、六爻之變。亦相序。在乾卦。初九姤上九夬序。九二同人九五大有序。九三履九四小畜序。在坤卦。初六復上六剝序。六二師六五比序。六三謙六四豫序。爻變相錯之卦。世位相同。並可以乾坤二卦來聯繫。正合橫圖之位。如夬剝序。大有比序。小畜豫序。履謙序。同人師序。姤復序。與坎離頤大過中孚小過六卦相同。與屯蒙五十六卦。上下兩卦連續者不同。如屯初九比蒙上九師序。屯六二節蒙六五渙序。屯六三既濟蒙六四未濟序。屯六四隨蒙九三蠱序。屯九五復蒙九二剝序。屯上六益蒙初九損序。其餘五十六卦如屯蒙例。治虞氏易者。守某之某，旁通，納甲等辭，而不推算，糾其謬誤，仍不能窺易之蘊也。

昔南京設有易學研究會。刊物有易學討論集。（商務印書館出版）余讀錢叔琳（叔陵）集中署同功異位辭要一文。曾與叔琳討論虞義三事。一、對虞氏易如何觀。答曰。余雖獵涉虞義。惟對於頤卦注反復不衰。與乾坤坎離大過中孚小過同義。研究有年。始知是言上下兩卦連繫與連續之定例。將六十四卦。一一畫出定式。乃知同功異位係中爻。非虞義也。二、錢君謂我們近日正研究乾鑿度云。易一名而含三義。所謂易也。變易也。不易也。孔穎達引鄭玄易贊及易論。易亦作簡易一也。犀以為簡易即十二消息，變易即虞氏易某之某。旁通，不易即既濟定。可作定例否。答曰。簡易正義作易簡。世說新語文學中。宣武集名勝講易，劉孝標注引鄭玄序易。亦作簡易。當作易簡為正。因易簡二字。從繫辭乾以易知。坤以簡能。易則易知。簡則易從而來。鄭玄虞翻皆以乾坤立說。以為易的組織。皆由乾坤所產生。如乾彖曰乾道變化。坤彖曰乃順承天。（按天，乾也，說卦傳乾為天）繫辭謂易與天地準。故能彌綸天地之道。即是易簡。老子曰。一生二。一是易。乾坤從兩儀四象產生。作易簡殊未妥。當從乾鑿度易也為充。繫辭云。是故易有太極。太極是一。乾坤是兩儀四象中之二物。繫辭云。天下之動。貞夫一者也。虞翻注云。一、謂乾元。非也。君深參釋典。易猶一乘法。至變易是周易。因六爻尚變。可以名之曰變易。若以虞氏某之某。以為卦變。則世位不合。例如䷄需。虞注大壯四之五。需為坤之遊魂卦。遊魂四世。大壯為坤宮四世卦。同為坤宮。世位合而陰陽不差錯。猶可附會。需訟為上下卦。䷅訟。虞注云。遯三之二也。訟為離遊魂卦。遊魂四世。遯為乾宮二世卦。訟陰而遯陽。則世位不合。並且陰陽又差錯。叔琳云。昔草同功異位辭要時。着重在世位。而同人以為宮世。因虞氏所不言。係京房干寶兩家的家法。非孟氏之家法。張惠言周易虞氏義。亦不主宮世之說。是宮世乃治虞氏所不言。答曰周易非宮世不能通曉其例。凡上下兩卦之連繫及連續。從世位數之。兩卦之世位。必是六。故繫辭云。兼三才而兩之。故六。六者非它也。三才之道也。不獨言一卦六爻之宮世。並且言上下兩卦之宮世。惜漢人无注。使後之學者。對於宮世。在恍惚之中。至以宮世乃治虞氏學者所不言。未免非當。惠氏治虞氏易者。周易述。卦下必云某宮某世。其易例上卷。特提出宮世一章。江藩李林松仍之。若云宮世為虞氏易所不言。不知何所云然。三。无關卦變之說。故不敘。昔余作卦變釋例。刊于制言月刊而文多奪譌。茲重述之如下。

卦變譌說也。荀虞二氏創之。今欲證其譌。當先研究二家之說。其譌在不知辟卦之定式。

辟卦者乾巛、姤復、遯臨、泰否、觀大壯、剝夬十二卦是也。乾坤為闢闔。餘十卦為乾坤之陽消陰息。凡消息本於乾坤。乾闢是陽消。坤闔是陰息。以狀資始資生之理。據爻位之陰陽。兩兩對立。而荀虞諸家言卦變。失其本質。不論爻位之陰陽。又不言位之定式。其說殊謬。又強以十二辟卦中。姤復遯臨泰否觀大壯八卦。以撓爻湊合之實。與周易不合。此治漢易卦變之大畧如是。宋人言易亦主卦變之說。程頤譏之。以為十萬大軍。游騎无歸。朱熹本義。卷首載卦變圖。又列卦變十九事。江永作卦變考。載河洛精蘊五卷、以正朱熹之說。與荀虞異義。故其立說。更多臆斷。茲列荀虞條例如下。

一陰一陽之卦。由姤復而來。

二陰二陽之卦。由遯臨而來。

三陰三陽之卦。由泰否而來。

四陰四陽之卦。由觀大壯而來。

虞氏不言夬剝。然謙卦注云據蔡景君云。剝上來之三。蜀才則用夬剝。如師云。此本剝卦。同人云。此本夬卦。此與世位則不合。治虞氏易者。以為其例至嚴。不容稍有出入。然无周易世位。實未能明易之奧也。至虞翻之說。更有自破其例者。如屯之坎二之初。蒙之艮三之二。師之謙三之二。彖注。坤為眾。謂二失位變之五為比。比之師二上之五。又如小畜、履、同人。大有。頤。小過。皆舍辟卦之他卦。至中孚小過。以遊魂他卦為變。此自紊其例。而旅與賁噬嗑與豐。其說益野。黃宗羲象數論。卦變三章。推崇虞氏實不揣其本而齊其末。

總之。漢人卦變之說。乃歸藏之世位。後之治虞氏易者。未能探賾索隱辨是與非。固守家法。以為虞氏之說。為易之宗。不知此物類醜。得其方式。今考卦變之說。扼要有四。

一、卦變係橫圖相序。與周易之序異。

二、以虞氏卦變為主。參用蜀才諸家之說。

三、虞注。李銳周易虞氏畧例。以臨觀四陰二陽例。遯大壯四陽二陰例。此則以二陰二陽以臨遯。四陰四陽以觀大壯。虞氏推法強欲合周易之序。方式多不合。

四、卦變對於易理。无所取材。惟推法不可不知。然後能證明真偽。

鄭玄乾鑿度下卷注云。

易。猶象也。孔子以歷說易名曰象也。今易象四篇。是紀古說假借字爾。

據鄭注。漢時易象已不存在。故注有歎息之慨。自易象亡而譌言起。卦變說亦其一也。

(一)一陰一陽之卦。自姤復而來。

姤䷫ 乾一世	同人䷌ 離歸魂	履䷉ 艮五世	小畜䷈ 巽一世	大有䷍ 乾歸魂
夬䷪ 坤五世				
復䷗ 坤一世	師䷆ 坎歸魂	謙䷎ 兌五世	豫䷏ 震一世	比䷇ 坤歸魂
剝䷖ 乾五世				

按此即乾坤二卦六爻之變。以周易之序為序。在乾卦。姤夬序。同人大有序。履小畜序。在坤卦。復剝序。師比序。謙豫序。又以消息證之。為姤復序。為同人師序。為履謙序。為小畜豫序。為大有比序。為夬剝序。據此可證爻變與消息實同源而異流。虞氏對乾坤不言卦變。而坤卦注云。謂陰極陽生。乾流坤形。坤含光大。凝乾之元。是指消息而言。其實可一言了之。一陰一陽由姤復而來。不過言乾坤二卦的六爻之變罷了。並无別的意義。再虞氏主姤復而不主夬剝。在謙卦注云。彭城蔡景君說剝上來之三。殊覺矛盾。蜀才注䷆師云。此本剝卦。即二之上。䷌同人云。此本夬卦。即二之上。其說與虞氏又異。總之卦變之說。不可據信。

今之言卦變者。謂一陰一陽之卦。自姤復而來。此說非是。在周易當云從乾坤六爻之變而來。惟六爻之變。亦重在位。當按橫圖一一推算。知周易六爻之位。亦32 16 8 4 2 1。如乾初九數至姤為32位。乾九二數至同人為16位。乾九三數至履為8位。乾九四數至小畜為4位。乾九五數至大有為2位。乾上九數至夬為卜位。坤卦之位與乾同推。其餘六十二卦推法相同。惟周易爻變之位。不尚陽消陰息。但據位數而已。

以橫圖證乾坤六爻之變。上已言姤復序同人師序。履謙序小畜豫序。大有比序夬剝序在周易乾卦六爻。姤夬序同人大有序履小畜序坤卦六爻復剝序師比序謙豫序。理各有別。橫圖則尚消息。周易以上下兩卦。世位合六為序。而夬姤同人大有履小畜剝復師比謙豫十二卦。六爻之變。其二爻變必為二陰二陽四陰四陽卦變表中之卦。乃是進。其六爻中必有乾坤兩卦。或初爻與上爻相序。或二五兩爻相序。或三四兩爻相序。乃是退。此即繫辭所謂變化者進退之象也。此句虞氏未注。惠棟周易據荀爽說述之云。陽變為進。陰化為退。惟荀氏原文春夏為變。秋冬為化。息卦為進。消卦為退也。明言陽變陰是消為退。陰變陽是息為進。惠說與荀義不合。張惠言云。變化之消息。象人事之進退。張說更膚。此句實言六爻之變。所謂變化。是限於六爻。應將六十四卦。三百六十四爻。一一推排。考定其方式。以明參伍以變錯綜其數之旨。

二、二陰二陽自臨遯而來。四陰四陽自觀大壯而來同。

遯 乾二世	无妄 巽四世	家人 巽二世	離 離上世	革 坎四世
訟 離游魂	巽 巽上世	鼎 離二世	大過 震游魂	

臨䷒坤二世　升䷭震四世　解䷧震二世　坎䷜坎上世　蒙䷃離四世

明夷䷣坎游魂　震䷲震上世　屯䷂離四世　頤䷚巽游魂

上十八卦。其排列之世位。與周易之序異。漢人以遯觀為序。臨大壯為序。雖勉強可通。然非理之正。

四陰四陽自觀大壯而來。

觀䷓乾四世　艮䷳艮上世　蹇䷦兌四世　晉䷢乾游魂　萃䷬兌二世　觀與臨。重頤屯蒙坎四卦。

大壯䷡坤四世　兌䷹兌上世　睽䷥艮四世　需䷄坤游魂　大畜䷙艮二世　大壯與遯。重大過鼎革離四卦。

以上排法與漢人同。惟來則異。凡二陰二陽四陰四陽各卦。其爻變之卦。在一陰一陽及三陰三陽各卦中。

三、三陰三陽自泰否而來。

否䷋乾三世　益䷩巽三世　噬嗑䷔巽五世　隨䷐震歸魂　渙䷺離五世　未濟䷿離三世

困䷮兌一世　漸䷴艮歸魂　旅䷷離一世　咸䷞兌三世

泰䷊坤三世　恒䷟震三世　井䷯震五世　蠱䷑巽歸魂　豐䷶坎五世　既濟䷾坎三世

賁䷕艮一世　歸妹䷵兑歸魂　節䷻坎一世　損䷨艮三世

凡三陰三陽之卦。六爻之變。必在二陰二陽。四陰四陽。及一陰一陽之卦。可徵變在爻。而不在卦。繫辭云。爻者言乎變也。是明證。虞氏注云。爻有六畫。所變而玩者。爻之辭也。謂九六變化。故言乎變也。語亦膚。

周易六十四卦。爻變分四項。

一、乾、坤。　頤、大過。　坎、離。　中孚、小過。　以上八卦。六爻相序。上下兩卦聯繫。據橫圖位數可通。

二、屯蒙等五十六卦。須上下兩卦連續。六爻之變相序。例如屯初九比與蒙上九師序。屯六二節與蒙六五渙序。　屯六三既濟與蒙六四未濟序。　屯六四隨與蒙九三蠱序。屯九五復與蒙九二剝序。　屯上六益與蒙初六損序。餘五十四卦如屯蒙例。

三、五十六卦中。　泰、否。　隨、蠱。　漸、歸妹。　既濟、未濟。　以上八卦。其爻變亦如第一項乾坤等八卦例。據橫圖位數可通。

四、五十六卦。　震、艮。　巽、兑。　此四卦又可分震巽及艮兑。六爻之變。亦據橫圖位數可通。

據此四例。則卦變之說。實屬贅瘤耳。遠宋及清。漢宋各樹一幟。宋李之才著變卦反對圖六十四卦相生圖。方實孫淙山讀周易記。有易卦變合圖。與李氏相生圖同。朱震漢上易卦圖上。（通志堂作周易卦圖）列圖說明。惟末云。近世楊傑鮑極。論卦變之義。朱氏略引其說。遷於說理。朱熹卦變圖。弁本義之首。治宋學者咸宗之。明朱升又改朱熹圖為二。(一)十辟卦所變。(二)六子卦所變。至清黃宗羲象數論。對卦變有三篇論文。其第二篇推重虞氏。錢大昕潛研堂答問。譏虞氏自紊其例。王引之經義述聞。攻之尤力。朱熹本義卦變十九事。江永作卦變考。並增復損益三事。（載河洛精蘊卷五）治宋易多宗之。漢宋互為攻擊。其實五燕六雀爾。余作卦變釋例。一一以本義為主。集九家易荀爽虞翻姚信王弼蜀才侯果何妥盧氏諸家之說。一一對比。糾正江氏駁語。（見制言五十一期。）

二、論十二消息

十二消息。虞翻注繫辭剛柔相推。變在其中矣云。

謂十二消息。九六相變。剛柔相推而生變化。故變在其中矣。

虞說界限不清。陽爻變陰為九。陰爻變陽為六。與十二消息全不相涉。乾坤兩卦。爻爻皆變。謂之辟卦。亦即十二月卦。是治曆明時之法。不屬周易範圍。其定方式。從陽消陰息而演成。其例如下。

乾陽用消。

初爻消姤　夏正五月午。
二爻消遯　夏正六月未。
三爻消否　夏正七月申。
四爻消觀　夏正八月酉。
五爻消剝　夏正九月戌。
上爻消坤　夏正十月亥。

陽消。爻爻循序漸進。至上爻消之乾之坤。之乾是變。乾卦已明瞭。乃說坤陰用息。

初爻息復　夏正十一月子。
二爻息臨　夏正十二月丑。
三爻息泰　夏正正月寅。
四爻息大壯　夏正二月卯。
五爻息夬　夏正三月辰。

上爻息乾䷀　夏正四月巳。

陰息爻多循序漸進。至上爻謂之坤之乾。後人作卦氣圖。把十二月卦。分列十二格。作為一歲。十二消息。作為律曆的初步雛形。和周易乾坤兩卦六爻的之變絕對不同。其例如下。

乾六爻的之變。

初九 姤
九二 同人
九三 履
九四 小畜
九五 大有
上九 夬
用九 坤

（初九姤—上九夬：周易序；九二同人—九五大有：周易序；九三履—九四小畜：周易序）

坤六爻的之變。

初六 復
六二 師
六三 謙
六四 豫
六五 比
上六 剝
用六 乾

（初六復—上六剝：周易序；六二師—六五比：周易序；六三謙—六四豫：周易序）

兩兩相比。可以明瞭十二消息。與乾坤兩卦六爻的之變各各不同。但大卜所作的爻辭。僅不過一爻變而已。二爻變以上。包括乾用九坤用六之中。至焦贛易林。一卦變六十四卦。薈萃成編。无補易理。乾坤爻辭以外。尚有用九用六之說。用九者見羣龍无首吉。虞氏注佚。歷代注釋皆不利解。並以周室衰微。諸侯稱霸。為羣龍无首。殊背原旨。且與下吉字不能相續。此謂陽變陰。陰變陽。為陰陽和。故吉。　先子周易易解云。

用者。即陽變陰。陰變陽。則剛能柔。吉之道也。乾為首。无首者。卦之德。无有出於乾之上也。

當時有詰之曰此說與象用九天德不可為首也義兩歧。　先子曰。

並不兩歧。實係一致。余解象曰。九為乾之德。凡卦之德。无有出於乾之上也。故曰无首。然祇知剛而不知柔。祖縣謹案。乾剛坤柔。用九是乾之坤。乾是剛柔相推。亦凶象也。故夫子釋之謂用之道。在陰陽變化。剛柔相摩。不可固執以乾為首。純陽用事。祖縣謹按。讀乾卦當與坤卦連繫。否則不能通變。則雖有德。恐亦不能進也。

乾卦用九。即乾錯坤。與坤卦用六相對為文。即坤錯乾。用九用六。无非是陰陽之變。乾的進德。必藉乎坤。否則孤陽獨陰。未能變化。因此具生生之資。　先子此注。言簡而明。惟對於見字。尚未揭出。凡卦以二五兩爻為主。用九出見字。大卜即據乾卦二爻五爻的見字。因乾卦二五爻變離。離為目。故曰見。

乾卦既明。乃言坤卦。坤云用六利永貞。虞氏注亦佚。魏晉注語。惟王弼及干寶猶存。王云。

用六之利。利永貞也。

王注膚甚。焦循譏王洵童稚之貌識。焦循周易補疏序。此注似之。干寶以周公負扆南面立說。亦非確證。自唐迄明。諸家釋此皆不足觀。清惠棟周易述注。永。長也。是據爾雅釋詁。惠以虞義為主。不知虞氏注訟初六。不永所事。已云永長也。而惠氏不據。實失之疏。又虞氏注益六二。永貞吉。謂坤為永。與訟初六立說。先後矛盾。且永字非象。何能以坤為永。出之虞說。譌。惠氏注坤用六。引京氏六偶乘奇。其說當采。惠疏云。京氏者。京房律術文。此書佚。見嚴可均輯京氏八種。案律術一卷。虞翻為之注。虞云。

陽以圓為形。其性動。陰以方為節。其性靜。動者數三。祖緜按。即參天之數。靜者數二。祖緜按。即兩地之數。皆參天兩地之數。圓蓋方覆。六偶乘奇是也。

此說是否京氏之說。无從深考。偶畫為--。六偶者即坤之六爻。奇畫為一。六偶即䷁坤。乘奇者。指陰變陽。即坤之乾。乘。如淮南子氾論訓彊弱相乘之乘。高誘注。乘。加也。猶言坤之六爻加以奇畫。皆變乾。是坤之乾。先子周易易解。坤卦解此曰。

用六。六爻皆變坤之乾。䷁利指乾。乾屬金。祖緜謹案。說卦傳乾為金。金。利也。坤為地。為母。祖緜謹按。亦說卦傳。地主靜。水也。祖緜謹按。論語雍也篇。知者動。知者樂水。義違。母主貞。祖緜謹按。周易術語。元亨利貞。貞。指水。非貞節之貞。此說亦有語病。利。永貞者。猶言以乾之利。在坤之貞也。

細讀 先子釋永。亦拘於繫辭動靜有常立說。其實地能公轉自轉。轉即是動。非靜也。至永字。爾雅釋詁、長也。在說文、永、水長也。茲字乳為羕。羕亦釋水長也。較爾雅有進一步之定詁。因周易坤之六二、六五兩爻。皆為坎。坎為水。以術語之貞釋坎。而二五兩爻爻變皆為坎。故以永字形容之。永貞亦係術語。甲骨文亦屢出永字。雖同屬術語。而義則不同。

乾用九。坤用六。是周易六爻之變。與十二消息不同。凡卦用九用六。即爻變也。其序之世位。上下兩卦聯繫與連續皆為六。即繫辭所謂六者非他。三才之道也。亦即說卦傳所謂分陰分陽。迭用柔剛。故易六位而成章者是也。乾之用九見羣龍无首吉。坤之用六利永貞。因乾坤兩卦乃周易之統卦。說卦傳乾為首。坤為腹。以乾之首入坤之腹。乃是迭用柔剛之理。乾之彖曰。大哉乾元萬物資始。乃統天。坤之彖曰。至哉坤元萬物資生。乃順承天。為乾坤卦之主旨。在橫圖乾坤六爻之消息。乾坤序。即上爻。剝夬序。即乾坤五爻。觀大壯序。即二爻。復姤序。即初爻。以橫圖乾坤兩卦之爻消息。合周易乾坤兩卦六爻之之變對比之。各不相同。至周易上下兩卦。以世位互成六立說。乃不尚消息。惟乾坤兩卦爻爻變者。即漢人謂之十二消息。又謂之辟卦。又謂之十二辟卦。是限乾坤兩卦。不知其他六十二卦。皆可以消息推之。

十二辟卦。世謂之出於孟喜。魏書正光曆不言出孟喜。至唐一行六卦議云十二月卦。出於孟氏章句。其說易本於氣。而後以人事明之。又例以大衍步發斂術。以天中之策五。地中之策六。

（祖緜按，即五六天地之中合。）貞悔之策六。以明卦氣之中字。朱震易叢說云。孟喜京房之學。槩見於一行所集。大要皆自子夏傳而出。朱氏謂出於子夏傳。今陸德明釋文李鼎祚易傳。所敘子夏傳。實无類似之句。是否朱震猶得見子夏傳真本。實不可考。總之曆數之術。後人勝於前人。古法絀於今法。研究其法。能知其源可爾。

三、論月

十二辟卦。即乾坤兩卦疊變。乃无可疑。在易注重日月。繫辭云日月運行。一寒一暑。但周易卦辭揭出月建。在臨至於八月有凶。自漢至唐。諸儒解釋。列之如下。

鄭玄曰。

人之情。盛則奢淫。奢則（祖緜按。王應麟輯无則字。）將亡。故戒以凶。（祖緜按。王臨有也字。）臨卦斗建丑而用事。殷之正月也。（祖緜按。殷以建子為歲首。即今農曆十二月。）當文王之時。紂為无道。故于是卦為殷家著興衰之戒。以見周改殷正之數云。臨自周二月用事。訖其七月至八月而遯卦受之。此終而復始。王命然矣。（見李氏集解。）

按鄭注據史記周本紀。姬發二月甲子昧爽伐紂立說。徐廣曰。此建丑之月。殷之正月。周之

二月也注至於八月有凶句亦未了然又荀爽說已佚虞翻詰荀曰

與遯旁通臨消于遯六月卦也于周為八月遯弑君父至于八月有凶荀公以兑為八月兑于周為十月言十月失之甚矣

荀爽之說今佚未能與虞說對比明辯虞氏遯注云以陰消陽子弑其父立說實與遯卦辭遯亨小利貞卦德全違徒執坤文言臣殺其君子弑其父以解卦辭實失之甚且虞注坤文言云坤消至二艮子弑父祖縣按乾用消坤用息係陽消陰息乃固定名詞此云消為虞氏一家言至三成否祖縣按坤息至三成否上云坤消至二消係虞氏一家言坤息至二為臨坤息至三成否臣弑其君虞氏太拘於文言臣弑其君子弑其父歎息世亂之情況並不以象立說也

至於八月有凶句自鄭玄虞翻二注及正義集解外自宋至清注解論文眾說紛紜皆不注意至於兩字至於者言臨卦過後八個月就是觀卦這八月非夏正建寅的八月又非周正建子的八月是合上下二卦言之說過臨八個月就是觀卦上下兩卦的卦畫已盡並且上下兩卦陽少陰多易以陽吉陰凶在臨觀的上下卦即繫辭所謂近而不相得則凶

夏商周三代用曆因一代變革首革曆法夏以前不可考讀堯典四仲之說未能肯定建歲首在何月建寅夏正月建寅今農曆正月建丑商正月今農曆十二月建子周正月建子今農曆十一月建戌秦正月今農曆十月是歷代隨意定名在夏時定建寅為歲首取人生於寅之義商則取地闢於丑周則取天開於子皆

曲說也。至秦時以戍為歲首，以初冬為歲首。實悖於曆法。周雖建子。而敬授民事。猶用夏正。在逸周書。周月解云。

凡四時成歲。有春夏秋冬。各有孟仲季。以名十有二月。中氣以著。……天地之正。四時之極。不易之道。夏數得天。自古所同。其在商湯。用師於夏。除民之災。順天革命。變服殊號。……以建丑之月為正。……越我周王。改正異械。祖縣按：械即度量。以重三統。至於敬授民時。巡狩祭享。猶自夏也。

此周人對於歷史性之習慣。用夏正之明證。猶今時雖用公曆。而對於農時。猶循陰曆。相沿習慣而已。

陰曆與公曆計算。實互相不易。例如陰曆冬至後十日。即公曆元日。如遇大閏年。則加一日。公曆每年以大月小月計之。大月三十一日。小月三十日。惟二月為平月。計二十八日。遇閏年二十九日。即合陰曆。

今證明乾坤兩卦疊變。為十二消息。十二消息者。以十二月即為一歲。但是乾之策一爻得三十六。坤之策一爻得二十四。與一月三十日不相合。豈大月為三十六日。小月為二十四日。萬无此理。而古今治易者。皆无切實之論斷。此當以消息言。陽消陰三十六策。與陰息陽二十四策。相加爲六十。折半爲三十。陰息陽亦如之。蓋舉每月計日之大數而言也。消息爲治曆之用。在卦辭爻辭雖未揭出。而革之象特出君子以治歷明時一語。在夏殷商之際。每次變革。必易正朔。故於革卦提出之。是十二消息。以計一年十二月。此不過計大略爾。至陰曆月建有大小。節有盈縮。及閏餘成歲。咸未及之。於是曆數家創卦氣之說。詳易緯稽覽圖。彼云冬至日在坎。春分日在震。夏至日在離。秋分日在兌。二至二分。是以洛書四正之位立說。惟稽覽圖原文顛倒錯亂。清代李銳周易虞氏略例云。

十二月卦。所謂卦氣也。其說本於易緯稽覽圖。坎離震兌用事。祖縣按。坎北離南震東兌西。即洛書四正之位。皆八十日之七十三。以今有變十二辰。得十辰百分辰之九十五。幾十一辰。故稽覽圖云。四時卦十一辰餘而從也。其餘消息及雜卦。皆六日七分。唯頤晉井大畜四卦。在四正之前。皆五日十四分。所步於六日七分者。即四正卦用事數也。其法以坎卦七十三分中孚六日七分并之。適得七日。合於經七日來復。祖縣按。復卦辭文。故稽覽圖云。復生坎七日也。推步家。若漢劉洪乾象術。魏楊偉景初術。後魏張龍祥正光術。李業興興和術。其推卦氣。並如上說。無異議者。自唐一行大衍術。始改舊法。以坎離震兌二十四爻。爻主一氣。祖縣按。爻主一氣。即年二十四節中。以六坎九離八震七兌生成立說。餘六十卦。卦皆主六日有奇。今尋虞注。震二月凡三見。祖縣按。虞氏數各書立說。震三見。[illegible]未嘗云二月四月。亦震用事也。兌八月凡二見。（祖縣按。李氏兌二見。一係損象法。二不可考定。）未嘗云九月十月。亦兌用事也。蓋虞意與稽覽圖及乾象等術合。而與大衍同。（祖縣按。李氏此句脫一術字。讀者多與大衍之數不別。）

一行算大衍術之法。具見於新唐書有唐大衍曆議。六卦議。以六九八七（按六為太陰。九為太陽。八為少陰。七為少陽。）立率。云出於孟喜。雖立率與虞氏不同。實係後法勝於前法。李氏易宗虞氏。不尚一行。家法使然爾。今治易者所列卦氣圖。皆本朱震漢上易卦圖所載李溉之圖。其說源於稽覽圖。李氏謂源於類是謀。（按。當作是類謀。一作筮類謀。惠棟易漢學譌同。）殊譌。魏書正光曆推四正卦術亦引之。欲知卦氣推算之法。如上列諸說外。當參考乾鑿度。揚雄太玄經。後漢書律曆志。張理大易象數鉤深圖。黃宗羲象數論。黃元炳卦氣集解諸書。自能畧得其概。言月數為乾坤兩卦之變十二消息。言日數為中孚等四十八卦。言四時為震離兌坎四卦。言二十四節中為震離兌坎四卦二十四爻之變。分為四季至月建用周正夏正為後人說易之一大問題。余以為當從逸周書周月解之說。為最允。十二辟卦。由乾坤兩卦疊變而來。擬議為十二月消息。月卦用於治曆明時。尚不越正軌。虞翻注繫辭變通配四時。又重言以申明之云。

謂十二月消息也。泰大壯夬配春。乾姤遯配夏。否觀剝配秋。坤復臨配冬。謂十二月消息相變通。而周於四時也。

治易者咸從之。張惠言虞氏義。恐人未易領會。又申其義云。

泰乾三、大壯乾四、夬乾五、配春。乾乾上、遘坤初、遯坤二、配夏。否坤三、觀坤四、剝坤五、配秋。坤坤上、復乾初、臨乾二、配冬。

若以復為歲首。適合周正。而四時異爾。

孟喜以月卦主月。虞翻家世習孟易。注中亦有用卦氣解。與易緯稽覽圖。魏書正光曆。新唐書一行六卦論合。茲列舉如下。

䷛大過九五。䷪枯楊生華。虞翻注曰。陽在五也。夬三月。時周之五月。枯楊得澤。故生華矣。　按。惠棟不取虞義。張惠言曰。五為楊。猶四棟皆取反巽也。張說膚且不及夬三月之義。夬三月者。據體而言。因九五變中爻為夬也。夬卦氣為三月卦。

䷧解。彖解險以動。虞翻注曰。險坎動震。解二月。雷以動之。雨以潤之。物咸孚甲。萬物出震。震出險上。故免乎險也。　按。惠棟周易述注曰。險坎動震。震出險上。而免乎險。疏語畧同。同疏又云。解消息在二月。張惠言曰。春分雷動地中。下坎為雨也。震為出。坎解為雨。故免乎險。惠云二月。張云春分。皆指卦氣解為二月。

䷨損。彖應有時。虞翻注曰。時謂春秋。損二之五。䷲震二月。益正月。春也。損七月。兌八月。秋也。謂春秋祭祀。以時思之。艮為時。震為應。故應有時也。　按。虞翻以撓爻立說。未免曲折。在卦氣損為七月。虞翻改初九已事遄往之已為祀。主祭祀立說。但損卦其餘五爻。皆无祭祀意。已王弼如字。注云事已則往不敢宴安。乃獲无咎也。王注欠切實。並與小象尚合志也。未能吻合。余疑易為謁之孳乳。釋名釋書契。謁、詣也。詣、告也。言諸侯聘禮言主客能尚合志。雖二簋之儉。亦可享賓。此言損之卦德。若改為祀。與合志不偶。虞氏以合志。終成既濟釋之更失之遠。

䷩益。初九☳☷利用為大作。注云。大作謂耕播。震三月卦。日中星鳥。敬授民事。故以耕播也。按、震三月。惠棟如字。張惠言曰。三當為二。日中星鳥。春分也。張說是也。卦氣從洛書。以震、春、兌、秋、離、夏、坎、冬、為方伯卦。每卦主一節中。即二十四節中。震主春。每二爻主一月。初九六二兩爻為正月孟春。六四九五兩爻為二月仲春。六五上六兩爻為三月季春。

䷫姤。象、后以施命誥四方。虞翻注曰。復震三月東方。姤五月南方。巽八月西方。復十一月北方。故以誥四方也。孔子行夏之時。經用周家之月。夫子傳彖象以下。皆用夏家月。

按、惠棟注承之。故以誥四方也。句上增皆總在初四字。疏引漢司徒魯恭釋此傳云言君以夏至之日施命令。止四方行者。所以助微陰也。此言助陰微。與易例有違。今不用也。惠說迂。復字指遘錯復言。震、姤、巽、復。皆指卦氣而言。惠氏增皆總在初。蛇足。至闢魯恭釋。

更昧於古義。易緯通卦驗：以日冬至日始，人主不出宮，商賈人衆不行者五日……夏日至之禮如冬日至之禮。後漢書律曆志引易緯同。古禮如此，何得謂之與易例有違？震三月。張惠言改三為二。經言周家之月，張氏申其義曰：如臨八月有凶為遯，前已有說，不贅。

繫辭䷼中孚言行君子之所以動天下也。虞翻注云：中孚十一月，雷動地中。　按惠棟不引。張惠言无說。雷動指二至四為震。地中指中爻互震。

繫辭䷞咸九四䷞。龍蛇之蟄。虞翻注曰：蟄，潛藏也。龍潛而蛇藏。陰息初巽為蛇，陽息初震為龍。十月坤成，十一月復生，姤巽在下，龍蛇俱蟄初。　按惠棟承之，張惠言申講遯巽在下句，亦无深義，不錄。虞翻謂陰息初巽，即陽消初巽；陽息初震，即陰息初震。虞氏術語如此，可仍之。以上言月。

四、論日

卦辭蠱先甲三日，後甲三日。革已日乃孚。爻辭革六二已日乃革之。巽九五先庚三日，後庚三日。其說已詳　先子示兒錄中篇十三釋先甲後甲、先庚後庚、已日乃革之理。不贊。至於日數。復卦卦辭。七日來復。與震六二。勿逐。七日得。既濟六二。勿逐。七日得。三者所舉七日。是否相同。以象考之則各有異。今據虞氏及他家之說考訂之。如復卦辭。虞翻注曰。

剛為晝日。消乾六爻為六日。剛來反初。故七日來復天行也。

虞說剛來反初。即坤息反初。孔穎達正義。李鼎祚易傳引子夏傳鄭玄陸績氏莊氏諸說。義各有異。李鼎祚又申其義。以乾鑿度歲軌立說。益覺紛歧。侯果解彖。以七日為七月。據豳風七月。一之日二之日立說。其實以干支論。七月與七日殊无分別。惟侯解反復亦未當。又如震六二。虞翻注曰。

震謂逐。謂四已體復象。故喪貝勿逐。三動時。離為日。震數七。故七日得也。

虞氏所謂體。即是中爻。四已體復象。江藩申虞義曰。

二應四。四動成陰為復卦。七日來復。故勿逐。

江說未諦。虞氏此注。泥於撓爻之說。明明指六二未變爻言。即二上之四中爻為復。故曰四已體復象。今江氏云四動成陰為復卦。實背虞氏家法。至三動時離為日。震數七。故七日得。虞說亦不當。因在六二爻尚未及六三之爻。何得云三動。若注全卦則可。今注六二爻。萬不能越一爻而立說。至震數七。江藩以崔憬說震為長陽。其數七。李氏易傳。大衍之數五十。引崔說。張惠言以納甲震得庚七。李林松同張說。謂震數七者。震納庚。得七也。爻辭明白曉暢。諸家曲從虞說。反失其義。或謂宋元人釋震六二。惟朱震之說為勝。見漢上易傳五。

自二數至上爻自初數至二。其數七。（祖縣按。說一。）二復成兌離。得貝之象。離為日。勿逐七日得也。（祖縣按說二。）

朱氏第二說因六二變兌☱☲。兌數七中爻離。離為日。故曰七日。諸家注釋中。尤奇者為干寶說。

七日得者。七年之日也。故書曰。誕保文武受命。惟七年是也。

干氏說易。主繫辭文王與紂之事演繹之。此書曰者洛誥文也。原文為十有二月。惟周公誕保文武受命惟七年。與此爻似不能附會。既濟六二云。婦喪其茀。勿逐。七日得。似古有喪物勿逐。而七日得之者。這段史事。與震六二億喪貝勿逐七日得。究係周之事。殷之事。史闕有間。實不可考。虞翻注云。

泰震為七。故勿逐七日得。與睽喪馬勿逐同意。

泰五之二（見卦辭注）立說。亦主挽爻。震為七。見上震六二。此爻江藩未疏。張惠言申虞義云。

震謂三也。離為日。震為離二爻在坎。故得其茀。言當順三。

震謂三也。據泰五之三而言。離為日。據既濟中爻言。震為離。（既濟中爻離。泰五之二。震變為離。）以泰互卦而言。二爻在坎。據既濟未變言。迂廻曲折，使讀者不能了解。此虞氏把十二消息。來求卦變。流毒如此。此爻七日。各創異說如此。李林松云。

二至四體坎。坎為盜。說卦文。泰震謂三也。震為奔走。故為逐。庚數七。離為日，故曰七日。二得中順三。故曰七日得也。與睽喪馬勿逐同義。

李說膚。二至四體坎。震為奔走，故為逐。見虞氏逸象。震為奔。為奔走，從撓爻乃无震。不如以六爻无震象立說為允。因說卦文震為足。无足不勞奔走。故勿逐。反使人易明瞭。庚數七。說見上二得中順三。襲張惠言說。此爻惟王肅創異義。以二五相應為七。以解七日云。

> 體柔應五。（祖綿按，二爻陰柔，五爻陽剛，二五得位為相應。）履順乘剛。（祖綿按，既濟二爻陰，為坤之正位。說卦傳，坤，順也。五爻陽，為乾之正位。雜卦傳，乾剛。）婦人之義也。髴首飾。坎為盜。離為婦。喪其茀。鄭于盜也。（祖綿按，鄭未詳所指。）勿追自得。履中道也。二五相應。
>
> 故七日得也。

王說更不足采。鄭玄以茀為車蔽。喪其茀。據說卦傳坎其於輿也為多眚立說。王肅以茀為髴。與虞注略同。虞注一名婦人之首飾。此爻七日實與震六二異。江藩李林松以泰震數三。主撓爻之說。非是。朱震以震六二上一說解此。亦非是。黎世序河上易傳以震六二與此爻，以少陽之數七為七。離為日，乃是七日。更覺扞格難通。凡每卦六爻。各有所指。不能把震的六二七日。來解既濟六二的七日。至此爻七日的方式。大卜據本爻坎乾之數立說。在洛書之數。坎一乾六。相加為七。既濟為坎宮三世卦。六二變爻乾。從坎乾兩數而來。或曰當從朱震。震六二第二說解。轉覺通利。不知朱震解既濟六二。據第一說。不據第二說。因既濟二至四。中爻互兌。方式上雖有兌。但在六四。去六二尚遠。故當據變爻乾立說為允。至七日之說。當據復卦辭七日來復解之。一、七為不可除之數。說見下制器尚象釋七字。二六爻之位。32 16 8 4 2 1 六位相加為63。以七除之得九。為七九兩數之大用。余別作釋七以明之。以上言日數。

五. 四時辨

四時虞氏主洛書。有謂河圖洛書。雖見於繫辭。而虞翻不注。可知虞翻不尚河圖洛書。其說殊非。虞氏注彖象繫辭文言。言四時者。亦有根據洛書立說。如注文言後天而奉天時云。

奉猶行。乾三之坤初。成震。震為後也。震春。兌秋。坎冬。離夏。四時象具。故後天而奉天時。謂承天行順也。

按乾之變。无震无坎。此虞氏合乾坤兩卦言。云震春兌秋坎冬離夏。即洛書的方位。以坤息乾初爻為震。釋之亦通。而虞氏云。乾三之坤初。以合震春兌秋。太覺曲折。使讀者不能了解。其實當取說卦傳文云。

震。東方也。……離。……南方之卦也。……兌。正秋也。……坎。水也。正北方之卦也，

取說卦傳解後天而奉天時句。義反明顯。易緯稽覽圖，以一年二十四節中。中，今俗作氣，震初九為春分。離初九為夏至。兌初九為秋分，坎初六為冬至，以震離兌坎的四卦二十四爻。為二十四節氣。但是也不過擬議罷了。若以策數數之。數則難合。合則須從消息。春、夏秋冬四季。東南西北四方。都可以把元亨利貞術語來擬議，元是春，東，亨是夏。南，利是秋。西。貞是冬，北，元亨貞四術語。包括甚麼。至漢人固守家法。其用則隘。虞氏此注。惠棟周易述不采。張惠言申其義曰。

震春初息。兌秋二息。坎冬離夏。成既濟定。

今之治虞氏易者。對張氏之說。不能分析。不知此由乾坤二卦。須上下二卦連繫。張氏所謂初息。即坤卦初爻息為震。二息，即坤卦初二兩爻息為兌。張說與虞氏乾三之坤初成震之說合。坎冬，指坤二五兩爻的之變。離夏，指乾二五兩爻的之變，來硬湊四時。以成既濟定之說。虞氏把每卦卦畫。湊成十二消息卦。用撓一爻的方法。如云某二之三，某初之三之類。成卦變之說。又把一爻不能通之卦。用撓三爻足矣的方法。撓三爻見三國志虞翻傳就是乾卦撓二爻四爻上爻為既濟。坤卦撓初爻三爻五爻為既濟。襲取雜卦既濟定也得而命名。成既濟定一詞。在虞氏易中。出成既濟定的解釋。從

乾彖至雜卦，共二十則。其實此成既濟定的例子，是搖擺不定的。繫辭云：生生之謂易。又云：易窮則變。倘若成既濟定來講易。則認易是永遠停留的。並且和既濟卦辭始吉終亂相反了。這是錯誤的。惠棟周易述，不據虞義。以劉洪乾象曆解此。總之虞氏治周易。一心要把大卜所作，脫去卜筮尚占。而別創新義。是虞氏之所長。惜固執成見。即注四時。亦義有多端。但其方法執着在撓爻。是虞氏之所短。

六、旁通正誤

旁通。虞氏撓爻外又主旁通。如注大有卦辭云。

與比旁通。

虞氏所謂旁通。就是消息。就是錯。如䷍大有和䷇比。爻爻陰陽相錯。也就是消息。而虞氏據乾文言。六爻發揮，旁通情也。改錯為旁通。虞氏注大有彖，應乎天而時行。注云。

時謂四時也。大有亨。（祖縣按：此亨字即下文以乾亨坤之亨。亨有會義。）比。比初動成震為春。至二兌為秋。至三離為夏，坎為冬。故曰時行。以乾亨坤。是以元亨。

虞氏以旁通釋此。殊非。孔穎達正義引虞氏注雜卦云。

雜卦者，雜六十四卦以為義。其于序卦之外，別言也。昔者聖人之興。因時而作，隨其所宜。不必皆相因龍衣。當有損益之意也。故歸藏名卦之次亦多異。祖綿按。名卦之次。即序卦之次。管子心術篇。名者聖人之所以紀萬物也。名有紀義。宋人李過西漢易說。謬解虞說。妄改歸藏卦名。以欺世人。

此為虞氏得見歸藏之明證。亦可見虞翻欲損益之自創新義之意也。旁通大有亨比。乃歸藏的方式。決不能用以解周易。至虞氏云。時為四時也。此說亦非。凡彖和繫辭出四時。如虞氏注

豫彖、而四時不忒。忒本或作貸。

觀彖、而四時不忒。

恒彖、四時變化而能久成。

革彖、天地革而四時成。

節彖、天地節而四時成。

繫辭、變通配四時

繫辭、變通莫大乎四時。見同章兩儀生四象注。

以上七則。當以四時釋之。集解集虞氏注。惟繫辭二則釋四時不失正軌。餘則以旁通立說。其說迂。又四時與時。義各有別。虞翻注今未佚者。概作四時釋之。列下。

大有彖、應乎天而時行。

隨彖，而天下隨時。

賁彖，觀乎天文以察時變。

益彖，與時偕行。

歸妹九四，遲歸有時。

豐彖，與時消息。

繫辭，變通者趣時者也。

以上七則。時的涵義殊廣。時行、隨時、有時、趣時、虞翻注皆以四時立說。皆以四時來解。總嫌太狹。今將大有彖，應乎天而時行一句虞氏注來分析。時行兩字。乾文言，與時偕行。艮彖，時止則止，時行則行。動靜不失其時。其道光明。以證大有彖的時行。不如從正義褚氏莊氏說。行不失時。較為允當。虞氏云比初動成春。其方式如䷂。至二兌為秋。如䷻。至三離為夏。如䷄。虞氏所謂離。是指三爻至五爻。坎為冬。是指外卦。勉強湊合。置卦德於度外。卦辭云大有元亨。元指內卦乾。乾彖云大哉乾元。亨指外卦離。說卦傳離為日。故彖云。其德剛健而文明。剛健彖乾。文明彖離。又曰應乎天而時行。時古文旹从日之聲。日光所至。有曬日晝夜寒暑之別。乃是時行之謂。今虞氏以大有錯比。繼之以比內卦坤六爻之息。來湊合春秋二時。而又以坤三爻之息。中爻成離來湊合夏時。又以此外之坎湊合冬時。立說不明。令人皆以虞氏注繫辭。日月運行。一寒一暑。及日往則月來。月往則日來。日月相推而明生焉。寒往則暑來。暑往則寒來。寒暑相推而歲成焉。為旁通之左證。亦不足為訓。虞氏注日月運行。一寒一暑云。

日離月坎。寒乾暑坤也。運行往來。日月相推而明生焉。寒暑相推而歲成焉。故一寒一暑也。

此係泛論。可以象釋之。禮記樂記。作動之以四時。煖之以日月。而辭又異。虞注以同篇易曰。憧憧往來。朋從爾思一節立說。為䷞咸九四。咸九四中爻為未濟。日離月坎在焉。此言日月。似不著卦象。惠棟周易述疏僅錄虞注。在虞易盛時。謂日離月坎。寒乾暑坤。以為即旁通。食古不化如是。古今釋此者。惟黄應麒周易述翼。差可誦。是錄如下。

日行寒則月行暑。日行暑則月行寒。漢志曰。日極南至牽牛。為冬至。是赤道也。月則立冬冬至從黑道。日極北至東井。為夏至。是黑道也。月則立夏夏至從赤道。

黄氏引漢志。牽牛東井。乃漢時之宿度。今因歲差之故。已與漢時不同。黄氏周易述翼。雖宗惠氏。然多正惠氏之失。治易不可不觀。

七、反卦釋例

虞氏所謂反。如泰注云，反否也，否注云反泰也。觀注云，反臨也。明夷注云，臨二之三，而反晉也。按虞注以卦變而反晉，失反之定式。漸反成歸妹。虞說如是。惠棟易例下。反卦云。有卦之反，有爻之反。卦之反，反卦也。爻之反，旁通也。惠氏此說。如果把周易一一挨排。其說似是而非。又云。王氏畧例曰。卦有反對。此王弼畧例明卦適變通爻章也。原文曰。

故卦以反對。而爻亦皆變。

惠氏改以字為有字，致義兩歧，王氏謂凡卦之反者。如屯蒙諸卦。兩卦六爻之變皆交义而以周易之序為序。邢璹注云。

諸卦之體。兩相反正，其爻隨卦而變。泰之初九。拔茅彙征吉。否之初六。拔茅彙貞，卦既隨時。爻變亦準也。

邢說據拔茅彙立說。其實泰初九變為升，與否初六變无妄，在周易不序。當與否上六萃序，拔茅彙三字。可據爻辭之象玩之。不可同為初爻。以為準也。此邢氏未能對於象。極深研幾所致。茲將邢氏注爻變亦準，證之如下。

泰
大畜
需
大壯
臨
明夷
升

否
萃
晉
觀
遯
訟
无妄

上圖泰否六爻之變「」為兩爻相序符號。泰之初九升。否之初六无妄。在周易不序。何以兩爻各出拔茅彙字樣。此為反之作用。反即雜卦傳否泰反其類也之反。故反在周易亦屬要素。茲列泰否反的圖式。

否　泰

无妄　訟　遯　觀　晉　萃　升　明夷　臨　大壯　需　大畜

以反否初九萃。與正泰初升。升萃序。故拔茅彙三字同反之用如此。凡爻之變間有用反出之者如上例。惟不多爾。

不反之卦有八。為乾坤坎離頤大過中孚小過。例如乾坤為上下倒讀之乾仍為乾。坤仍為坤。坎離以下六卦同。其爻變以本卦六爻自相為序。與屯蒙諸卦。以十二爻交叉為序者異。至序則用周易上下卦之序。例如乾初九姤與上九夬序。九二同人與九五大有序。九三履與九四小畜序。坤以下七卦方式同乾。周易之爻辭。以乾卦最整齊。

初九䷫姤……潛龍勿用。

上九䷪夬……亢龍有悔。

九二䷌同人……見龍在田。利見大人。

九五䷍大有……飛龍在天。利見大人。

九三䷉履……君子終日乾乾。夕惕若厲。无咎。

九四䷈小畜……或躍在淵。无咎。

乾六爻虞翻注僅存九二九五。餘佚。九三注曰。

謂陽息至三。二變成離。離為日。坤為夕。

陽息至三。以坤三息為泰。泰二爻變成離。未免曲折。乾三變兌。兌在西方為夕。小象。終日乾乾。反復道也。注曰。

至三體復。故反復。道。謂否泰反其類也。

虞氏仍以坤息至三䷊立說。體即中爻。以反復之復。為復卦之復。殊謬。不如從朱熹重複踐行為允。說文反。覆也。覆即復。論語學而篇信近於義。言可復也。何晏曰復猶覆也……以其言可反覆。故曰近義。復覆古字通用。反覆猶慎重再三之義。魯語下夕而習復。與此爻義合。虞說迂。不可從。

張惠言周易虞氏消息。第十二章述反卦。以卦變為主。分乾坤頤大過坎離中孚小過為旁通。此襲虞氏頤卦注。未能闡明此八卦在周易之致用。又以泰否隨蠱四卦。為反亦旁通。漏列漸歸妹既濟未濟四卦。合乾坤頤大過坎離中孚小過八卦。共得十六卦。但泰否隨蠱漸歸妹既濟未濟八卦。也是反的。張氏不舉漸歸妹既濟未濟四卦。似未加深考。張氏又舉出要點云。

反卦與旁通表裡。此序卦之消息也。序卦注闕。其義不詳。今畧依虞例。次而說之。

反卦一言以蔽之。即倒讀。張氏云與旁通表裡。在周易不尚旁通。張氏承虞翻之謬。並且旁通即是消息。在周易序卦。卦辭爻辭中不出消息兩字。加之消息。未知是何家易也。至序注闕。李鼎祚周易集傳。序卦中列虞氏注。計十有九則。出反字有四。如受之以觀注曰。

臨反成觀。

有天地然後有萬物注曰。

否反成泰。

有萬物然後有男女注曰。

否三之上。反正成咸。

故受之以家人注曰。

晉時在外。家人在內。故反家人。

右四則。舉出反字。餘則以卦變立說。下經始咸恒。今序卦傳云。

有天地然後有萬物。有萬物然後有男女。有男女然後有夫婦。有夫婦然後有父子。有父子然後有君臣。有君臣然後有上下。有上下然後禮義有所錯。夫婦之道。不可以不久也。故受之以恒。

卦序咸恒。咸則少男少女。在合婚之際。恒則長男長女。成夫婦之道。卦辭爻辭。无父子君臣。序卦此說。與咸卦絶不相涉。而虞氏又曲為之解。强合父子君臣上下。蓋漢代經生借經說別創異義。虞氏注此。亦然有天地。注云。

謂天地否也。　按。虞氏此云䷞咸。三之上成否。

然後有萬物。注云。

謂否反成泰。天地壹壼。萬物化醇。故有萬物也。　按。繫辭釋損䷨六三爻辭。三人行。則損一人。一人行。則得其友。以否反成泰。釋之未免曲折。且六三爻變。成䷙大畜。為二陰四陽卦。非否卦也。

然後有男女。注云。

謂泰已有否。否三之上。反正成咸。艮為男。兌為女。故有男女。　按。泰已有否。張惠言曰。有讀如又。張說謁。有為反之譌。上文然後有萬物注。謂否反成泰可證。

有男女。然後有夫婦。注云。

咸反成恒。震為夫。巽為婦。故有夫婦也。 按。虞注夫婦。以反恒立說。震巽為夫婦。咸少男少女。亦可為夫婦。坎離中男中女亦可為夫婦。固哉虞叟之為易也。

有夫婦。然後有父子。注云。

謂咸上復乾。成遯。乾為父。艮為子。故有父子。 按。咸上復乾。即咸䷞上六。成遯卦。虞氏注遯亨云。以陰消陽。子弒其父。亦以乾父艮子立說。與亨字不相續。且與卦德悖。因夫婦及父子君臣。張三綱之說。置咸卦於度外。

有父子。然後有君臣。注云。

謂遯三復坤。成否。乾為君。坤為臣。故有君臣也。 按。遯承上文有夫婦。然後有父子注。咸上復乾成遯而言。遯三復坤䷋是據爻變。不是撓爻。

有君臣。然後有上下。注云。

否乾君尊上。坤臣卑下。天尊地卑。故有上下也。 按。否承上文有父子然後有君臣注。遯三復坤成否而言。虞氏此注。不顧否之卦辭否之匪人。象曰天地不交否。與注義全反。

有上下。然後禮義有所錯。注云。

錯。置也。謂天君父夫象尊錯上，地婦臣子，禮卑錯下，坤地道妻道臣道，故禮義有所錯者也。　按虞氏此注，張三綱之說更熾。錯，置也。釋文：錯本亦措。措，說文：置也。與繫辭傳錯綜其數，說卦傳八卦相錯之錯異義。

以上虞氏注八則。全非易例。張惠言助虞氏之譌，在虞氏有上下，然後禮義有所錯注下申其義曰：

虞君注序卦之例，畧見於此。然全篇之注，殘闕已甚，以意補之，恐違闕如之義，故守其畧，别於消息通之。

張氏不知序卦傳亦有違易例處，故余意李氏不著一字，似有卓見。獨惜李鼎祚集解集諸家之注，不加刪削，又不加案語，明辨其是非。而張氏周易虞氏消息，著為專論，以消息通之，如乾坤二卦，乾陽消為坤，坤陰息為乾，用消息是也。在屯蒙二卦，屯之消息為鼎，蒙之消息為革。李林松周易述補四疏序卦上云：

案惠氏不注序卦，非闕也，蓋不信焉爾。前乎惠氏而疑之者，李邦直（祖縣按：邦直名清臣）、朱新仲（祖縣按：新仲名翌）、王巽卿（祖縣按：巽卿名申子）矣。

李說惠不信序卦，其說无據。惠氏易例下反卦云：虞注序卦云：否反成泰，咸反成恒。又惠氏九經古義周易古義下。引序卦物不可窮也。故受之以未濟終焉。重申其義。江藩為惠門弟子。著周易述補。淩廷堪序云。元和惠君定宇著周易述二十卷。未竟而卒。闕自鼎至未濟十五卦。序卦雜卦二傳。江氏補序卦傳注疏。第一句有天地然後萬物生焉疏。引干寶注下云。惠徵君曰。令升字干寶此注。似豫知後世先天圖者。其為聖學之防也至深遠矣。謂惠氏不信序卦。實係失言。至宋人不信序卦。始於歐陽修。易童子問第三云。

童子問曰。繫辭非聖人之作乎。曰何獨繫辭焉。文言說卦而下。皆非聖人之作。而眾說淆亂。亦非一人之言也。

歐陽修把繫辭文言說卦序卦雜卦。一筆抹煞。繫辭說卦二者。為治易不可少之書。惜治易者未能細參爾。

反在周易序卦。有其作用。姬昌演易。以此基本。其理至淺。將橫圖倒讀之。即得反之公式。

不反之卦有八。即乾坤坎離頤大過中孚小過。六

反之卦得五十六。例如乾宮八卦。乾不反仍為乾。反者得七卦。夬姤序。大有同人序。大壯遯序。

小畜履序。需訟序。大畜无妄序。否泰序。

兌宮八卦。履小畜序。兌巽序。睽家人序。歸妹漸序。中孚不反。仍為中孚。節渙序。損益序。臨觀序。

離宮八卦。同人大有序。革鼎序。離不及。仍為離。豐旅序。家人睽序。既濟未濟序。賁噬嗑序。明夷晉序。

震宮八卦。无妄大畜序。隨蠱序。噬嗑賁序。震艮序。益損序。屯蒙序。頤不反。仍為頤。復剝序。

巽宮八卦。姤夬序。大過不反。仍為大過。鼎革序。恒咸序。巽兌序。井困序。蠱隨序。升萃序。

坎宮八卦。訟需序。困井序。未濟既濟序。解蹇序。渙節序。坎不反。仍為坎。蒙屯序。師比序。

艮宮八卦。遯大壯序。咸恒序。旅豐序。小過不反。仍為小過。漸歸妹序。蹇解序。艮震序。謙豫序。

坤宮八卦。否泰序。萃升序。晉明夷序。豫謙序。觀臨序。比師序。剝復序。坤不反。仍為坤。

茲所舉六十四卦。不反及反。成一百二十八卦。即周易上下兩卦順讀倒讀。乃成此數。橫圖疑是漢書藝文志圖一。似此圖。即在其中。與京房宮世不同。因橫圖由一陽一陰遞畫而成。由陽消陰息。即一陰一陽之謂道。倒讀為周易六十四卦之序。茲列橫圖倒讀之例以證明之。

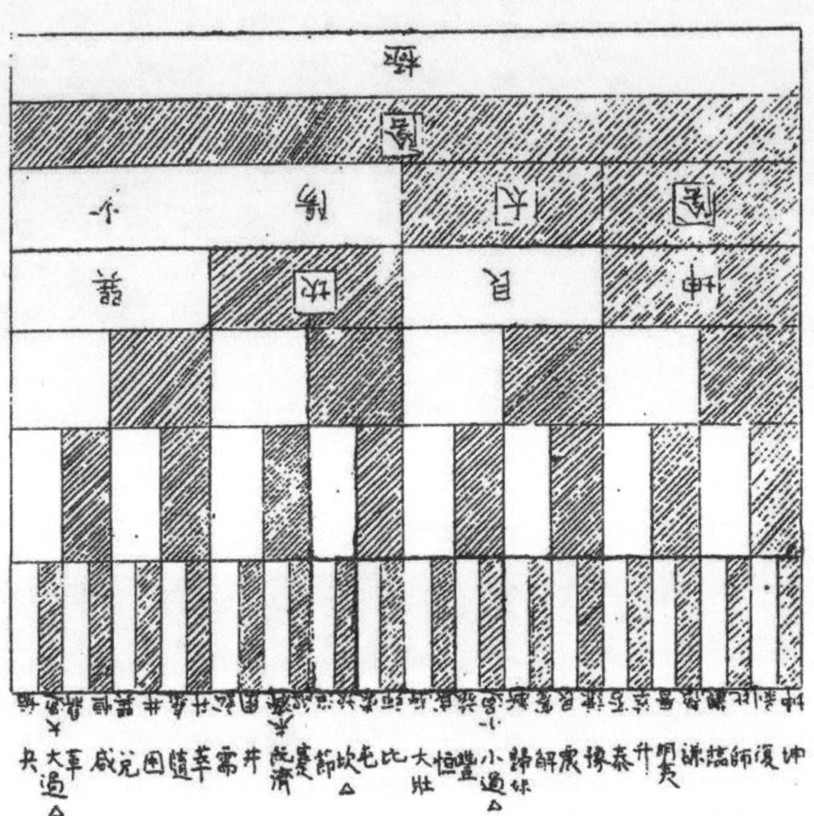

1. 反即橫圖倒讀。
2. 不反之卦八。即乾、坤、坎、離、頤、大過、中孚、小過。
3. 餘五十六卦皆反。
4. 周易序卦準此。
5. 周易世位以反。
6. 反與消息不同。
7. 蔡景君、荀爽、虞翻、蜀才等說。按圖索之。皆不相同。

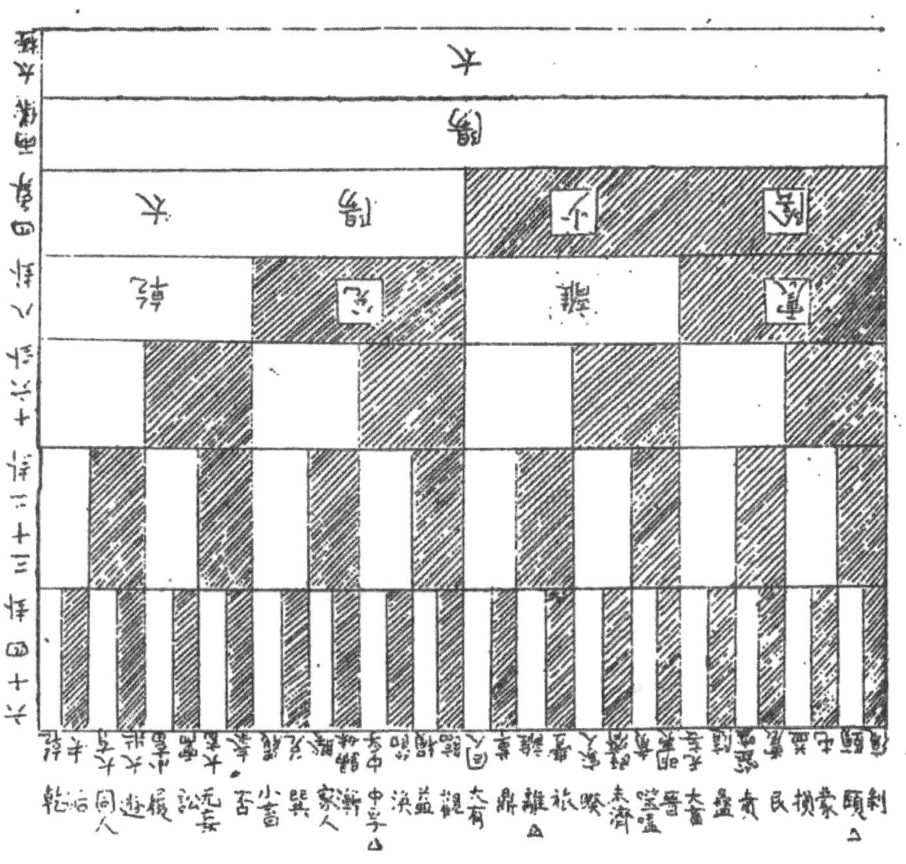

太極
兩儀
四象
八卦
十六卦
三十二卦
六十四卦

恐上圖猶未明再言反之條例。乾坤坎離頤大過中孚小過不反。屯蒙以下五十六卦。皆藉不反之八卦產生各卦。不獨為連續之樞械而已。乾坤坎離為四正之位。在四維。兌為中孚。震為頤。巽為大過。艮為小過。屯蒙以下諸卦。皆由不反的八卦組織而成。茲再作簡表以明之。

乾	坤
屯	蒙
需	訟
師	比
小畜	履
泰	否
同人	大有
謙	豫
隨	蠱
臨	觀
噬嗑	賁

乾坤二卦不反。連繫綜錯。用本卦三世。

屯蒙反。上下坎。連續小過。

需訟反。上下坎。連續乾。

師比反。上下坤。連續坎。

小畜履反。上下中孚。連續乾。

泰否反。上下坤。連續乾。

同人大有反。上下乾。連續離。

謙豫反。上下坤。連續頤。

隨蠱反。上下大過。連續小過。

臨觀反。上下坤。連續大過。

噬嗑賁反。上下離。連續小過。

剝 无妄 頤 離 咸 遯 晉 家人 蹇 損 夬 萃 困 革

復 大畜 大過 坎 恒 大壯 明夷 睽 解 益 姤 升 井 鼎

剝復反。上下頤。連續坤。

无妄大畜反。上下乾。連續小過。

頤大過不反。上下蠱。連續、歸妹。凡游魂卦當用歸魂卦。

離坎不反。連繫未濟、既濟。用本卦三世。

咸恒反。上下大過。連續頤。

遯大壯反。上下乾。連續頤。

晉明夷反。上下離。連續坤。

家人睽反。上下中孚。連續離。

蹇解反。上下坎。連續頤。

損益反。上下頤。連續大過。

夬姤反。上下大過。連續乾。

萃升反。上下大過。連續坤。

困井反。上下大過。連續坎。

革鼎反。上下大過。連續離。

卦	卦畫	反卦	卦畫	說明
震	䷲	艮	䷳	震艮反。上下小過。連續小過。
漸	䷴	歸妹	䷵	漸歸妹反。上下中孚。連續頤。
豐	䷶	旅	䷷	豐旅反。上下小過。連續離。
巽	䷸	兌	䷹	巽兌反。上下中孚。連續中孚。
渙	䷺	節	䷻	渙節反。上下中孚。連續坎。
中孚	䷼	小過	䷽	中孚小過不反。如頤大過例。上下漸。連續隨。
既濟	䷾	未濟	䷿	既濟未濟反。上下坎。連續離。

反之功用。在周易的組織。應以上下兩卦受之以之例。以解周易的方式。易序卦正義。孔穎達曰。

今驗六十四卦。二二相耦。非覆即變。覆者表裡視之。遂成兩卦。屯蒙（祖綿按。俗本屯蒙作需訟師。即經誤）比之類是也。變者反覆唯成一卦。則變以對之。乾坤坎離大過頤中孚小過之類是也。

孔氏正義畧言其義。惜未能以達其用。惠棟易例下引之。加注云。

此條是宋人反對之說。非漢人反卦之謂。

孔穎達唐人。隋滅入唐。貞觀十六年（即公曆六四二年）成易正義。惠氏以為宋人反對之說。實匪夷所思。至反對與反卦。治漢宋均不能劃清界限。所謂愈治愈亂者近是。

八．震巽特變解

虞氏有震巽特變之說。震巽之卦象。震其究為健，乾健也。因震一索而得男。震一索由乾而來。再索三索息於乾。故為健。為蕃鮮。是指巽。因震消息為巽。巽其究為躁卦。與震為蕃鮮。同以消息立說。因巽消息為震。震為決躁。是言巽消息為震。繫辭云。躁人之辭多。云震人之辭也。為決躁。得其義。虞氏特變之說。在巽九五，无初有終。先庚三日，後庚三日注云。

震巽相薄。雷風无形。當變之震矣。巽究為躁卦。故无初有終也。（祖緜按，此釋无初有終。）震，庚也。謂變初二，成離。至三成震。震主庚。離為日。震三爻在前，故先庚三日。謂益時也。（祖緜按，江藩周易述補疏曰，三動成震，則為風雷益䷩。益故曰謂益時也）動四至五成離。終上成震。震爻在後，故後庚三日也。巽初失正。終變成震得位。故无始有終，吉。震究為蕃鮮。白，謂巽白。（祖緜按，說卦傳，巽為白。江藩李銳改白為日，非。）巽究為躁卦。躁卦，謂震也。與蠱先甲三日後甲三日同義。五動成蠱，乾成于甲，震成于庚。陰陽天地之始終。故經舉甲庚于蠱彖巽五也。

虞氏此注。以震巽特變益之以卦變納甲。繁瑣雜亂，實不足為訓。巽九五䷸變蠱，先庚後庚。承蠱之卦辭先甲後甲而言。蠱言先甲後甲，乃周官司寇庶氏掌除毒蠱。翦氏掌除蠹物。法制所定日期。先庚後庚。恐從事草率。令比之下。重申命令。再除毒蠱，故巽彖曰。重巽以申命。象曰。君子以申命行事。庚釋名。、釋天。庚猶更也。先庚三日丁。後庚三日癸。庚從中爻互兌。兌中有庚。不必以納甲釋之。又中爻互離。離為日。離次序居三。故曰三日。丁癸為十干之排列不出取象。王引之經義述聞先詰鄭玄甲者造作新令之日。王弼曰 者創制之令也。及庚者由命 令謂之庚之謬。又斥虞翻有五謬。茲節錄如下。

上畧……謹案甲庚乃十日之名。非命令之名。徧考書傳。无以甲庚為命令者。經若果言命令。則當言先令三日後令三日。文義始明。何為不言命令。但稱甲與庚乎。王說誠未安矣。鄭以甲為造作新令之日。差為近之矣。然創作新令。不聞當擇日。……今案先甲三日。後甲三日。先庚三日。後庚三日。皆行事之吉日也。（下畧）

第十七章 九宮考辨

沈祖緜 遯民學

一、九宮考原

易之言數。疑卜官作卦爻辭。尚未具備。乃治易者據數作進一步的探索。周易與九宮實是兩個範疇。但相互表裏。易之言數者。始見於周易繫辭傳。其言曰。

天一、地二。天三、地四。天五、地六。天七、地八。天九、地十。

又曰。

天數五。地數五。五位相得而各有合。天數二十有五。地數三十。凡天地之數。五十有五。

今本周易。二段不相連接。恐係錯簡。漢書律曆志引兩者連結。程頤移置天一至地十凡二十字。在天數五地數五之上。似本漢志。此皆言九宮之數。因易六十四卦。而九宮則八十一卦。就卦數而論。較周易已進了一步。漢書藝文志。龜著類。周易明堂二十六卷。疑即闡述九宮之書。沈欽韓曰。蓋即明堂陰陽之說。類魏相所采者。沈說近是。漢書魏相傳曰。

又數表采易陰陽。及明堂月令奏之曰。臣相幸得備員。奉職不修。不能宣廣教化。陰陽未和。災害未息。咎在臣等。臣聞易曰。天地以順動。故日月不過。四時不忒。聖王以順動。故刑罰清而民服。師古曰。豫卦象辭也。忒差也。祖縣按。豫卦彖辭。非象辭。聖王原文聖人。天地變化。必繇陰陽。陰陽之分。以日為紀。日冬夏至。則八風之序立。祖縣按。余有八風考畧。刊入章氏國學講習會學報第一期。萬物之性。各有常職。不得相干。東方之神太昊。乘震執規司春。張晏曰。木為仁。仁者生。生者圜。故為規。南方之神炎帝。乘離執衡。司夏。張晏曰。火為禮。禮者齊。齊者平。故為衡。西方之神少昊。乘兌執矩。司秋。張晏曰。金為義。義者成。成者方。故為矩。北方之神顓頊。乘坎執權。司冬。張晏曰。水為智。智者謀。謀者重。故為權。中央之神黃帝。乘坤艮執繩。司下土。張晏曰。土為信。信者誠。誠者直。故為繩。祖縣按。官本引宋祁校說。司下土。浙本無下字。宋說是。茲五帝所司。各有時也。(下畧)

魏相之說。史未言相治何家易。惠棟易漢學以為漢人不言河圖洛書。據漢書魏相傳。可知其不然。魏相所奏明堂月令。即呂氏春秋十二紀。禮記月令篇。漢書藝文志禮類有明堂陰陽三十三篇。明堂陰陽說五篇。其書雖佚。而管子四時五行輕重已三篇。呂氏春秋十二紀。淮南子時則訓猶存。可得其大概。惟魏相說中央之神黃帝乘坤艮執繩。司土。恐漢時已有異說。蓋魏相以坤艮為土。因土無定位。借乘坤艮。不知土居中央。不必借坤艮為乘。當云乘中央執繩。司土。淮南子天文訓。中央土也。其帝黃帝。其佐后土。執繩而制四方。淮南子在魏前。其說較魏相為詳。至四維亦見天文訓。以子午卯酉為二繩。按此繩字。與執繩之繩義異。高誘注。繩直也。丑寅辰巳未申戌亥為四鉤。東北為報德之維。艮維也。丑寅鉤也。西南為背陽之維。坤維也。未申鉤之。魏相云。乘坤艮。即背陽報德兩維立說。東南為常陽之維。巽維也。辰巳鉤之。西北為蹏通之維。乾維也。戌亥鉤也。

資鉤之淮南之說。雖未言四維之用。較魏相之說為勝。

二、周易卦爻辭五行考

欲知九宮。當先研究洛書五行者。洛書一部分之事。五行在周易中。尚未詳述。爻辭僅出金木。茲考之如下。

一、䷃蒙六三。見金夫。不有躬。按古注存者有虞翻。此坎下艮上。坎中男。艮少男。皆夫之象也。中爻互震。震長男。亦夫也。互坤。坤道成女。六三、五變兌。兌正秋也。西方屬金。又為震。震長男。夫也。故曰金夫。不有躬。六三變。无坤。不有躬。猶言不有坤之謂也。

二、䷔噬嗑九四。噬乾胏。得金矢。按胏。釋文。子夏傳作脯。孟喜作𩛿。說文。食所遺也。从肉仕聲。易曰。噬乾𩛿。董文胏。揚雄說。𩛿从𠂔。又釋文引字林。胏。食所遺也。一曰脯也。據字林。脯為胏之一解。馬融曰。有骨謂之胏。鄭玄曰。胏。簀也。簀疑漬之譌。詩小雅楚茨。鄭箋。剝消淹漬以為菹。漬上下有奪文。說文。簀。牀棧也。爾雅釋器。簀謂之笫。小爾雅廣服。簀牀笫也。與噬乾胏不涉。陸績曰。肉有骨謂之胏。離為乾肉。又為兵矢。失位用刑。物亦不服。祖緜按。王弼注。亦有此四字。若噬有骨之乾胏也。金矢者。取其剛直也。陸說離為乾肉。據說卦傳曰以恒之。

及燥萬物者。莫熯乎火立說。徐堅初學記卷二十六。引王肅注。四體紀（困學紀聞一紀作離）陰（御覽八六二陰作離）卦。骨之象。骨在乾肉。脯（王肅亦作脯。與子夏傳荀董同）之象。金象（祖縣後象誤。困學紀聞作矢是也）所以獲野禽（以困學紀聞以作故）食之反得金矢。君子於味必思其毒。於利必備其難。此爻各家注釋。胏當從說文作𩞄。後說文引經例辨云。今易作胏。即𩞄之或體。雷說遺重。乾胏及矢當從陸績。至金字唐宋以後皆以金剛矢直措辭為多。惠棟周易述。以乾為金。疏云離又為乾卦。乾為金。說卦文。……周禮大司寇。禁民訟。入束矢。禁民獄。入鈞金。惠氏疏六爻。以卦辭利用獄立說。細按卦辭亨上似有奪文。至六三九四六五三爻。言百姓日用（見繫辭）之事。噬嗑象曰頤中有物。曰噬嗑。頤象曰節飲食。噬乾胏。易生疾病。所謂食不厭精。饋不厭細者是。

䷔噬嗑六五。噬乾肉。得黃金。　虞翻注。陰稱肉。位當離。日中烈。故乾肉也。乾金黃。故得黃金。虞氏未解黃字之象。自唐迄明。皆主明罰敕法立說。而張根吳園易解。以黃金即鈞金。未免武斷。噬嗑與頤。同為謀食之卦。在噬嗑謀食維艱。故列噬腊肉。噬乾胏。噬乾肉三爻。而頤則自求口實。在頤之初六。舍爾靈龜。觀我朵頤。言飲食奢侈。以靈龜佐餐。是䷔噬嗑與䷚頤之別。在九四爻之變。此當以飲食立說。此云黃金。當據坤六五黃裳元吉引伸之。左傳昭十二年。南蒯枚筮之。遇坤䷁之比䷇。曰黃裳元吉。……惠伯曰。黃。

中之色也。說文，黃，地之色也。是黃為土之證。論衡驗符篇，黃為土，位在中央。九家易，坤為黃。未諦。泥於坤為地，地是土，土色黃也。不知說卦傳，其於地也為黑，義兩歧。且坤所包者廣。坤彖曰，坤厚載物，德合无疆。含弘光大，品物咸亨。不局於土行也。此爻太卜集當時諺語，以識人節飲食。禮記曲禮曰，乾肉不齒決。注，堅宜用手。此云得黃金，係擬議之辭。得義同有。論語述而篇，三人行，必有我師焉。釋文作我三人行，必得我師焉。云，一本無我字。本或作必得。係得有古通之證。卜人術語，利指金。兌卦象之。噬嗑巽宮五世卦也。賁艮一世卦也。皆不在兌宮之內。今賁卦辭小利，小指艮，利字則无着落。噬嗑卦辭利用獄，獄指中爻互坎，利字亦无着落。治易者讀此，咸固結不解。不知此係聯繫之作。用因賁䷕噬嗑䷔兩卦聯繫為離䷝。離中爻兌也。

四䷫姤初六，繫於金柅。　柅，據王弼本。釋文，子夏傳作鑈。鑈，絡絲具也。王肅作柅。蜀才作尼。杘為正字。杘，徐鍇說文繫傳，杘，籆柄也。傳曰，籆即今絡絲籆也。杘其柄也。籆，說文收（絲者也）重文柅，杘或从木柅聲。鍇傳曰，按周易繫于金柅是也。徐鉉本另出柅，木也，實如梨。鍇本不出。鉉於杘下云，柅，女氏切。木若梨。此重出。鉉說不足據。子夏傳作鑈。鑈，說文无。係檷之譌。說文，檷，絡絲檷。讀若柅。徐鍇繫傳曰，按字書，絡絲柎也。柎，足也。說文，柎，闌足也。字書疑脫闌字。未成句。椨令俗作跗作趺。以椨解檷。似悖。檷柅似一字。後之治許學者多創别義。使義反晦。蜀才作尼。尼止也。王肅作抳。抳說文不出。王云。抳。織績之物。婦人所用。正義又引馬融說。柅者。在車之上。所以止輪令不動者也。此又一義也。總之。抳為織績之器。柅初製時為木。故字从木。後改進為金。曰金柅。初爻變乾。乾為金。故曰金柅。

五。䷮困九四。來徐徐。困於金車。 釋文。徐徐。疑懼貌。王弼注。徐徐者。疑懼之意也。馬云。安行貌。子夏作荼荼。翟同。荼音圖。云內不定之意。王肅作余余。釋文脫引。虞翻亦作荼荼。荼荼安舒也。困卦六爻太卜爻辭。疑引當時民間歌謠。指商紂之酷刑。當從子夏傳荼荼為允。作徐徐者。後人涉九五乃徐有說而改。王肅因徐徐不得其解。改余余。其注亦佚。說文。余語之舒也。歎息之辭。與爻義不侔。荼荼。廣雅釋詁。痛也。廣雅今脫。王念孫疏證據一切經音義卷十二卷二十五引補入釋詁二。荼荼重言之爾。作荼亦與車叶。來當從虞翻。咸九四。憧憧往來。注云。之內為來。之外為往。為允。困之九四與咸之九四同例。金車。惠士奇易說。昏禮諸侯親迎乘金車。九四來迎初六。而初入于幽谷。故有是象。兌金坎輪。故曰金車。其子棟承其說。又車從虞翻改轝。黎世序河上易傳。以金車為周禮之金輅。鉤樊纓九就。建大旂以賓。同姓以封。周禮宗伯巾車文。蓋王者寵異其臣。以金車載之也。段復昌周易補注承黎說。惠黎兩說。與爻象全違。余疑金車係檻車。漢書陳餘傳。迺檻車與王詣長安。師古曰。檻車者。車而為檻形。謂以板四周之。無所通見。釋名釋車。檻車。上施闌檻。以格猛獸。亦因禁罪人之車也。[畢沅疏證曰今本說亦因禁罪人五字據文選長楊賦注引補。]這種檻車是否紂之所製。在文獻雖无確實的證據。不過史記殷本紀云。紂手格猛獸。又云。百姓怨望。而諸侯有畔者。於是紂乃重辟刑。有炮烙之法。廣韵二沃。梏。手械。紂所作也。為紂制刑具之明證。困於金車。似與紂不无關係。困下卦井。初學記二十。刑罰。春秋元命苞。刑者侀也。說文曰。刀守井也。飲之人入井。陷於川。刀守之。割其情也。[祖縣按。徐堅說譌。先徐堅有隋杜公瞻。玉燭寶典孟夏紀注引。又有玄應一切經音義二十五卷本卷二十六百卷本卷七十二引。皆不云說文。的文亦不同。]罔言為詈。刀守詈為罰。罰之為言內也。陷於害也。[祖縣按。罔言為詈下。廣韵十月罰引。刀守詈為罰。无守字。罰之為言內也。陷於害也。作罰之言。罔陷於害。亦不同。]下卦井。說文。刑。罰罪也。从井。從刀。易曰。井法也。釋文。鄭玄。井。法也。鄭玄與許慎同時。惟說文不引鄭說。疑是古義。太卜所作困之爻辭。是指紂。井之爻辭是指周。

六二二。鼎六五。鼎黃耳金鉉。　鉉。馬融曰。扛鼎而舉之也。虞翻曰。貫鼎兩耳。說文。鉉。舉鼎具也。易謂之鉉。禮謂之鼏。又鼏。以木橫貫鼎耳舉之。周禮廟門容大鼏七個。即易玉鉉大吉。徐鍇繫傳云。按周禮亦謂之扃也。又扃外閉之户也。江藩周易述補注。鉉。鼎扃也。長三尺。疏。易玉鉉大吉也。鉉字說曰。舉鼎具也。易謂之鉉。禮謂之鼏。許君以鉉鼏為一物。然禮云。設扃鼏。

祖綿按、設扃冪、見儀禮士冠禮、士昏禮、公食大夫禮、士虞禮。明是兩物，則士喪禮不當言取冪委于鼎北。加扃不坐矣。冪鉉兩義。似非許君之言，疑後人增入。乾為金。說卦文。汪說可采。按儀禮士冠禮曰。設扃冪。注曰。今文扃為鉉，古文冪為密。又士昏禮注曰。扃所以扛鼎。冪覆之。是扃與鉉為古今文。士喪禮注曰。扃即鉉字。玉篇卷十六。冪，覆樽巾也。又鼎蓋也。禮記禮器。犧尊疏布冪。注，或作幕。廣韻二十三錫。冪，冪蓋。冪乃鼎之譌。可證鉉與冪異義。

以上六爻皆載有金字。爻辭亦出木。茲舉如下。

一、䷮困初六。臀困于株木。 此爻漢人注釋。惟九家易猶存。泥於五行立說。其說不足采。

株、說文。木根也。株與殊、誅、皆朱之孳乳。說文。殊、死也。（莊子在宥。今世殊死相枕。釋文。殊、誅也。）誅、討也。白虎通誅伐。誅猶責也。釋名釋喪制。罪及刑人曰誅。誅、株也。如株木根。枝葉盡落也。廣韻十虞。誅、責也。釋名曰。罪及餘曰誅。如誅大樹枝葉盡落。畢沅釋名疏證。以為廣韻文有譌脫。疑非。王先謙釋名疏證補。未加辯證。引葉德炯說。亦膚。余疑株木為一種刑具。書舜典。朴作教刑。國語魯語上。薄刑用鞭朴。（漢書刑法志說同。）朴、扑古通用。漢初笞刑。率多死。景帝元年定箠令。丞相劉舍、御史大夫衛綰。請笞者箠長五尺。其本大一寸。其竹也。末薄半寸。皆平其節。當笞者笞臀。毋得更人。可徵笞刑之具。漢時始有定率。此爻臀困於株木。株木為刑具无疑。漢書司馬遷傳。

報任安書。關木索。受木索。關三木之木。亦可旁證。株木為刑具也。其象在爻中无巽无震。來知德治易專求於象。以中爻巽木居坎之上解之。不知爻各有位。以中爻解。巽居三爻。不可越爻言之。亦當以上下兩卦聯繫來取象。因困井兩卦。聯繫為坎。坎中有震。

䷴漸六四。鴻漸於木。或得其桷。 說文。秦曰榱。周謂之椽。齊魯謂之桷。馬融曰。桷、椽也。虞翻陸績同。程頤易傳。鴻趾連不能握枝。故不木棲。朱熹本義。鴻不木棲。錢時周易釋傳云。先儒謂不木棲。鄉間歲暮則止棲于高木之上。先儒殆失考。錢氏詰程朱之非。其說亦有語病。錢氏係吾浙淳安縣人。地居新安江上流。溪流湍急。非鴻雁宜棲之地。(吾浙鴻雁棲止之區。新安江沿岸及樂清縣之雁宕、平陽縣之南雁宕、沿海沙地水鹹。鴻所不棲。) 新安江沿岸居民。歲暮捕鴻。相率飛向淳安等處。進叢林避弋人。此錢氏所目覩。以之釋此爻。係一得之見。不足以包括全體。凡禽有水陸之別。其趾不同。家畜之雞鵞鴨。可以明證。尔足釋鳥。鳧雁(徐堅初學記卷三十。雁下有之字。衍。)醜。其足蹼。郭璞注。脚指間有幕蹼屬相著。(初學記引。作脚間幕蹼相連也。音卜。唐人本異今本。)又其踵企。郭注曰。飛卻伸其脚跟企直。蹼。說文未出。玉海及廣韵一屋。引爾雅。集韵一屋。蹼蹼並舉、引爾雅郭璞注。鴻趾駢連。不能擇木而棲。有時入于木。或有得平柯而處之。此或字是指鴻。

以上二爻。皆有木字。金木為制器必需之物。故爻辭屢出之耳。周易卦爻辭制作時代。引五行之義。

考證如上。其後則彌精微矣。

三　十翼作者始據五行以明易考

尚書正義洪範。引大傳云。

　　金木者。百姓之所興作也。水火者。百姓之求飲食。土者萬物之資生也。是為人用。

此伏氏言五行原始之義。而以人用為重可見五行之原始之義。是極簡單的。說文用。可施行也。方言六。用。行也原始時代人見五行為養生必需之物。孟子盡心篇。民非水火不生活書洪範。土爰稼穡。禮記大學有土斯有財。三者皆言養生之舉。而周易卦爻辭不出。考五行始見於尚書甘誓洪範。逸周書小開武解云。

　　五行。一黑位水。二赤位火。三蒼位木。四白位金。五黃位土。

以五行配五色。自此始。後人又衍繹為種種事物。小開武解言一二三四五是次第。不是言數。又武順解云。

　　地有五行。不通曰惡。

孔晁注云。

金木水火土。更相生。

孔注以五行生克為說。其說更晚。又同解云。

人有中曰參。無中曰兩。兩爭曰弱。參和曰強。男生而成三。參三古通用。女生而成兩。五以室成。

室成以民生。民生章檗本作民民。盧文弨本改民生。民生以度。左右手各握五。左右足各履五。

此言五之用。與說卦傳參天兩地而倚數同義。惟說卦傳不言五十爾。中五在繫辭謂之退藏於密之密。潘殖忘筌書。殖初守王弼之學。後棄之作忘筌書。以密為中五。其義出管子牧民篇。發善必審於密。執成必明其中房注對密中二字亦未釋。五以室成。室成以民生。盧文弨校正臆改為五以成室。室成以生民。不可從。生成言數。上言參兩相和為五。數之成。五以五為主。一六與二七。三八與四九。此四者乃生成之數。皆以五加之減之而已。如

一六。一加五為六。六減五為一。　太玄經。玄圖。一與六共宗。

二七。二加五為七。七減五為二。　太玄經。玄圖。二與七共朋。

三八。三加五為八。八減五為三。　太玄經。玄圖。三與八成友。

四九。四加五為九。九減五為四。　太玄經。玄圖。四與九同道。

五十。五加五為十。十減五為五。　太玄經。玄圖。五與五相守。

上言一二三四五及六七八九十。是言次第。並非生成之數。即天數地數。當分為二。

天一。天三。天五。天七。天九。為生數。即奇數。奇數以○明之。

地二。地四。地六。地八。地十。為成數。即耦數。耦數以□明之。

揚雄太玄經不言十。而繫辭云。

天數五。地數五。五位相得。而各有合。天數二十有五。地數三十。

揚雄五與五相守句。與繫辭義不同。天數五者。天一天三天五天七天九。五數相加為二十有五是也。地數五者。地二地四地六地八地十。五數相加為三十是也。若以五與五相守。以證地數。不能得三十。亦二十有五爾。揚說似據大衍之數而言。不知漢書律曆志以五乘十。大衍之數也。以九宮中五中十相乘之數。並未涉及八宮之數。

四、數字解詁

一至十之數。茲據甲骨文金文以及說文諸書。詁其字義如下。

一、說文惟初太極。大徐本太極作太始。疑非。道立於一。造分天地。化成萬物。按河圖以一為太極。洛書以一代坎。丁山數名古誼。二乘一則為三。二乘一仍為二。乘作加字解。

二。說文。地之數也。古文弍。 按。說苑辨物篇。二者陰陽之數也。其說不足從。凡物陰陽異類。祇能分二。不能兼二。劉說譌。洛書以二代坤。

三。說文。天地人之道也。古文弎。 按。說文以三才立說。屬儒家言。老子。一生二。二生三。三生萬物。莊子齊物論。二與一為三。似以道家言為勝。三闕數。洛書以三代震。

四。說文。陰數也。象四分之形。卯古文四。小徐本下有如此二字。 亖籀文四。 按。甲文作亖。三。殷墟書契前編。孫詒讓契文舉例。說文四字。古文卯。籀文作亖。考甲文金文皆作亖。要以積畫為近古。未必皆出史籀。後遂疑亖當為古文本字。卯為籀文。許書傳寫多誤。容互易耳。孫說是也。以一二三亖證之。當以積畫為正。洛書以四代巽。

五。說文。五行也。从二。陰陽在天地之間交午也。㐅古文五。小徐本下有如此兩字。 按。甲文作8。㐅見殷虛書契前編。穀梁傳十六年。隕石于宋五。注引劉向曰。五。陽數也。漢書五行志下之下。亦引穀梁傳。繫以董仲舒劉向說同上。丁山數名古誼。以五互古義通。丁說是。繫辭參五以變。五或作伍。段復昌周易補注從班固改五為互。亦一旁證。丁氏又引子華子曰。五居中宮。數之所由生。一縱一橫。數之所由成。以為五之舊義亦是。子華子雖有人以為偽書。然言生成。言醫理。疑皆引證古義。莊子讓王篇。呂氏春秋貴生先已誣徒明理知度審為六篇。已引子華子說。第書久佚。宋人綴拾而成。余昔作子華子理惑，(文載制言四十九期)已詳論之。至五居中宮。不以卦名名之。以戊代之。說文。戊。中宮也。象六甲五龍相拘絞也。徐鍇曰。五土無定居。主在中。往來不相越。故曰拘絞。祖縣按。六甲五龍。指六十甲子。六甲謂六十甲子中甲子、甲戌、甲申、甲午、甲辰、甲寅是也。辰。王充物勢篇。辰。龍。五龍謂六十甲子中甲子十二位中為戊辰。(距甲子五位)甲戌十二位中為庚辰。(距甲戌七位)甲申十二位中為壬辰。(距甲申九位)甲午十二位中為甲辰。(距甲午十一位)甲辰之位因居首。故不言甲辰。(此甲辰已在甲午十一位中)甲寅十二位為丙辰。(距甲寅三位)故戊辰庚辰壬辰甲辰丙辰為五龍。至拘絞。從朱治許學。均未利解。拘在周易隨上六。拘係之。拘絇通。絇。說文。纑繩絇也。儀禮士冠禮注。絇之言拘也。禮記曲禮下疏。絇為拘。釋名。屨。拘也。所以拘足也。絞。方言四。緉、絞也。注。謂履中絞也。說文。緉。絞也。拘絞本義。以履之交結會意。言六十甲子十干十二支互相交結也。

六、說文易之數。陰變于六。正于八。从入从八。按。从入从八。治許學者咸以為疑。朱駿聲說文通訓定聲。以制字之先後。六先於八。不當以八解六。立說殊謬。許云變于六。指周易之爻變。正于八。指爻之不變。與制字之先後不涉。說文正于八。是也。六字从入从八。入。說文。內也。內。入也。兩字互訓。猶言六雖變而仍內於八也。管子五行篇。地理以八制。人道以六制。

注八少陰之數，六者兼三才之數。三才之數。指變爻而言。洛書以六代乾。在易乾為陽。而洛書以乾為陰。而義互歧。治易者尚未能辯明。玆列表附於下。

	易	洛書	生成
天一坎。	易陽	洛書陽。	
地二坤。	易陰	洛書陰。	
天三震	易陽。	洛書陽。	
地四巽。	易陰。	洛書陰。	

以上天一地二天三地四。易與洛書陰陽相同。

	易	洛書	生成
地六乾。	易陽。	洛書陰。	生成 六減五為一陽。
天七兌。	易陰。	洛書陽。	生成 七減五為二陰。
地八艮。	易陽。	洛書陰。	生成 八減五為三陽。
天九離。	易陰。	洛書陽。	生成 九減五為四陰。

以上地六天七地八天九。易與洛書陰陽不相同。在生成則合。是洛書之陰陽。當以生成之數推之。漢書五行志云。

五位皆以五而合。而陰陽易位。故曰妃以五成。

其說是也。惟下文以地二地四為生數。並謂解洪範二曰火。以為二七為火。四曰金。以為四九為金。致矛盾百出。故洛書言五行之數。如呂氏春秋十二紀。禮記月令。揚雄太玄經玄數。鄭玄繫辭天一地二章注。皆不知洪範五行。所謂一二三四。是言次第。不是言數。

七。說文。陽之正也。从一。微陰从中衺出也。按、陽之正在周易指不變言。甲文七形似十。有以十解七者。其說難通。余疑ㄟ為乙字。說文。乙象春艸木寃曲而出。陰气尚彊。其出乙乙也。與｜同意。徐鍇繫辭傳曰。此甲乙字下迂曲也。｜音徹。祖縣按、說文｜部、上下通也。古本切。與此異。此｜直為甲字之｜。衺為乙字之乀。同為出也。乙乙未展也。律曆志曰。奮軋而出。小徐此解殊勝。因乙在陰气尚彊之時。奮軋而出。七則在孟秋之月。陽气未衰。微陰从陽中衺出爾。是七與乙。在陰陽正相反。如左傳宣十五年。故文反正為乏之意同。呂氏春秋孟夏仲夏季夏三紀。禮記月令皆曰其數七。夏為盛陽之時。以微陰之七為數。義膚。南齊書天文志。引蔡邕月令章句云。南方有火二土五。故數七。說更武斷。以數推之。皆非也。洛書以七代兑。說亦未諦。七為不可分之數。說詳下十八章。

八。說文。別也。象分別相背之形。 按白虎通婚嫁。七歲之陽也。八歲之陰也。又曰陽數七陰數八。大戴禮本命篇。八者維剛也。盧辯注云。八為方維。八卦之數也。盧注方維。謂四方四維。又剛當作綱。洛書以八代艮。

九。説文。陽之變也。象其屈曲究盡之形。　按，楚辭宋玉九辯序云。九者陽之數。道之綱紀也。素問三部九候論。靑於九。王砅注。九南方也。是九為南方。可无疑也。管子幼官篇。用九數。注。九亦金之成數。其説非。南齊志天文志。引蔡邕月令章句云。西方有金四土五。故數九。説更武斷。九為離位。説卦傳云。離南方之卦也。與金不涉。似西漢自伏生始譌解。以九四之火二七之金互易。劉向父子。校讐先秦經傳諸子時。私心妄改。後人又未能訂正。致鑄成大錯。

十。説文。數之具也。一為東西。丨為南北。則四方具矣。　按。甲文十為丨。丁山數名古誼云。縱一為丨。丨之成。基于十進之通術。丁説是也。十字甲文未發見。丨為符號。如十一作丨一。十二作丨二之號。甲文合書如丨乂作十五。四方之數。係算術圓容方。即洛書東震西兌。南離北坎。按四方據（赤道立説）。即天三（震）天七（兌）天九（離）天一（坎）之數。是奇數。以圓擬議之。許書以十解之。據十亦居中宮言。不在八卦之內。以己代十。以己為陰土。以別戊之陽土。故己許氏解曰。中宮也。象萬物辟藏詘形（小徐本形下有之字）也。小徐繫傳云。萬物與陰陽之气。藏則歸土。徐僅解藏字。而不及辟字。疑有脫文。根據陰陽兩字。似辟指乾。藏指坤。辟闢古通。荀子議兵篇。楊倞注。闢為辟同。漢書注。辟讀曰闢。（文帝紀及溝洫志。凡二見。餘見諸傳。不枚舉。）古時以乾坤代陰陽。繫辭云。闢戶之謂乾。説卦傳云。坤以藏之。似辟藏與乾坤有關。

五與十同為土。而用不同。五之用在生成。十之用洛書無之。九宮加以己十。以合天地之數。即奇耦之數。莊子在宥篇云。

廣成子曰。今夫百昌。皆生於土。而反於土。

百昌釋文司馬云。猶百物也。藝文類聚九九御覽九一五。引尚書考靈曜云。

通天文者明。審地利者昌。明者天之時也。昌者地之才也。

釋昌較莊子釋文引司馬說為勝。因土生之者五。反之者十。說文。復也。又返為反之孳乳。廣雅釋詁二。返歸也。又釋言。歸返也。兩字互訓。伏生尚書大傳堯典云。名曰歸來。鄭玄注云。歸來言反其本也。所謂反。即以十減各數也。

五. 九宮之數

大戴禮盛德篇。二九四。七五三。六一八。盧辯注云。記用九室。為法龜文。故取此數。以明其制也。

盧說是也。其式即今之所謂洛書。茲列圖如下。

巽 4	離 9	坤 2
震 3	中 5	兌 7
艮 8	坎 1	乾 6

如圖。是洛書有五而无十。揚雄作太玄經本此。而未諳十字之用。故太玄經僅以卦氣來湊合九九八十一之數而已。反其本者。為十之致用。與五不同。如上圖乃是九宮之本。用十則與上圖之數全反。如下圖。以十減之。

巽 6	離 1	坤 8
震 7	中 10　中 5	兌 3
艮 2	坎 9	乾 4

十減離九為坎一
十減坎一為離九
（坎離易位）

十減震三為兌七
十減兌七為震三
（震兌易位）

十減坤二為艮八
十減艮八為坤二
（坤艮易位）

十減乾六為巽四
十減巽四為乾六
（乾巽易位）

十在算術中。係進一位。素問三部九候論注云天地之至數。始於一。終於九。漢書律曆志。九者究極中和。為萬物元也。雖言黃鐘律長九寸。因十為九宮之反數。即九乘九宮。其數根與反數相同。茲圖如下。

4×9＝36 巽4	9×9＝81 離9	坤2 2×9＝18
3×9＝27 震3	中5 5×9＝45	兌7 7×9＝63
8×9＝72 艮8	坎1 1×9＝9	乾6 6×9＝54

如圖九乘九宮之數。其根適得十減九宮之數。此漢書律曆志究極中和之理如此。以中為太極。和為无極。其說譌。中非五中而已。九宮之式取轉位。一二三四六七八九。皆可立極。故洪範以五入中為皇極。一二三四六七八九入中者為民極。其理在會於有極。歸於有極八字之中。子華

子言中和。亦據轉位言也。漢書律曆志三統之說。實不可據。惟其九為究極中和。此說為勝。漢書劉向傳。王者必通三統。孟康注曰。三統。天地人之始也。劉歆三統曆曰。

三統者。天施地化人事之紀也。十一月乾之初九。陽氣伏於地下。始著於一。萬物萌動。鍾（鍾鐘古通）於太陰。故黃鐘為天統。律長九寸。九者所以究極中和。為萬物元也。易曰。立天之道。曰陰與陽。六月坤之初六。陰氣受任於太陽。繼養化柔。萬物生長。楙之於未。令種剛強大。故林鐘為地統。律長六寸。六者所以含陽之施。楙之於六合之內。令剛柔有體也。立地之道。曰柔與剛。乾知大始。坤作成物。正月乾之九三。（宋祁改九三為九二。譌。）萬物棣通。族出於寅。人奉而成之。仁以養之。義以行之。令事物各得其理。寅。木也。為仁。其聲商也。為義。故太族（族今通作簇。）為人統。律長八寸。象八卦。宓戲氏之所以順天地。通神明。類萬物之情也。立人之道。曰仁與義。在天成象。在地成形。后以裁成天地之道。輔相天地之宜。以左右民。此三律之謂矣。是謂三統。其於三正也。黃鐘子為天正。林鐘未之衝。丑為地正。太族寅為人正。三正正始。是以地正適其始。紐於陽。東北丑位。易曰。東北喪朋。迺終有慶。答應之道也。

十二律。分六律六呂。以乾坤二卦之六爻爻為十二月立說。呂氏音律篇。淮南子天文訓相同。惟中節音則異。劉氏強以乾之用九為天統。坤之用六為地統。以洛書之艮。其數八八八六十四。八卦之八為人統。致後世俗儒創天開於子。地闢於丑。人生於寅之謬說。班氏未能盡刪。沈約宋書律志序。已正其謬云。

班氏所志。未能通律呂本源。徒訓角為觸。徵為祉。陽氣施種於黃鍾。如斯之屬。空煩其文而為辭費。又推九六。欲符劉歆三統之數。假托非類。以飾其說。皆孟堅之妄矣。

齊召南宮本考證云。此志附會三統。誠多穿鑿。然皆劉歆條奏本文。而班氏述之。非班氏欲符劉歆三統之數也。齊說允。宋書曆上又云。

至孝成之時。劉向總六曆。列是非。作五紀論。向子歆作三統曆。以說春秋。屬辭比事。雖盡精巧。非其實也。班固謂之密要。故漢曆志述之。

按劉氏三統曆。假易飾辭。矛盾百出。因據生成之理。未悉本原所致。錢塘律呂古誼。以歆篤守古制作。其說不足信。至三統術。為漢時曆數之一家。陳澧著有三統術詳說。釐正劉歆之譌。非沈約所謂假稱帝王。衹足以惑時人者比也。然其法已舊。且不及今時之密。天文家識其源流可也。

生成皆五與十之作用。惟五數用一加一減。此可謂生成也。十數用減。此所謂反也。數雖反。而生成亦反。故十數在減。數祇一至九。因十係進位。與九究極中和。這又不可不辨。近之治易。

如曹籀籀書外編正十上中下三編。以正西教十字架強合十字之義。杭辛齋學易筆談十字架說。皆膚說也。

先秦諸子言生成者至夥。而讀者不諳五與十之關係。及方圓之分別。致對生成之說。流入虛无。漢書律曆志。引劉歆三統曆及譜云。

故春為陽中。萬物以生。秋為陰中。萬物以成。

劉說雖據四時春分秋分立說。實與生成之理違。因生成由五十兩數而來。不拘於春生秋成。後漢人解春秋者。如賈逵服虔之說左氏。何休之說公羊。並承歆說。以陰中陽中為義。皆非要旨。劉熙釋名釋天。以春生。夏生長。秋時成。冬終成。均於四時。其說亦膚。考說文。生進也。象艸木生出土上。徐鍇曰。土者吐出萬物……故生從屮土。成。說文从戊丁聲。徐鍇曰。戊中宮成於中也。丁。成也。白虎通。五行。丁者強也。是生成即由而生而成。故說文。土。地之吐生萬物也。二象地之下。地之中。丨物出之形也。在數以五與十出之。五數係生成。十係反數。然仍合一六。合四九。合三八。合二七生成之數。惟與五之生成相反。因五之生成。即十之反數。又與五之生成合十。繫辭所謂五位相得而各有合。即指此。五位相得。而各有合二句。重在位與相得。及各與有合也。惠棟易漢學引虞仲翔易云：

(上畧)仲翔曰五位謂五行之位。祖縣按虞說譌五位言天數五即天一天三天五天七天九之五位地數五即地二地四地六地八地十之五位非五行也。甲乾乙坤。相得合木。謂天地定位也。丙艮丁兑。相得合火。山澤通氣也。戊坎己離相得合土。水火相逮也。原注水火相通合土參同契所謂三物一家都歸戊己也。祖縣按說見參同契下編實言洛書之位坎北離南中央戊己。虞說迂。庚震辛巽。相得合金。雷風相薄也。天壬地癸。相得合水。原注虞注說卦水火不相射云謂坎射厭也。水火相逮。坎戊離己月三十日一會於壬故不相射。虞又注繫辭四生八卦云乾坤生春艮兑生夏震巽生秋坎離生冬。皆是義也。祖縣按虞翻字仲治孟氏易至翻以魏伯陽參同契納甲解之。不知魏言納甲言月與潮汐之關係。參同契上云坎戊月精離己日光日月為易剛柔相當土旺四季羅絡始終青赤黑白各居一方言九宮之立成。魏氏已明知月无光借日之光以為光。惜未能明白寫出致後人譌解。而釋文引虞翻日月為易以解易字實譌之至也。言陰陽相薄而戰於乾。故五位相得而各有合。祖縣按虞翻此釋在不能分析位與相得各與有合之故並不能分易與九宮之別

乙　丁　己　辛　癸

三木　二火　五土　四金　一水

甲　丙　戊　庚　壬

五位相得

而各有合

祖縣按此圖譌不當引。

右圖見宋本參同契。當是仲翔所作。祖縣按此圖譌疑後人襲漢書五行志諸書僞造。與前說合。祖縣按前說指虞翻魏伯陽徐景休淳于叔通說具在與虞翻異。月令所謂孟春之月。其日甲乙。孟夏之月。其日丙丁是也。祖縣按管子四時篇所謂行令之日。月令又云。孟春其數八。孟夏其數七。祖縣按其數七古人以二為火譌解洪範二曰火。蓋以土數乘水火金木而成。即劉歆大衍之數也。原注皇侃禮記義疏以為金木水火得土而成以水數一得土數五故六也火數二得土數五為成數七木數三得土數五為成數八又金數四得土數五為成數九參同契謂土旺四季羅絡始終青赤黑白各居

一方。皆稟中宮戊己之功。皆是物也。祖緜按。後人譌讀二曰火四曰金。洪範二火四金是言次第。不是言數。自呂氏春秋十二紀已譌。朱子發作易圖及叢說。據仲翔甲乾乙坤。相得合木之注。以為甲一乙二。丙三丁四。戊五己六。庚七辛八。壬九癸十。乾納甲壬配一九。坤合乙癸配二十。殊不知納甲之法。甲與乙合。生成之數。一與六合。兩說判然。朱氏合而一之。漢學由是晦矣。

惠棟此說。拘於虞翻納甲之說。注引皇侃禮疏。在皇侃之前。已有劉歆（在漢書五行志）鄭玄（在禮記月令疏）兩說。惠氏不引劉鄭之說。而取皇侃。然三說皆譌讀洪範二曰火四曰金所致。總之。生成之說。在周易其用尚不廣。至九宮。重在遊息之法。全憑此流轉。今述生成與五行之關係。明生成之用。以正漢人火二金四之謬。

六、洪範釋義

茲先申洪範之義。洪範初一曰五行。至威用六極六十五字。漢書五行志。以為皆洛書之本文。洪範曰。

初一曰五行。五行一曰水。二曰火。三曰木。四曰金。五曰土。

洪範所謂一二三四五。是言次第。不是言數。自漢以來。言易及言術數之學。皆譌以二七為火。四九為金。實與生成之理。糾繆難通。漢書五行志。以此為武王問洛書於箕子。又曰。箕子對。禹得洛書之意也。今尚書僅言九疇。未及洛書。是傳本之不同。九疇即洛書。流轉之法。是洛書為本。九疇為用爾。史記宋微子世家作九等。莊子天運篇作九洛。名異而實同。至董仲舒非車乃借洪範推陰陽數禍福矣。所謂生成。天數圜。圜為奇。生為奇數。即為天一天三天五天七天九。相加為二十五。即是繫辭所謂天數二十有五。地數方。方為耦。成為耦數。即為地二地四地六地八地十。相加為三十。即是繫辭所謂地數三十。後之言生成者。不能依扌、說卦傳參天兩地而倚數之理。以解生成。致以生數為成數。成數為生數。其誤始於洪範偽孔傳。一曰水。二曰火。三曰木。四曰金。五曰土云。

皆其生數。

孔安國亦不知一二三四五是言次第。不是言生成。至五雖天數。為生數成數之流轉。與繫辭所謂引而伸(伸一本作信)之。觸類而長之也。清代治漢學。遂據孔安國注。致未能闡明。在左傳昭九年。

鄭裨竈曰。……火。水妃也。……妃以五成。

是生成之數由五而來。則五非固定之生數可證。杜預注云。

妃合也。五行各有妃合。得五而成。……

杜注與繫辭五位相得而各有合義同。又左傳昭十七年、梓慎曰。

水、火之牡也。其以丙子若壬午作乎。水火所以合也。

杜預注曰。

丙午火。壬子水。水火合而相薄。

杜注取丙午壬子相薄立說。此取干支。在說文亦有干支立說者。如戊、解云。五行土生於戊。盛於戊。盛當為成。寫者所誤。

七. 論生成與五行之關係

明生成與五行之關係。當先釋字詁。錢大昕十駕齋養新錄云。

古人着書舉一可以反三。故文簡而義无不該。姑即許氏說文言之。木東方之行金西方之行火南方之行水北方之行則土為中央之行可知也（祖縣按上言五行）鹹北方味也而酸苦辛甘皆不言方（祖縣按此言五味）羽水音也而宮商角徵皆不言音（祖縣按此言五音）青東方色也赤南方色也白西方色也而黑不言北方（祖縣按此言五色）黃地之色也而玄不言天之色（祖縣按此釋坤上六其血玄黃）鐘秋分之音鼓春分之音而不言二至（祖縣按此言八音。八音出洛書與五行有關）笙正月之音。管十二月之音。而不言餘月。

祖緜按，此言六律六呂。龍、鱗蟲之長。而毛羽介蟲之長不言。祖緜按，以上言五禽，皆舉一二以見例。非有遺漏也。五藏配五行。古文說與博士說各異。唯腎為水藏則同。五經異義言之詳矣。其撰說文解字云。心，土藏，以博士說以為火藏。而脾土藏。肝木藏。肺金藏。則但用博士說。不言古文異同。祖緜按呂氏春秋十二紀，言四時之祭，用五藏之上下之次也。不言五藏。蕭吉五行大義引文又異。亦舉一反三之例。

錢氏言簡而明。引說文尚有遺漏。言十干，甲位東方。丙位南方。戊中宮也。己中宮也。庚位西方。壬位北方。不言乙東方、丁南方、辛西方、癸北方四干。言五臭。羴呂氏春秋十二紀月令皆作羶，羶，羴之重文。羊臭也。胜，呂氏春秋十二紀月令皆作腥，胜與腥異義。犬膏臭也。不言焦香朽，述字為朽。言五穀。麥秋種。稷以大暑種。不言菽麻黍。言四時。冬四時盡也。不言春夏秋。言四方。南、草木至南方有枝任也。西、鳥在巢上。象形。日在西方而鳥棲。故因以為東西也。不言東北。皆舉一反三之例。因皆與九宮有關。故畧述之。欲知其詳。當參考白虎通。惟其書皆博士說。當有取舍也。至於五行原始之義。已見上述尚書大傳。在書洪範。鄭玄注云。五者。言順天氣。疏云。五行即五材也。實與尚書大傳同。在釋名釋天。五行者。五氣也。於其方各各施行也。由鄭玄說演繹而來。五材見左傳襄二十七年。天生五材，民並用之。廢一不可。因古時物質殊少。特舉五取成數爾。茲列圖如下，

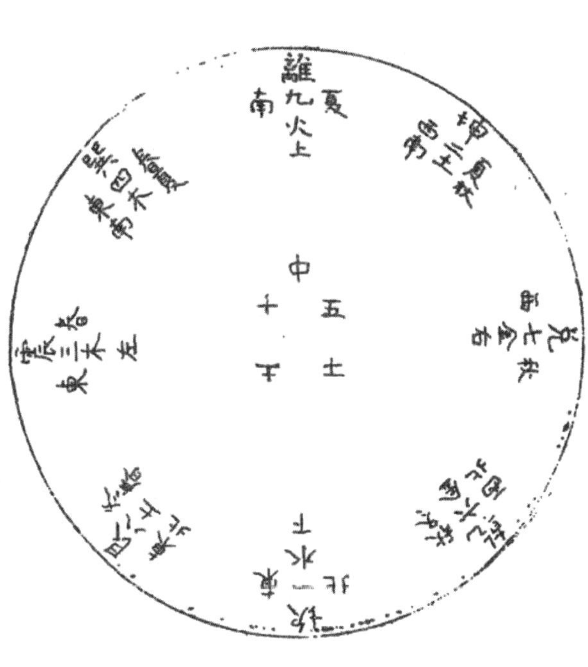

如圖。火在上。水在下。即書洪範所謂水曰潤下。火曰炎上是也。四方四時五行。乃古時仰觀天象。以定歲時有關。載在史記律書歷書天官書三篇。今律書亡佚。褚少孫所補。亦可推其大略。後人說五行。實由四方四時而來。是俯察命之曰四。仰觀命之曰四時。皆由北斗而來立說。史記歷書漢劉徹詔御史曰。

蓋聞昔者黃帝合而不死。（祖縣按。應劭孟康釋此句皆謂合。即五位相得而各有合之合。不死即生成。）名察。度驗。定清濁。起五部。（祖縣按。應劭孟康以五部為五行。）建氣物分數。（祖縣按。孟康曰。氣。二十四氣。物。萬物也。分。歷數之分為五行也。）

此詔語尚未言五行之由來。天官書云。

斗為帝車。運於中央。臨制四鄉。分陰陽。建四時。均五行。移節度。定諸紀。皆繫於斗。

天官書言斗之作用。尚未詳備。鶡冠子環流篇云。

斗柄東指。天下皆春。斗柄南指。天下皆夏。斗柄西指。天下皆秋。斗柄北指。天下皆冬。

斗柄運於上。事立於下。斗柄指一方。四塞俱（或作皆）成。此道之用法也。

鶡冠子此篇亦據生成立說。惟對於生成與五行之關係。尚未能詳。斗者。北斗七星也。一日一移度。斗柄之所指。每日移一度。一年三百六十五日又四分之一日。等於北斗移動之數。周天一週。以昏見之方向分配四時。春所指為東。夏所指為南。秋所指為西。冬所指為北。古人以四時配四方者。即基於此。更進而論之。十二辰二十四時。亦由此而來。吾國言五行者。皆云東方木也。於時為春。南方火也。於時為夏。等語。史記天官書所云。已較劉徹詔語為詳。其上文云。

用昏建者杓。杓自華以西南。夜半建者衡。衡殷中州河濟之間。平旦建者魁。魁海岱以東北也。

杓衡魁皆北斗七星之三。昏建夜半平旦建三者。言對北斗之行度。司馬遷言地域。據中國所屬地區而言。天官書所說星座。雖據赤道星象。分為二十八宿。以定四方之位。惟對於氣候寒溫。則根據赤道。今日南方。即指赤道。以北而言。或言五行。即唐都言星。此說非也。

天官書引書堯典。北斗七星。所謂在旋璣玉衡以齊七政也。七政即日月五星。王朔云。

察日月之行。以揆歲星順逆。祖縣按，歲星即木星。曰東方木。主春。日甲乙。

察剛氣。以處熒惑。祖縣按，熒惑即火星。曰南方火。主夏。日丙丁。

曆斗之會。以定填星之位。祖縣按，填星即土星。曰中央土。主季夏。日戊己。

察日行。以處位太白。曰西方。秋……日庚辛。

察日辰之會。以治辰星之位。祖縣按，辰星即水星。曰北方水。……主冬。日壬癸。

天官書木火金土水五星。以五行釋之。上言南宮。衡大微。三光之廷。司馬貞索隱引宋均曰。三光。日月星也。近人朱文鑫天官書恒星圖考云。

三光者。日月五星也。日之視行。恒在黃道。月與五星。若皆循黃道而行。其軌與黃道斜交。據近測月道入黃道南北五度八分四十秒。水星七度零八秒。金星三度二十三分三十五秒。火星一度五十一分二秒。木星一度十八分四十秒。土星二度三十分。太微垣南接黃道。爲日月五星必經之路。故曰三光之廷。

朱氏解三光之廷。是也。至王朔以五星與五行有關。素問金匱真言論。其說相同。岐伯曰。東方青色。……其應四時。上爲歲星。……南方赤色。……其應四時。上爲熒惑星。……中央黃色。

……其應四時。上為鎮星。……西方白色。……其應四時。上為太白星。太白即金星。……北方黑色。……其應四時。上為辰星。其言氣與王朔同。漢書律曆志曰。五星之合五行。水合於辰星。火合於熒惑。金合於太白。木合於歲星。土合於填星。三辰五星而相經緯也。三說相同。

八、論土之來歷證明參兩之義

五行出於生成。在於數。數即五之加減。反則為十之減。五行之土。土之來歷。究竟從何而來。乃出於土圭。周禮大司徒之職曰。

以天下土地之圖。周知九州之地。

是在天五宮二十八宿之星辰。已據赤道南北。凡目能所見者。皆列入之。至地則土圭為標準。故又曰。

以土圭之灋測土深。鄭司農曰。測土深。謂東西南北之深也。祖緜按深有探意。說文探遠取之也。正日景以求地中。日南則景短。多暑。日北則景長。多寒。日東則景夕。多風。日西則景朝。多陰。日至之景。尺有五寸謂之地中。

置土圭之處。周以前失考。至周姬旦築測景臺於陽城。鄭司農注此。今穎川陽城地為然。是漢承周制也。又司馬政官土方氏云。

掌土圭之法。以致日景。

以兩說證之。乃五行之土。以測景臺為基點。南暑北寒。由測景臺基點而定。不以赤道。故氣之寒暑。以其基點而定。五行與四時四方。其不同之點。四時四方不兼中央。而五行則兼中央。中央周官謂之地中。又重言以申明之曰。

地中。天地之所合也。四時之所交也。風雨之所會也。陰陽之所和也。然則百物阜安。乃建王國焉。制其畿內千里而封樹之。

蓋當時立測景臺。取其地物產豐饒。四方各千里。為四通八達之區。以建國都。四時本指天時。四方本指地理。故不用國都而用人事。而土則切於人事。人事者何。萬事是也。因生萬物成萬物。皆土之功用。故說文土。地之吐生萬物者也。許氏此解。分別地與土之別。地之瘠磽。對人類之生存未能發展。有土方能種植。禮記大學亦有土此有財。因地載萬物。禮記郊特牲文。財即萬物。上古之世由土圭而發生四方四時。又由四方四時產生五行。在石器時代之後。而生青銅時代之際。遂以五種簡單之物質。有益百姓日用所需。百姓日用見繫辭。定名五行。至後世治天官者。孳乳為五星。治醫者推衍為五藏五氣五味。儒家又益以五常。名目遂多。至伏生董仲舒眭弘夏侯勝京房劉向父子谷永李尋之徒。又以五行數禍福。說更支蔓矣。

五行出於生成。在於數。數即五之加減。反之為十之減。以生成解五行，是以數立說。周髀算經云。

數之法。出於圓方。圓出於方。方出於矩。矩出於九九八十一。

易以八立率。為八八六十四卦。九宮以九立率。為九九八十一卦。較周易多十六卦。內有五五者。非卦名。在楊雄太玄經玄圖五與五相守。是洪範之皇極。與繫辭地十之說、不能相合相得。是楊雄拘於一隅。尚未能貫徹全體。九九八十一之數。乃方圓。方為耦。圓為奇。奇為參天耦為兩地。參與兩。實係數根。周髀算經云。

方為圓者。謂之圓方。圓中為方者。謂之方圓也。

又列二圖如下。

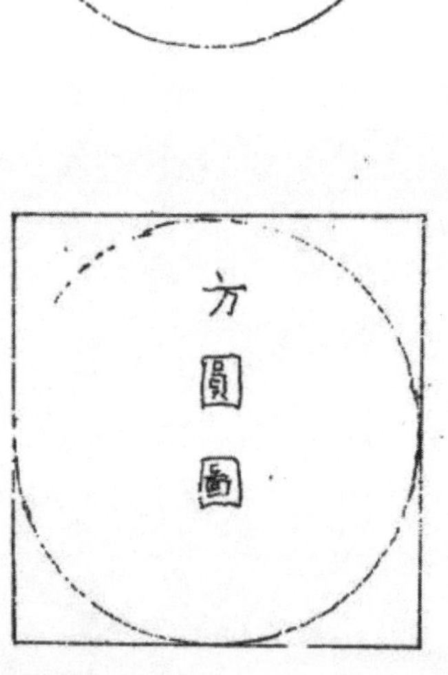

茲先言生。求生以圓圖為法。即說卦傳謂之參天。今列圖如下。

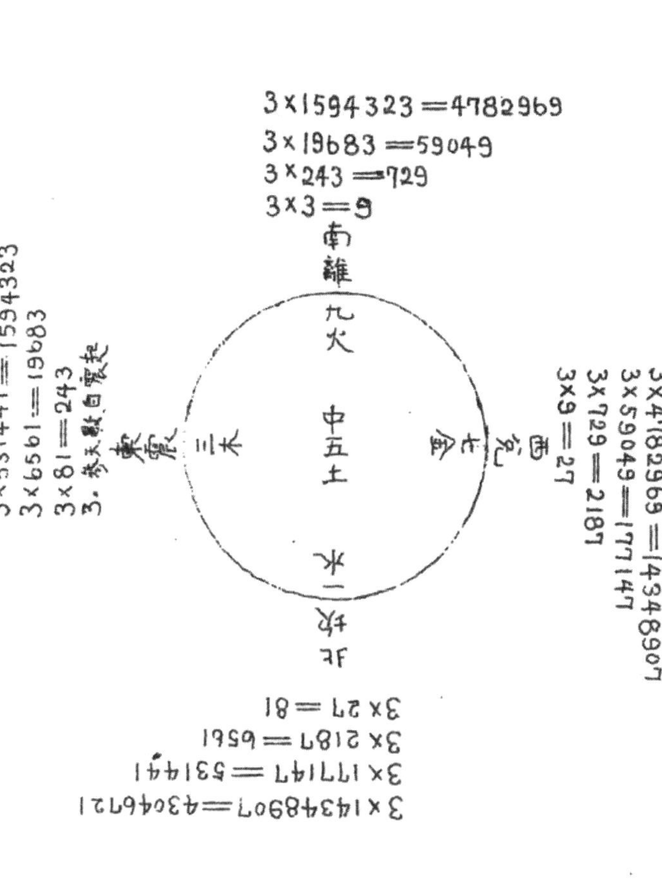

上圖以參天立說。參義見通間書武順解。不以天一而用參天。說卦傳參天而倚數。虞翻注。參三也。故以震三為倚數。其實天一倚數亦同。將三而參之為九。即為離九。將九而參之為二十七。去二

十不用即為兌七。將二十七而參之為八十一。去八十不用即為坎一。將八十一而參之為二百四十三。去二百四十不用即為震三。以此類推。至无窮數。其根為三九七一。故史記律書云參言萬物可參也。義允。凡奇數以順倚數。乾鑿度云。

易一變而為七。七變而為九。九者。氣變之究也。乃復變一。一者形變之始。祖緜按。列子天瑞篇。始下有也字。

此用逆。似與理悖。似原文七變而為九下脫九變而為三句。乾鑿度上文言氣形質具四者。茲僅言氣形。似奪某者質變之某也某者具變之某也二句。列子天瑞篇。作九變者究也。俞樾曰。變字衍文。本作九者究也。因涉上文一變而七。而誤為九變。詞贅矣。孫詒讓曰此章與易緯乾鑿度文同。九變者究也。緯作九者氣變之究也。與下一者形變之始也。文正相對。此書當亦與彼同。孫說是也。列子奪氣之兩字。淺人摭集。遂改為九變者。宜從孫說校正。俞說无當。孫氏對於七字。尚未據質字研究及之。至具字或以具包括氣形質三者而言。但據禮記祭統官備則具備。具字可獨立。爾雅釋地。吳越之間有具區。郉疏。具區古文以震澤。則亦有震義。以上言參天倚數之大畧。

次言成。求成以方圖為法。即說卦傳謂之兩地。注兩耦也。係雙數。鄭玄周禮司徒媒氏注。亦言兩者。欲得其配合之名。是兩係成數。非生數可證。而漢人解生成者。謂地二生火於南。地四生金於西。不獨方位顛倒。而生成亦錯誤。茲列圖如下。

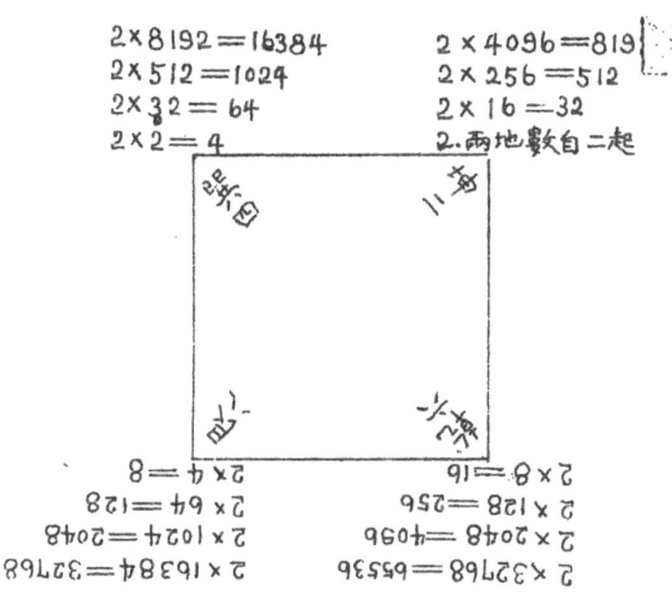

如上圖即兩地之數。地指偶數。始於二。二者偶數之母也。故以坤二為倚數。說卦以兩地而倚數。注、兩耦也。偶耦義同。上參天倚數用順。兩地倚數用逆。將二而兩之為四。即為巽四。將四而兩之為八。即為艮八。將八而兩之為十六。去十不用。即為乾六。將十六而兩之為三十二。去三十不用。即為坤二。以此類推。至无窮數。其根為二四八六。由奇耦二圖推之。乃知生成之理。不能相混。因其根各不相同也。

兹言生成。前言生成由五數之加減。兹復列圓方方圓二圖。以明生成之例，兹列圓方圖如下。

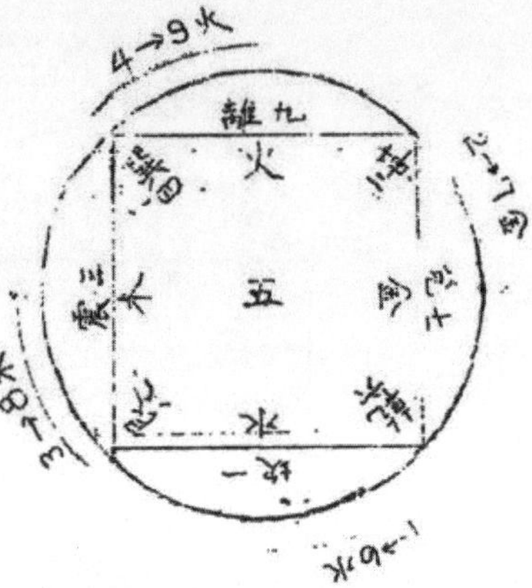

五數加減

坎一 乾六 — 水 — 乾六 坎一

震三 艮八 — 木 — 艮八 震三

坎乾震艮四卦為陽卦。以生數起。得一六與三八。

巽四 離九 — 火 — 離九 巽四

坤二 兌七 — 金 — 兌七 坤二

巽離坤兌四卦為陰卦。以成數起。得二七與四九。

生成之理。當以周髀算經圓方方圓二圖解之即得其率。方圓圖例同圓方圖。不贅。

凡奇數為生。耦數為成。奇為天數。耦為地數。以上圓方二圖數根證之。可信。

九. 辨二七為火四九為金之論

至於一六生成為水。三八生成為木。四九生成為火。二七生成為金。五十生成為土。後人謬解者有三事。今正之如下。

一、誤讀洪範一曰水。二曰火。三曰木。四曰金。五曰土。遂以一二三四五為數。致誤二七為火。四九為金。與參天兩地之例全違。

二、漢人說火七金九。不獨數目不合。而方位亦顛倒。如地二生火。地四生金。地二地四係成數。不是生數。與北堂書鈔引洪範五行傳。地者成萬物也。義全悖。

三、火七金九。先秦諸子。如管子牧民篇。墨子迎敵篇。呂氏春秋十二紀。及素問諸篇等皆以火七金九立說。想係古時誤解洪範之說所致。

火七金九之說。在劉向以前者。有歐陽大小夏侯三家。習伏生尚書。作大傳。其說為最早。盧見曾所刊尚書大傳。載盧文弨續補遺。引御覽云。

天一生水。地二生火。天三生木。地四生金。前四疇乃王極（今本洪範作皇極）之體所以建。故配其生數。地六成水。天七成火。地八成木。天九成金。後四疇乃王極之用所以行。故配其成數。天五生土。以王極一二三四。皆由五數而成六七八九。是水火木金。皆賴平而成。此王極所以為八疇之要樞也。

此言生成謂。病在未能分奇耦之數。漢以後解洪範者。據此而解。漢書律曆志引劉歆作三統曆云。

天以一生水。地以二生火。天以三生木。地以四生金。天以五生土。

劉歆說生。地二生火。地四生金亦襲歐陽大小夏侯三家而謂。又同書五行志釋左傳昭九年。妃以五成。及水。火之牡也云。

天以一生水。地以二生火。天以三生木。地以四生金。天以五生土。五位皆以五而合。而陰陽易位。故曰妃以五成。然則水之大數六。火七、木八、金九、土十。故水以天一為火二牡。木以天三為土十牡。土以天五為水六牡。火以天七為金四牡。金以天九為木八牡。陽奇為牡。陰耦為妃。故曰水。火之牡也。火水妃也。於易坎為水。為中男。離為火。為中女。蓋取諸此也。

妃以五成及水火之牡也。乃春秋時代治五行者之術語。其理未詳述。漢人謂讀洪範二曰火。四曰金。二四是次第。不是數。以數解此。致固結不解。如以水以天一為火二牡。至火水妃也六十言未免支離。生成之牡妃。係五之加減。反之則用十。如水之一六。離之二七。則其數不符五十。若以坎水之一六。離火之四九。以陽奇陰耦互相牡妃。如下（一 九 六 四）一九相加為十。六四相加亦為十。又以震木之三八。兌金之二七。亦以陽奇陰耦互相牡妃。如下（三 七 八 二）三七相加為十。八二相加亦為十。而數與方位。方合於例。禮記月令疏。引鄭玄注易繫辭云。

天一生水於北。地二生火於南。天三生木於東。地四生金於西。天五生土於中。陽无耦。陰无配。未得相成。地六成水於北。與天一并。天七成火於南。與地二并。地八成木於東。與天三并。天九成金於西。與地四并。地十成土於中。與天五并也。

鄭氏此注。亦譌讀洪範以二為火四為金。又譌以地二地四為生數。左傳疏昭九年又引鄭氏易繫辭注云。

天地之數各有五。五行之次。一曰水。天數也。二曰火。地數也。三曰木。天數也。四曰金。地數也。五曰土。天數也。此五者。陰无匹。陽无耦。故又合地六為天一匹也。天七為地二耦也。地八為天三匹也。天九為地四耦也。地十為天五匹也。二五陰陽各有合。然後氣相得。施化行也。

鄭氏此注。仍譌洪範二曰火。四曰金。以二四為數。二五陰陽各有合句。有語病。置地十而不顧。中揚雄太玄經玄圖五與五相守之毒。匹即上文之配。又作妃。鄭氏之學。師出多門。兩注各承師法言也。

與鄭氏同時。高誘注呂氏春秋。

孟春紀。其數八。注云。五行數五。木第三。故曰八。

孟夏紀。其數七。注云。其數成功五。火第二。故曰七。

季夏紀。中央土。……其數五。注云其數五五行之數土第五也。

孟秋紀。其數九。注云其數九。五行數五金第四。故曰九。

孟冬紀。其數六，注云。其數六。五行數五。水第一。故曰六也。

高誘注。能知洪範言五行之次第。惜不能分析次第與數之別。誘注淮南子時則訓對其數某。皆不著一字。上海涵芬樓景印劉泖生名履芬影寫北宋本。弁首為高誘敘。署名為大尉祭酒臣許慎記上。注其數某。全襲高誘呂氏春秋注。惟孟夏紀其數七。高云。其數七。景宋本作生數五。兩說似皆譌。成功二字費解。生數五。係土數五之譌。惟許慎說文解字言一二三四等數字。義皆全違。似非許慎所作。可證後之俗子。勦襲高誘之說。勦襲成篇。

生成當從五之加減。以陽卦為一類。即坎一乾六。震三艮八。陰卦亦為一類。即離九巽四。兌七坤二。至地十減各卦之數。即得相反之數。如十減坎一即為離九。十減離九即為坎一。皆取對宮。不贅。

二七為火。四九為金。以數算之，可證其譌。折中附論。因泥於舊說。仍不能明辯其是非。

古人懷疑及此者。首見於素問五常政大論。以三氣之紀立論。三者太過之氣。不言數。故不引。其言曰。

黃帝問曰。……願聞平氣。……岐伯對曰。……木曰敷和。火曰升明。土曰備化。金曰審平。水曰靜順。帝曰其不及奈何。岐伯曰木曰委和。火曰伏明。土曰卑監。金曰從革。水曰涸流。……岐伯又曰敷和之紀。……其數八。升明之紀。……其數七。備化之紀。……其數五。審平之紀。……其數九。靜順之紀。……其數六。

上以二七為火。四九為金。其數與金匱真言論同。下言不及之氣紀云。

委和之紀。是謂勝生。……青于三。……伏明之紀。是謂勝長。……青于九。……卑監之紀。是謂減化。……其青四維。……從革之紀。是謂折收。……青于七。……涸流之紀。是謂反陽。……青于一。

此言數。方與生成之說合。蓋欲彌縫前說之非。不敢公然破之。至其青四維句。亦有語病。四維即成數。青字書无。王冰五運行大論注。作災青。字當為眚。又禮記月令孔穎達疏云。

案尚書洪範云一曰水。二曰火。三曰木。四曰金。五曰土。故其次如是。

孔穎達等撰正義。已知一二三四五是次第。而下文又以二七為火。四九為金等說作疏。何耶。又宋司馬光作潛虛。實本荀子天論。心居中虛以治五官之說。其後蔡沈作洪範數大畧。倣潛虛而作虛。其言曰。

虛之為陰陽者二。範之為陰陽者六。範之五行。一六為水。二七為金。三八為木。四九為火。中五為土虛之五行。一六為水。二七為火。三八為木。四九為金。五十為土。一本九宮。一本生成。
雖異而實同也。

蔡氏已知後說之非。別創游移兩可之說。更不知九宮之立成。由于生成。使是非不辯矣。

十、論遊息之法

太一遊息之說。見乾鑿度鄭玄注。乾鑿度曰。
故太一取其數以行九宮。四正月（祖縣按、王詠霓校云、月、撰叙謙牧堂抄本作四、是也。）維皆合於十五。

鄭玄注云。
太一者。北辰之神名也。居其所曰太一。常行於八卦日辰之間曰天一。或曰太一。出入所遊息於紫宮之內外。其星因以為名焉。故星經曰天一太一。主氣之神。行猶待也。四正四維。以八卦神所居故亦名之曰宮。……太一下行八卦之宮。每四乃還於中央。中央者。北神（祖縣按、神為辰之譌、）故因（祖縣按、後漢張衡傳注引无囙字、）謂之九宮。天數大分。以陽出。以陰入。陽起於子。陰起於午。是以太一下九宮。從坎宮（祖縣按、王校抄本无宮字、）始。坎中男始。亦言無適（祖縣按、王校云、適抄本作偏、）也。自此而從於坤宮。坤母也。又自此而從震宮。震長男也。又自此而從巽宮。巽長女也。所行者半矣。（祖縣按、後漢書張衛傳注、作所以行半矣、王校云、抄本無者字、）還息於中央之宮。既又自此而從乾宮。乾父也。又祖緜按又從抄本補自此而從兌宮。兌少女也。又自此從於艮宮。祖緜按、王按云抄本從於作而從、下離宮同。艮少男也。又自此從於離宮。離中女也。行則周矣。上遊息太一天一之宮。而反於紫宮。祖緜按、張衡傳引作上遊息太一之星、而反紫宮、又按沈濤十經齋文集史記太初元年歲名辯肥改離宮非、紫宮天官書在中宮。行從坎宮始。終於離宮。數自太一行之坎為名耳。祖緜按坎數一。

此言九宮之遊息據中五而定。而一二三四六七八九之數。入中宮轉位之式。可依鄭玄注次第推之。每四乃還於中央句。是每四據兩項四個卦位而言。第一項從坎一至坤二。又從坤二至震三。又從震三至巽四。其次為一二三四。至四乃還於中央五。第二項又自中央五至乾六。從乾六至兌七。又從兌七至艮八。又從艮八至離九。其次為六七八九。所謂行從坎宮始。終於離宮。是也。至生成之數。即在一二三四與六七八九聯繫之中。有人說每四之四字。以為坎一至坤二相隔四位。坤二至震三又相隔四位。兌七至艮八相隔四位。艮八至離九相隔四位。此說與鄭注全悖。至一二三四入中。其生成在坎與中宮聯繫。六七八九入中。其生成在離與中宮聯繫。說在下各圖。不贅。

十一 太玄經探原

自春秋以來。對於九宮生成之數。多係講說。以致九宮之大用。如律、如曆、如度量等古時立率之源。皆在若明若昧中。沈約之詰劉向父子，是曙光也。揚雄作太玄經。劉歆桓譚稱之。後人以為九宮。其實由卦氣而來，並非九宮。

卦氣始見於稽覽圖。漢時治曆者皆宗之。揚雄作太玄。以準太初曆。

卦氣六十卦（每卦直六日七分）	太玄八十一家（每家直四日有半）
1. 中孚	中
2. 復	周
3. 屯（內卦主冬至 外卦主小寒）	礥 閑
4. 謙	少
5 睽	戾
6. 升	上（太玄升增一家） 干
7. 臨	狩
8. 小過（內卦主大寒 外卦主立春）	羨
9. 蒙	差 童
10. 益	增
11. 漸	銳
12. 泰	達 交（太玄泰增一家）
13. 需（內卦主雨水 外卦主驚蟄）	耎 傒
14. 隨	從
15. 晉	進
16. 解	釋
17. 大壯	格
18. 豫（內卦主春分 外卦主清明）	夷 樂
19. 訟	爭

卦	註	太玄	註
20. 蠱		務	
		事	太玄蠱增一家
21. 革		更	
22. 夬		斷	
		毅	太玄夬增一家
23. 旅	內卦主穀雨 外卦主立夏	裝	太玄旅減一家
24. 師		衆	
25. 比		密	
		親	太玄比增一家
26. 小畜		斂	
27. 乾		彊	
		睟	太玄乾增一家
28. 大有	內卦主小滿 外卦主芒種	盛	太玄大有減一家
29. 家人		居	

卦	註	太玄	註
30. 井		法	
31. 咸		應	
		迎	太玄咸增一家
32. 姤		遇	
33. 鼎	內卦主夏至 外卦主小暑	竈	太玄鼎減一家
34. 豐		大	
		廓	太玄豐增一家
35. 渙		文	
36. 履		禮	
37. 遯		逃	
		唐	太玄遯增一家
38. 恒	內卦主大暑 外卦主立秋	常	太玄恒減一家
39. 節		度	
		永	太玄節增一家

卦	太玄	註
40. 同人	昆	
41. 損	減、唫	
42. 否	守	太玄否增一家
43. 巽 內卦主處暑 外卦主白露	翕	太玄巽減一家
44. 萃	聚	
45. 大畜	聚	
46. 賁	飾	
47. 觀	疑、視	太玄觀增一家
48. 歸妹 內卦主秋分 外卦主寒露	沈、內	
49. 无妄	去	
50. 明夷	晦、瞢	太玄明夷增一家
51. 困	窮	
52. 剝	割	
53. 艮 內卦主霜降 外卦主立冬	止、堅	
54. 既濟	成	
55. 噬嗑	闕	
56. 大過	失、劇	太玄大過增一家
57. 坤	馴	
58. 未濟 內卦主小雪 外卦主大雪	將	太玄未濟減一家
59. 蹇	難、勤	太玄蹇增一家
60. 頤	養	

太玄經本卦氣七十二候。強以一家四日有半。湊合一年三百六十四日有奇之數。不知卦氣之排列由於貞辰之進退。是有緒可尋。而太玄湊合卦氣。變七十二候為八十一家。以二十八宿纏宿立說。不知歲差之理。殊失其本。无怪羅孔當範疇圖數裁成。譏之。在方圓解云。

箕子因洛書而演疇。當世述之僅載尚書一篇。後无傳焉。祖縣按。逸周書箕子解。惜文全佚。不知與洪範有關否。若劉氏之演義。祖縣按。即劉向洪範五行傳。入于推測。揚氏之太玄。出於杜撰。（下畧）

羅氏譏太玄出於杜撰。不是的論。因太玄八十一家之次第。實勦襲卦氣。但未諳卦氣之原則。任意湊合。是其所短。又改易卦名。後世如衛元高元包關朗洞極司馬光潛虛蔡沈洪範皇極解。皆立新名為卦。使閱者模糊不定。始作俑者自揚氏始。

揚氏因卦氣湊合八十一家。襲乾鑿度九宮之說。又不敢提出九宮之名。在玄圖云。更名九營。而下文又云。九虛設闢。君子小人所以為宮也。在玄宮云下欽上欽。欽尔足欽合也。說文。欽會也。原注歆也。歆字書无。疑欽猶合也。出入九虛。小索大索周行九度等語。均指九宮而言。惜未能貫通。故立論多違。至其二歲亦以二七為火。四九為金之譌。

卦氣為治曆明時之用。其說本於稽覽圖。漢人六日七分之學。若後漢之劉洪乾象術。見後漢書律曆志。魏楊偉景初術。見魏志明帝本紀。後魏張祥龍正光術。李興業興和術。並見魏書律曆志。至唐一行大衍術。始改舊法。

新唐書曆志。引一行六卦議曰。

十二月卦。出於孟氏章句。其說易本於氣。祖緜按，卦即卦氣。而後以人事明之。京氏又以卦爻配期。坎離震兌。祖緜按，說文，朋會也。其用事自分至之首。祖緜按，分指春分秋分，至指冬至夏至。皆得八十分之七十三。頤晉井大畜。祖緜按，惠棟易漢學注云，四卦皆在分至之首。皆五日十四分。餘皆六日七分。自乾曆以降。皆因京氏。惟天保曆祖緜按，齊天保時所作曆。依易通統軌圖。祖緜按，易緯名書佚，後漢書律曆志太平御覽十四作易統圖，因緯書名不一律。自八十有二。祖緜按，二字譌，當作八十有一。節五卦。初爻相次用事。及上爻與中氣皆終。非京氏本旨。

推卦用事。當以一行之大衍術為主。其說詳見新唐書律曆志。卦氣之難。難於四十八卦排列之次第。能以貞辰之排列。即一目了然。至稽覽圖特標出公侯大夫卿封建諸名稱。以立五日一候。不足從也。貞辰之說，見黃元炳卦氣集解。總之卦氣與九宮異。一行大衍術。宋時因之。元時改授時曆。分卦直日。及七十二候諸術。早已廢置。惟治易者。對於自漢至唐曆數之淵源。不能不畧識大畧爾。若揚雄之太玄八十一家。強合九宮。殊失其本。而衛元嵩關朗司馬光三家之說。更失之野。此皆易外之易。得其一指。而遺全體。

十二．蔡沈範數圖訂正

蔡沈對於洪範，能自探索。惜迷於古訓，蹈揚氏諸家之轍。又改卦名，如一一曰原，為冬至。二二曰沖，為立春。（洛書，艮數八，蔡以二，即二八易位，故曰沖。）三三曰從，為春分。四四曰公，為立夏。五五立極曰中，為立夏。六六曰用，為立秋。七七曰分，為秋分。八八曰戎，為立冬。九九曰終，為冬至。一一與九九為數之終，與一一比連，是為冬至。蔡氏據易天一地二章，更易卦名，列衣洛書為二，又裂衣易之卦名為二，所易八十一名。又不若揚雄太玄，憑藉彖序卦之可據。又於地十之數，置而不顧。惟蔡沈對於洪範，承其父元定，殊深研究，撰範數圖。真德秀推重之至，以為範數與三聖之易同功。（見性理大全書）其說未免過諛。茲略論蔡氏之說如下。

一、蔡氏主二七為金，四九為火，定其生成之數，而變為九宮之數，因而為九九八十一名。以原沖從公中用分戎終九名，以叶二至二分四立。又以餘七十二名，以應七十二候，每名直四日有奇。仍襲卦氣太玄。又不敢廢置二七為火，四九為金之曲說，兩存其說，別創範之五行，虛之五行。此蔡氏之所短。

二、蔡氏以數代卦，如坎一離九，震三兌七，（以上奇數）坤二艮八，巽四乾六，（以上耦數）以簡單之數字代之，便人記憶。

三、八卦自乘為六十四，九宮自乘為八十一，多十七者，一為五五皇極，為範數之立極。二為一立極之一五。（五寄一為一一坎。）二立極之二五。（五寄二為二二坤。）三立極之三五。（五寄三為三三震。）四立極之四五。（五寄四為四四巽。）六立極之六五。（五寄六為六六乾。）七立極之四五。（五寄七為七七兌。）八立極之八五。（五寄八為八八艮。）九立極之九五。（五寄九為九九離。）即為立極之八卦。與六十四卦相加得七十二。又增一立極五九一、（五寄）既濟。九立極五一九、（五寄）未濟。三立極五七三、（五寄）歸妹。七立極五三七、（五寄）隨。（以上奇數皆相對。在下列各立極圖求之。下耦數四卦求法同。）二立極五八二、（五寄）謙。八立極五二八、（五寄）剝。四立極五六四、（五寄）小畜。六立極五四六、（五寄）姤。（以上耦數。）奇耦不同。凡奇數五在內卦。耦數五在外卦。蔡氏適相反。

四、九宮以洛書為本。當以洛書為內卦。遊息九宮之數。加於洛書之上。乃是外卦。蔡氏適相反。不可從。

五、蔡氏不舉地十。不知地之十十。乃八十一名之減數。將範數圖一一減之。即得相反之數。說卦傳所謂逆數也。太玄亦昧地十之例。

六、蔡氏洪範吉凶排法。分為二圖。一八數相對圖。（以坎一為吉。坤二為咎。震三為祥。巽四為吝。中五為平。乾六為悔。七兌為災。艮八為休。九離為凶。）又立繇辭。辭多不倫。只為易之左道。二八數周流圖。加中五作九數。惟一數與九數。尚有序可循。如一數順行。為

一	二	三	四	五	六	七	八	九
吉	咎	祥	吝	平	悔	災	休	凶

九數逆行。為

九	八	七	六	五	四	三	二	一
凶	休	災	悔	平	吝	祥	咎	吉

二數至八數。或隔四推排。或取對宮。皆失其次序。繫辭言吉凶悔吝。蔡氏增咎災祥休平五者。是改揚雄太玄玄數。咎（太玄同）災（太玄禍）祥（太玄福）休（太玄同）平（太玄中）五者。以九宮為占

筮。所見殊小。不知漢書律曆志。以五乘十為大衍之數。又五行志云。八卦九章。相為表裏。王充論衡正說篇云。禹之時得洛書。書從洛水中出。洪範九章也。可證洪範之九疇即九宮。與易皆用算數推演而來。由此推演為律為曆為度量。後人又增益政令（如時則月令等是。）官制等類。不知九宮算數。令人對於先秦諸子。祇能整理訓詁。而其理仍格格不入。史記曆書周室微……疇人子弟分散。故春秋戰國時代諸子之說。對於算術。各不相謀。秦漢以下。往往得其一支。以概全體。如太玄經之類。蔡氏持論亦然。

茲訂正蔡氏之說。使有理可循。先列八十一名。以合易卦名。

名	卦
一一原	坎
一二潛	比
一三守	屯
一四信	井
一五直	坎（五坎寄）
一六蒙	需

名	卦
一七閑	節
一八須	蹇
一九厲	既濟
二一成	師
二二冲	坤
二三振	復

名	卦
二四斫	升
二五常	坤（五坤寄）
二六柔	泰
二七易	臨
二八親	謙
二九華	明夷

三一見　解
三二獲　豫
三三從　震
三四交　恒
三五育　震（震寄五）
三六大（一作壯）　大壯
三七興（一作輿）　歸妹
三八欣　小過
三九舒　豐
四一比　渙
四二開　觀
四三晉　益
四四公　巽
四五益　巽（巽寄五）

四六章　小畜
四七盈　中孚
四八錫　漸
四九靡　家人
五一庶　未濟（離九寄五）
五二決　剝（艮八寄五）
五三隊　隨（兌七寄五）
五四升　姤（乾六寄五）
五五中　洪範皇極
五六伏　小畜（巽四寄五）
五七過　歸妹（震三寄五）
五八疑　謙（坤二寄五）
五九寡　既濟（坎一寄五）
六一飾　訟

六二戾　否
六三虛　无妄
六四昧　姤
六五損　乾（乾寄五）
六六用　乾
六七命　履
六八翕　遯
六九達（一作遠）　同人
七一遇　困
七二懼　萃
七三除　隨
七四弱　大過
七五疾　兌（兌寄五）
七六競　夬

數	卦	
七七分	兌	
七八訟	咸	
七九收	革	
八一實	蒙	
八二賓	剝	
八三危	頤	
八四堅	蠱	
八五革	艮	五艮寄
八六報	大畜	
八七止	損	
八八戎	艮	
八九結	賁	
九一養	未濟	
九二遇	晉	
九三勝	噬嗑	
九四囚	鼎	
九五壬	離	五離寄
九六固	大有	
九七移	睽	
九八隨	旅	
九九終	離	

右蔡氏洪範皇極內篇文。載明胡廣等所撰性理大全書中。其以四九為火。二七為金。是也。至改易卦名。說多穿鑿。而對於九宮遊息之式。亦屬謬排。自漢以來。治洪範者。班固漢書五行志薈萃眾說。自伏生至劉向父子。僅舉初一之五行。次二之羞（洪範羞作敬）用五事。（間及次八念用庶徵）次五之建用皇極三者。蓋以日食星隕。藉言災異。語多不經。而蔡氏主尚占。以次七之明用稽疑立說。王柏書疑。以為非解經之正軌。胡一桂啟蒙翼傳謂變數之法不傳。莫能適其用也。王胡之說。亦欠切實。至蔡氏之說。雖不免穿鑿附會。如妄易卦名。又以洪範為尚占之用。至範數圖。尚能一一訂正之。存其精華。而明洪範之真諦。免學者謬解。明末黃宗羲象數論。

胡煦周易函書襲黃說、未能明其理。其後羅孔裔範疇圖數裁成曹廷棟易準。對蔡氏之說。强欲闡明。咸昧天五地十。未得其奧。所列各圖。錯綜不足取。茲下列洪範圖及一二三四六七八九立極各圖。以數證之。可按圖探索。

中五立極合範數圖如下。

中五立極合範數圖

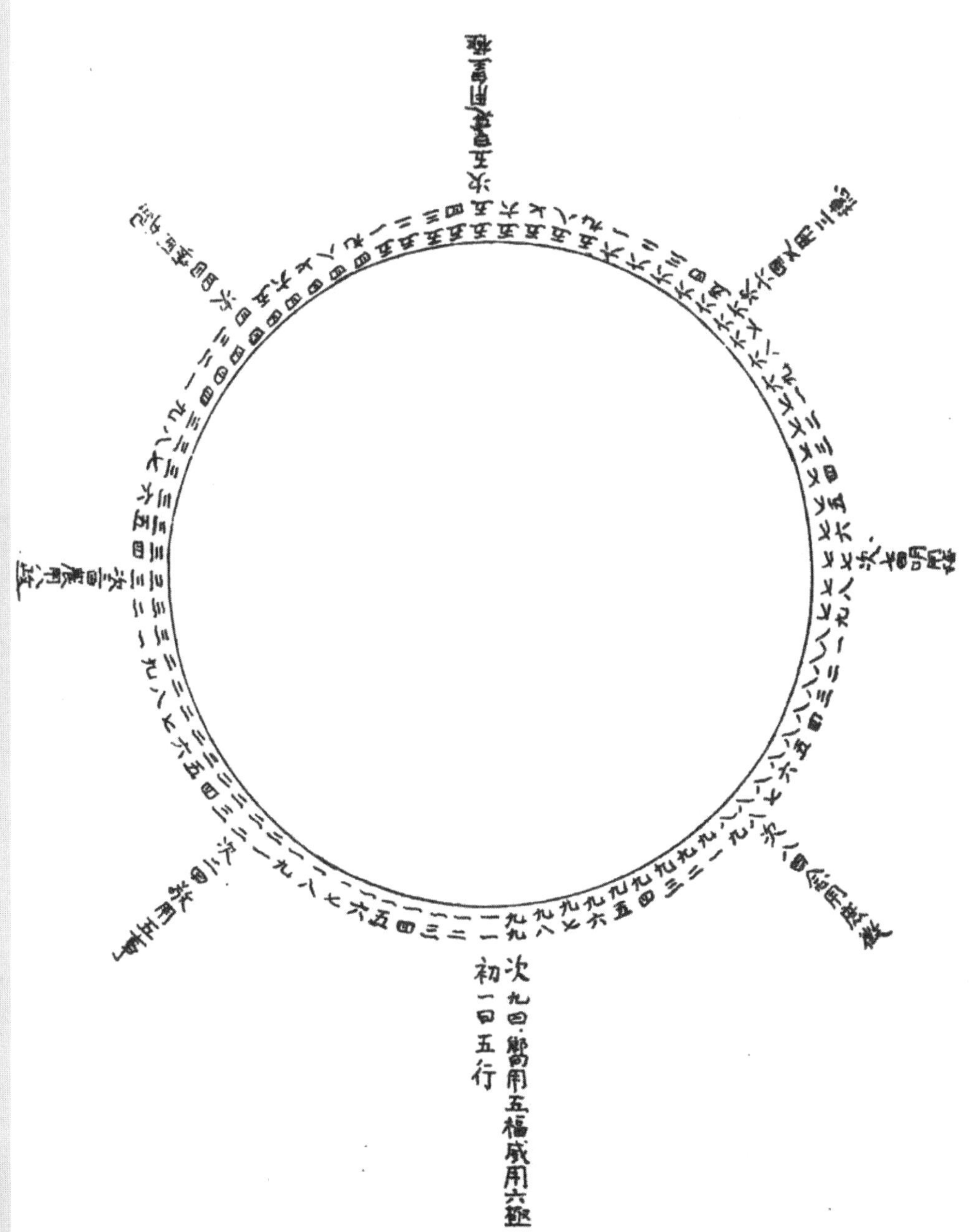

此係洪範之式。蔡氏作範數圖。以九九立率。可與算數相輔而行。洪範樞機為皇極。初一至次四。次六至次九。為民極。皇極不動。民極遊息。故皇極類似不易。民極類似變易。

黃道周洪範明義釋合字非正義。如初一曰五行。注、天一為坎。次二曰敬用五事。注、二者西南之位也。按黃說指洛書坤二。坤與巽合。按黃說以洛書合所謂河圖之位。次三曰農用八政。注、三者正東方之位也。次四曰協用五紀。注、四者巽東南之位也。巽與乾合。按洛書乾巽相對。次六曰乂用三德。注、六西南乾位也。祖辭按句疑、次七曰明用稽疑。注、正西兌位也。次八曰念用庶徵。注、八東北艮位也。次九曰嚮用五福。威用六極。按在九中立極圖五。福在離、六極在坎、注。極疑作殛。九為乾離。按亦據洛書合河圖立說、黃說與蕭吉五行大義論九宮同。然非九宮之蘊。惟不言災異亦足取也。

蔡氏中五立極圖

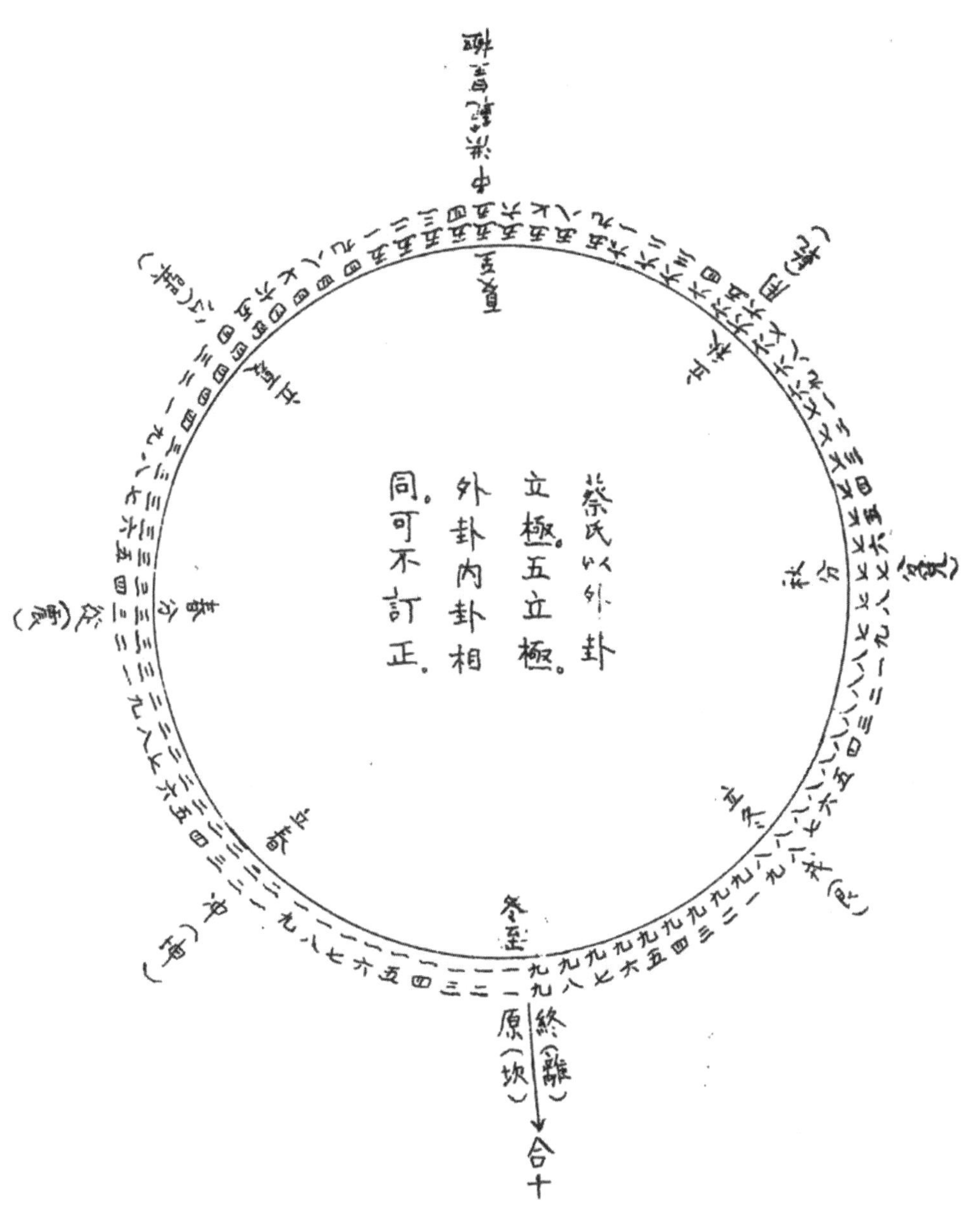

中五立極說明：

一、此圖內卦以洛書為本。又重複洛書之位。以三畫卦為六畫卦。如下圖。

巽 四四	離 九九	坤 二二
震 三三	中 五五	兌 七七
艮 八八	坎 一一	乾 六六

二、以地十之重數減之。五五仍為五五。九九為一一。離為坎。一一為九九。坎為離。三三為七七。震為兌。七七為三三。兌為震。四四為六六。巽為乾。六六為四四。乾為巽。八八為二二。艮為坤。二二為八八。坤為艮。皆為逆數。

三、此圖一一至二二。二二至三三。皆相隔十一位。下類推。凡內卦在乾數圖相隔十一位。又逢九一即為相合。至坎離則異。如圖離坎毘連。謂之連合。合即繫辭五位相得。而各有合之合。又名合十。

訂正蔡氏一立極圖

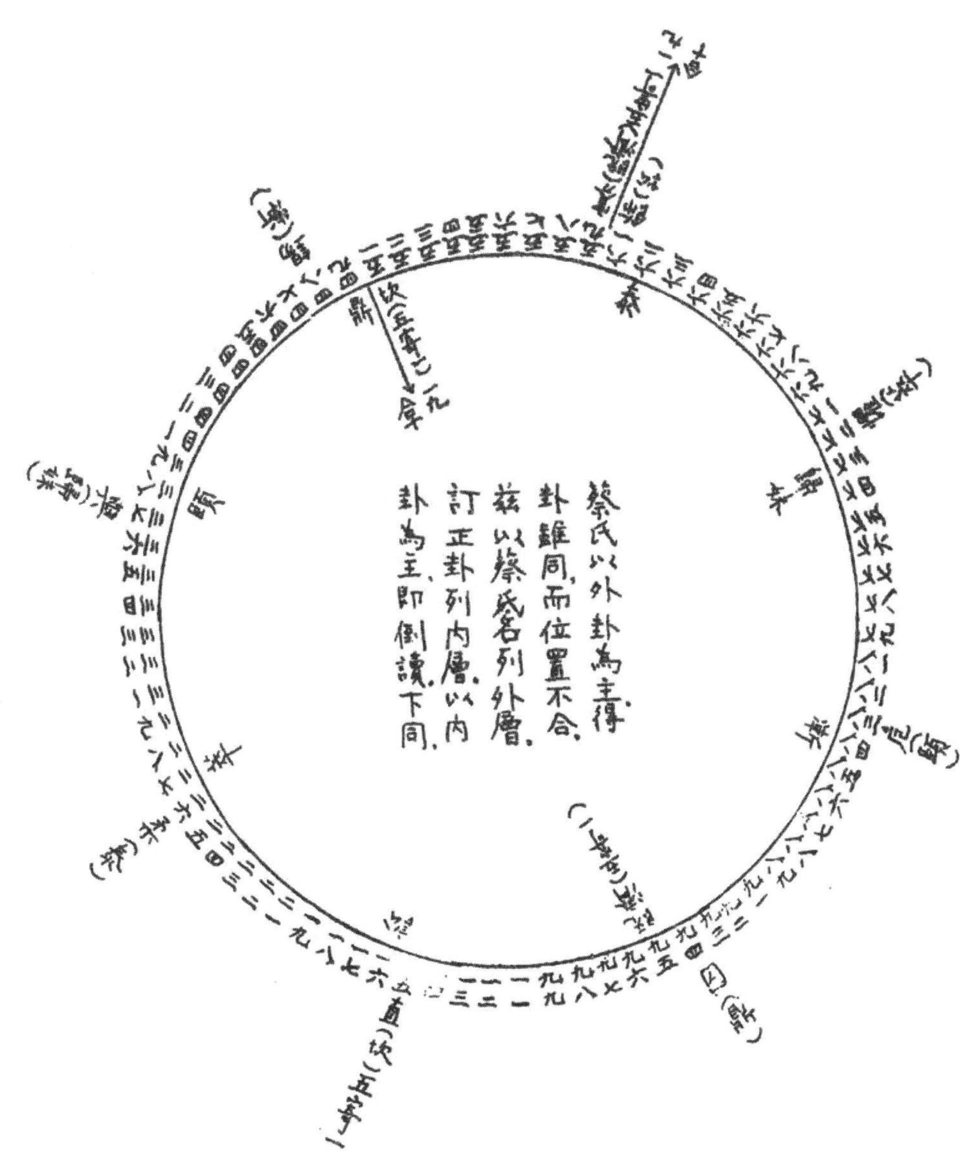

一立極說明：

一、此係洛書為本。以一入中。遊息九宮。如下圖。

鼎 九四	既濟 五九	萃 七二
頤 八三	坎 一五	歸妹 三七
漸 四八	訟 六一	泰 二六

二、凡內卦外卦遇五字。如一入中遇五為一。二入中遇五為二。三入中遇五為三。四入中遇五為四。六入中遇五為六。七入中遇五為七。八入中遇五為八。九入中遇五為九。

三、一入中亦相隔十一位。惟離之五九。坎之六一。僅隔三位。因五九與六一毗連之故。下類推。

四、一入中與九入中互相聯繫。詳下一九入中圖。二與八。三與七。四與六。亦相聯繫。下各列四圖。可探索合十之功用。

五、一入中一九合十。五六毗連。故既濟訟兩卦相對。亦即離坎相對。相隔三位。

六、生成為九宮之大用。對於一入中。如何排列。凡一二三四入中。生成之數。在中宮與坎宮交互。如一入中。中宮一與坎宮六為一六是也。六七八九入中。在中宮與離宮交互。

訂正蔡氏二立極圖

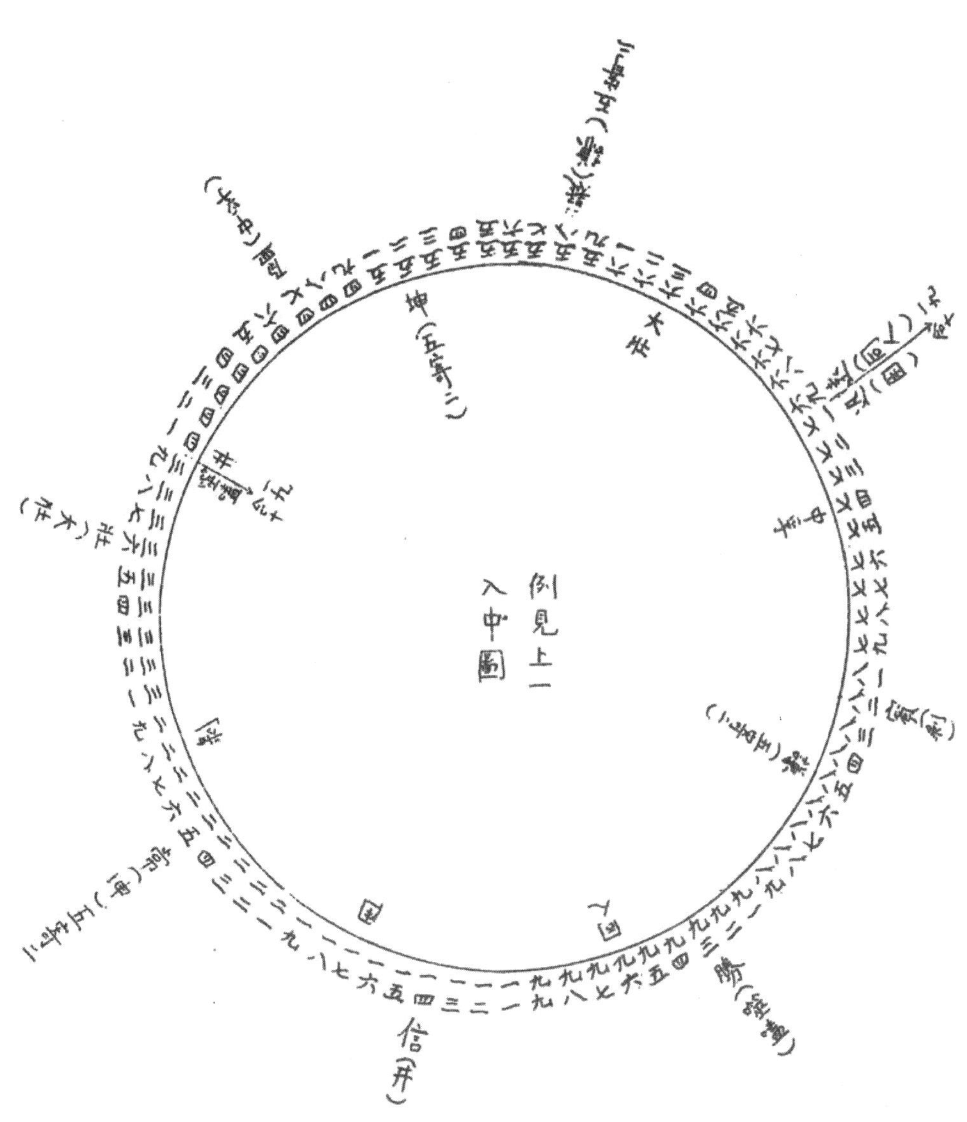

三易新論

二立極說明：

一、亦以洛書為本。以二入中。遊息九宮。如下圖。

井 一四	同人 六九	剝 八二
噬嗑 九三	坤 二五	中孚 四七
謙 五八	困 七一	大壯 三六

二、二入中凡遇五字即為二。

三、二入中。與八入中互相聯繫。詳下二八入中圖。

四、二入中。亦以一九合十。六七毘連。故同人困兩卦相對。亦即離坎相對。相隔三候。

五、二入中。生成在中宮二。與坎宮七為二七。

訂正蔡氏三立極圖

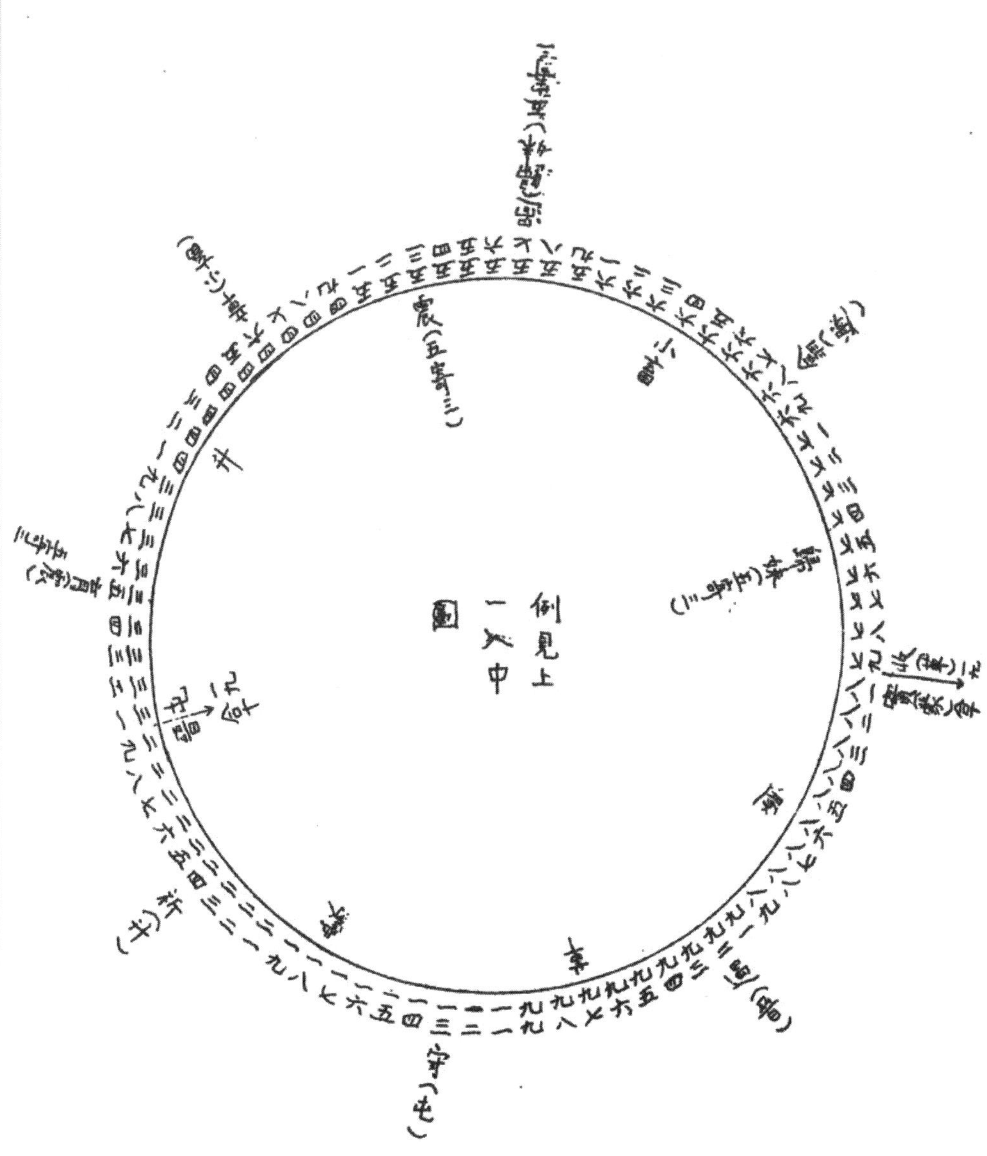

三.立極說明：

一.亦以洛書為本。以三入中。遊息九宮。如下圖。

升 二四	革 七九	晉 九二
屯 一三	震 三五	歸妹 五七
遯 六八	蒙 八一	小畜 四六

二.三入中。凡遇五字即為三。

三.三入中。與八入中互相聯繫。詳下三七入中圖。

四.三入中。亦以一九合十。八七毘連。故蒙革相對。即離坎相對。亦相隔三位。

五.三入中。生成在中宮三。與坎宮八。為三八。

訂正蔡氏四立極圖

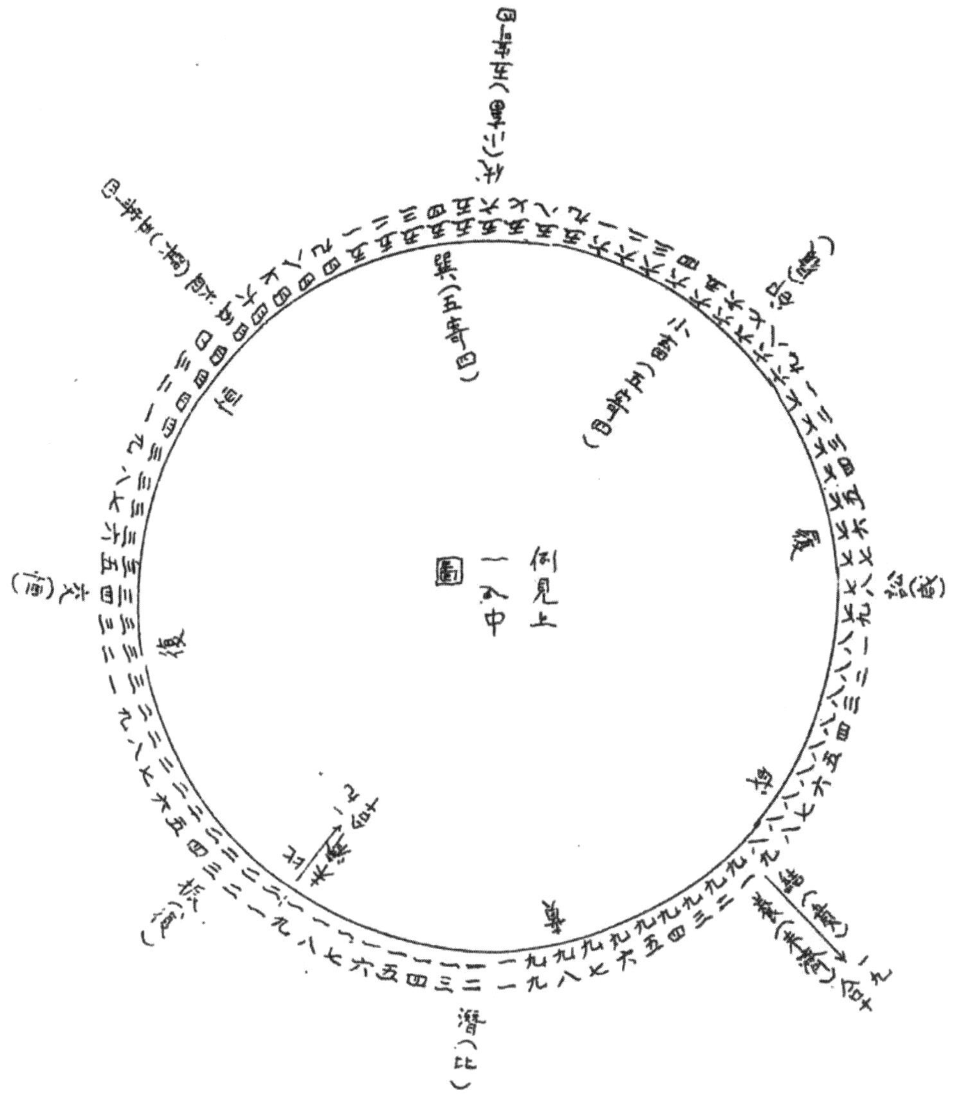

例見上一面中圖

四立極說明：

一、亦以洛書為本。以四入中。遊息九宮。如下圖。

恒 三四	賁 八九	比 一二
復 二三	巽 四五	履 六七
咸 七八	未濟 九一	小畜 五六

二、四入中。凡遇五字即為四。

三、四入中。與六入中互相聯繫。詳下四六入中圖。

四、四入中。亦以一九合十。八九毗連。故賁未濟相對。亦即離坎相對。相隔三位。

五、四入中。生成在中宮四。與坎宮九為四九。

訂正蔡氏六立極圖

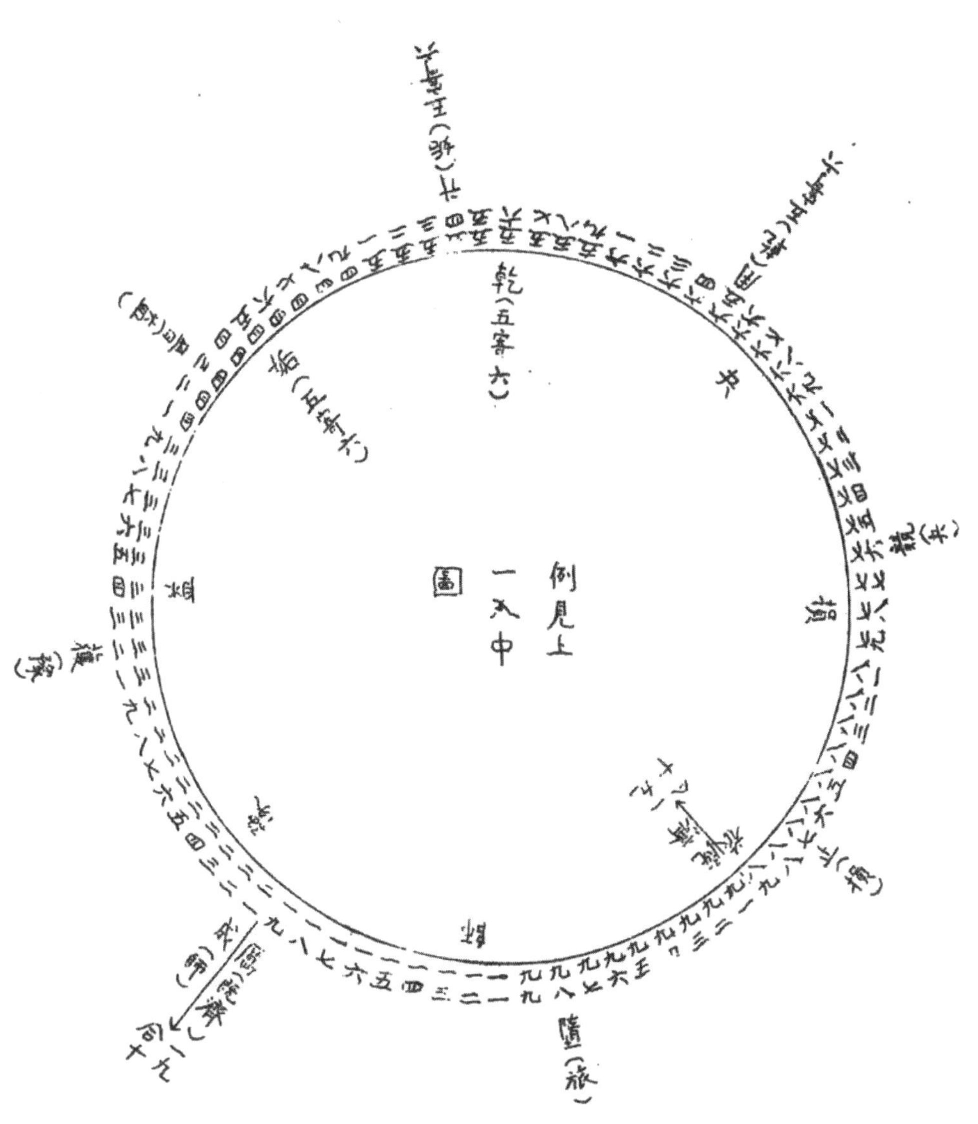

六立極說明：

一、亦以洛書為本，以六入中。遊息九宮，如下圖。

姤 五 四	既濟 一 九	豫 三 二
益 四 三	乾 六 五	損 八 七
旅 九 八	師 二 一	夬 七 六

二、六入中，凡遇五字即為六。

三、六入中。與四入中。互相聯繫。詳下四六入中圖。

四、六入中。亦以一九合十。一二毘連。故師既濟相對。亦即坎離相對。相隔三位。

五、六入中。生成在中宮六。與離宮一。為一六，

訂正蔡氏七立極圖

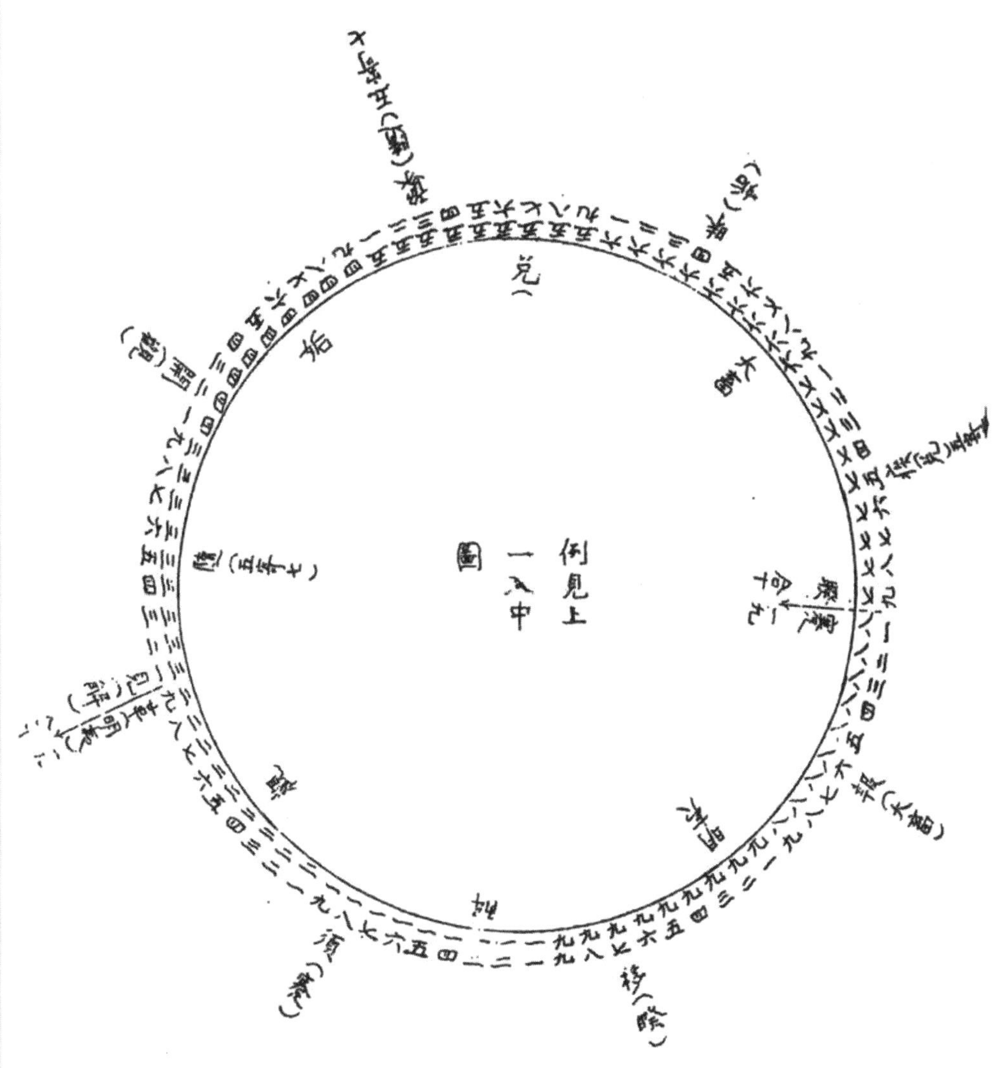

七立極說明：

一、亦以洛書為本。以七入中。遊息九宮。如下圖。

姤 六四	明夷 二九	觀 四二
隨 五三	兌 七五	睽 九七
蹇 一八	解 三一	大畜 八六

二、七入中。凡遇五字即為七。

三、七入中。與三入中。互相聯繫。詳下三七入中圖。

四、七入中。亦以一九合十。二三毘連。故明夷解相對。亦即坎離相對。相隔三位。

五、七入中。生成在中宮七。與離宮二。為二七。

訂正蔡氏八立極圖

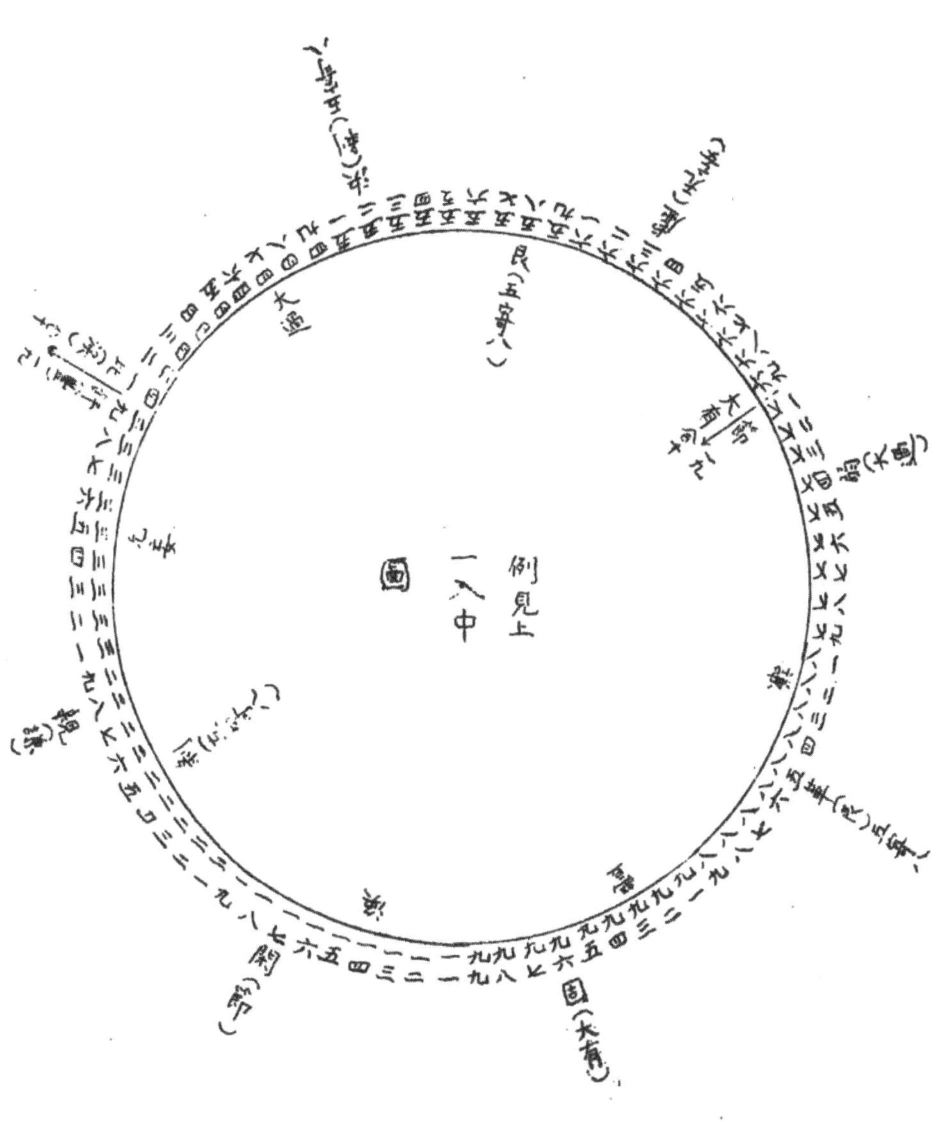

八立極說明：

一、亦以洛書為本八入中。遊息九宮。如下圖。

大過 七四	豐 三九	剝 五二
无妄 六三	艮 八五	節 一七
謙 二八	渙 四一	大有 九六

二、八入中。凡遇五字即為八。

三、八入中。與二入中互相聯繫。詳下二八入中圖。

四、八入中。亦以一九合十。三四毘連。故豐渙相對。亦即坎離相對。相隔三位。

五、八入中。生成在中宮八。與離宮三為三八。

訂正蔡氏九立極圖

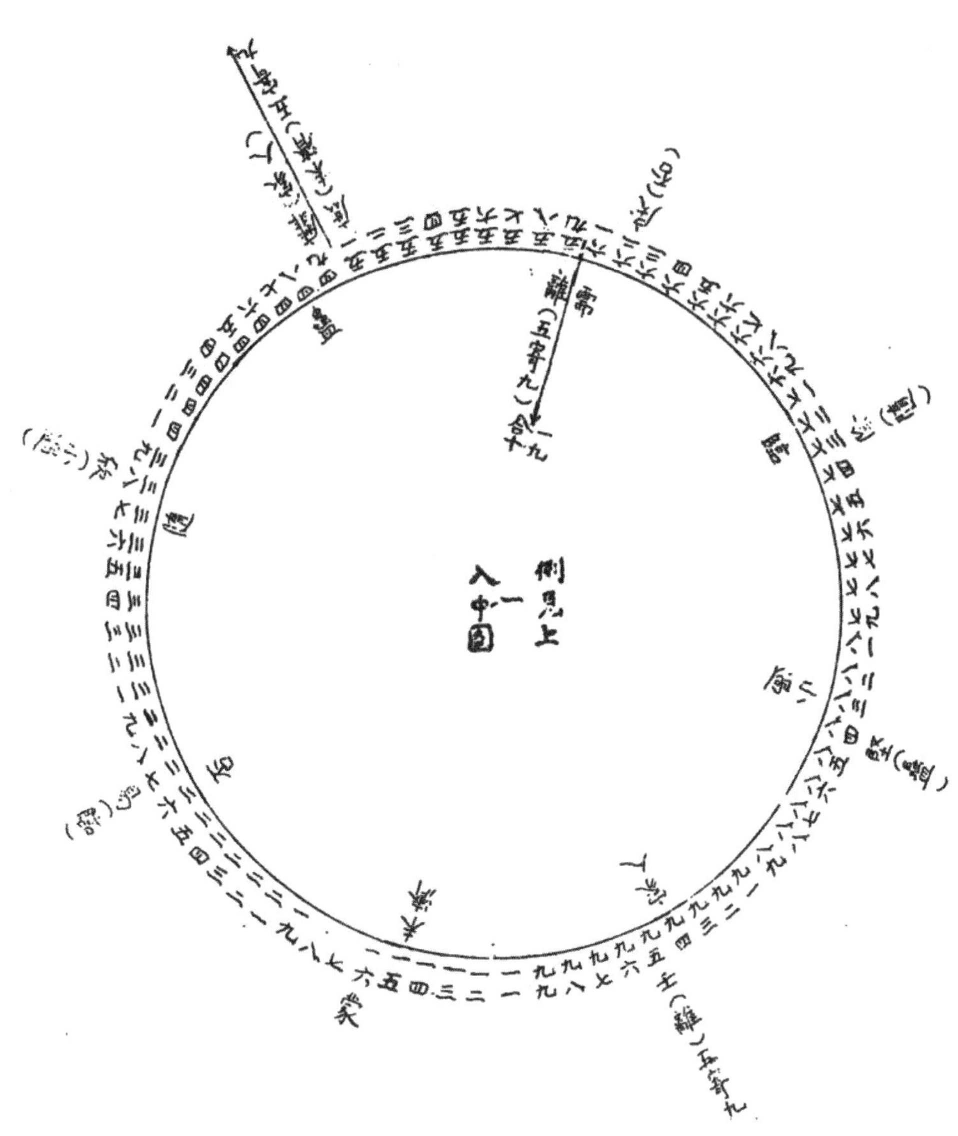

九立極說明：

一、亦以洛書為本。九入中。遊息九宮。如下圖，

蠱 八四	家人 四九	否 六二
隨 七三	離 九五	臨 二七
小過 三八	未濟 五一	需 一六

二、九入中。凡遇五字即為九。

三、九入中。與一入中，互相聯繫。詳下一九入中圖。

四、九入中。亦以一九合十。四五毘連。故家人未濟相對。亦即坎離相對。相隔三位。

五、九入中。生成在中宮九。與離宮四。為四九，

上舉九圖。乃據蔡氏範數圖之理。雖陳埴（朱熹弟子，著洪範解）力詆蔡氏。非持平論。茲補充蔡氏之說。

一、八十一名。與易有九。為比晉豫升益損革蒙訟。不知蔡氏何所取義。學者當仍以易卦名為允。

二、蔡氏五五皇極為中。定名頗當。後人治洪範。漢人皆附麗於易。解皇之不極。孔傳云。皇。君也。極。中。建。立也。將皇極分析為二。更昧於理。洪範皇王二字本一字。後人以王訪於箕子之王字亂之。後漢五行志作王。劉昭注云。大傳皇作王。是明證。後人據爾雅釋詁。皇君也釋之。失之甚。說文皇大也。从自。自始也。為正義。今蔡氏以中字代之。較勝。因中能建極。為立極。且與易與太極不相混。當以中字解之。

三、洪範立數。內九疇與洪範數圖相同否。此是疑問。

如

—　—　—　—　—　—　—　—　—
一　二　三　四　五　六　七　八　九

余以為當訂正為

一　二　三　四　五　六　七　八　九
—　—　—　—　—　—　—　—　—

何以故。因為周易以內卦為主。今蔡氏排列。以外卦為主。茲章訂正蔡氏之說。上已一一推定。茲列一入中一圖。以供參考。一九入中。二八入中。三七入中。四六入中亦然。不過在內卦與外卦差別。蔡氏講解。失之毫釐，謬以千里矣。蔡氏範數圖，實前人所未發。惜未知萬事由象而生成。拘於次七曰明用稽疑。以為尚占之用。養其一指而失其肩背。蔡氏說三世治經。源出朱熹。朱氏治周易尚占。與蔡沈洪範尚占。同一趣向。王柏胡一桂同一學派。不能會通。胡一桂所謂範數。即上列一至四。六至九各圖。因古人治學。所謂心法。皆秘不告人之故。而範數之中更有心法。即寄宮是。

訂正一入中圖

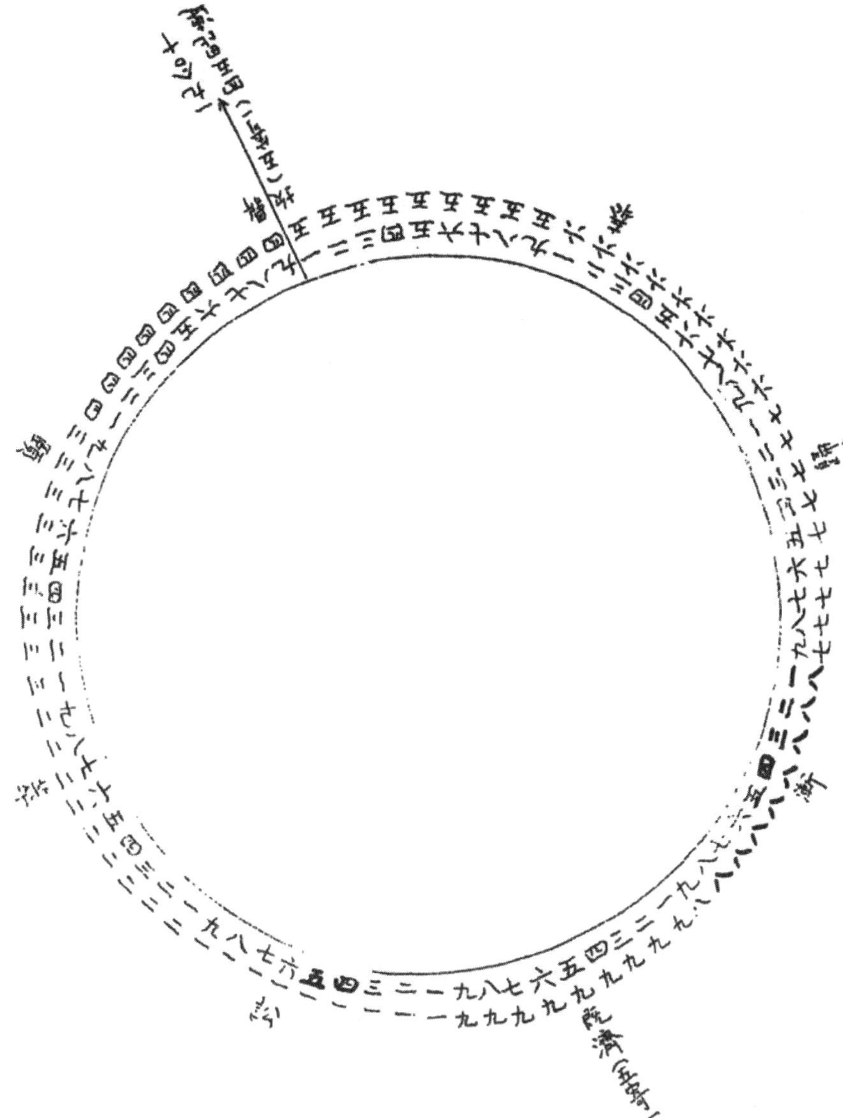

蔡氏範數圖。以外卦為主。今繪內卦為主一入中訂正圖。以為參考之用。例

五一	五一未濟（五寄九）
五二	五二剝（五寄八）
五三	五三隨（五寄七）
五四	五四姤（五寄六）
如五五 以外卦為主讀之。為	五五皇極。
五六	五六小畜（五寄四）
五七	五七歸妹（五寄三）
五八	五八謙（五寄二）
五九	五九既濟（五寄一）

五无定位。當寄宮讀之。若五在一立極圖中。乃寄於一。五在二立極圖中。乃寄於二。三四六七八九立極圖。遍五者依類推。

整理蔡氏範數圖。第一在蔡氏以外卦為主。與周易違。若循周易公式。以內卦為主。即上列之圖改外卦為內卦而已。

五一　一五（一立極。五寄一為坎。）

五二　二五（二立極。五寄二為坤。）

五三　三五（三立極。五寄三為震。）

五四　四五（四立極。五寄四為巽。）

如五五圖。訂正為五五（皇極）

五六　六五（六立極。五寄六為乾。）

五七　七五（七立極。五寄七為兌。）

五八　八五（八立極。五寄八為艮。）

五九　九五（九立極。五寄九為離。）

訂正內卦為主。排列範數。益覺分明。細參下列蔡氏八十一名圖及訂正圖。一一對比可也。

訂正蔡氏一九入中合圖

說明：此用蔡氏八十一名一入中注明一九入中注明九凡遇五字爲重出之卦。

一入中　如圖為一五　二六　三七　四八　五九　六一　七二　八三　九四九位。數皆毘連。

九入中　如圖為九五　一六　二七　三八　四九　五一　六二　七三　八四九位。數皆毘連。

凡圖坎一入中。遇五字寄一。　離九入中。遇五字寄九。所得之卦。排列如下。

坎		離	
九四鼎離二世	七二萃兌二世	四九家人巽二世	二七臨坤二世
二六泰坤三世	五九既濟坎三世	六二否乾三世	五一未濟離三世
六一訟離游魂	八三頤巽游魂	一六需坤游魂	三八小過兌游魂
四八漸艮歸魂	三七歸妹兌歸魂	八四蠱巽歸魂	七三隨震歸魂

表內坎宮五九既濟。離宮五一未濟。因寄宮。故此以下四圖。據蔡氏範數圖加以訂正。

蔡氏二八入中合圖

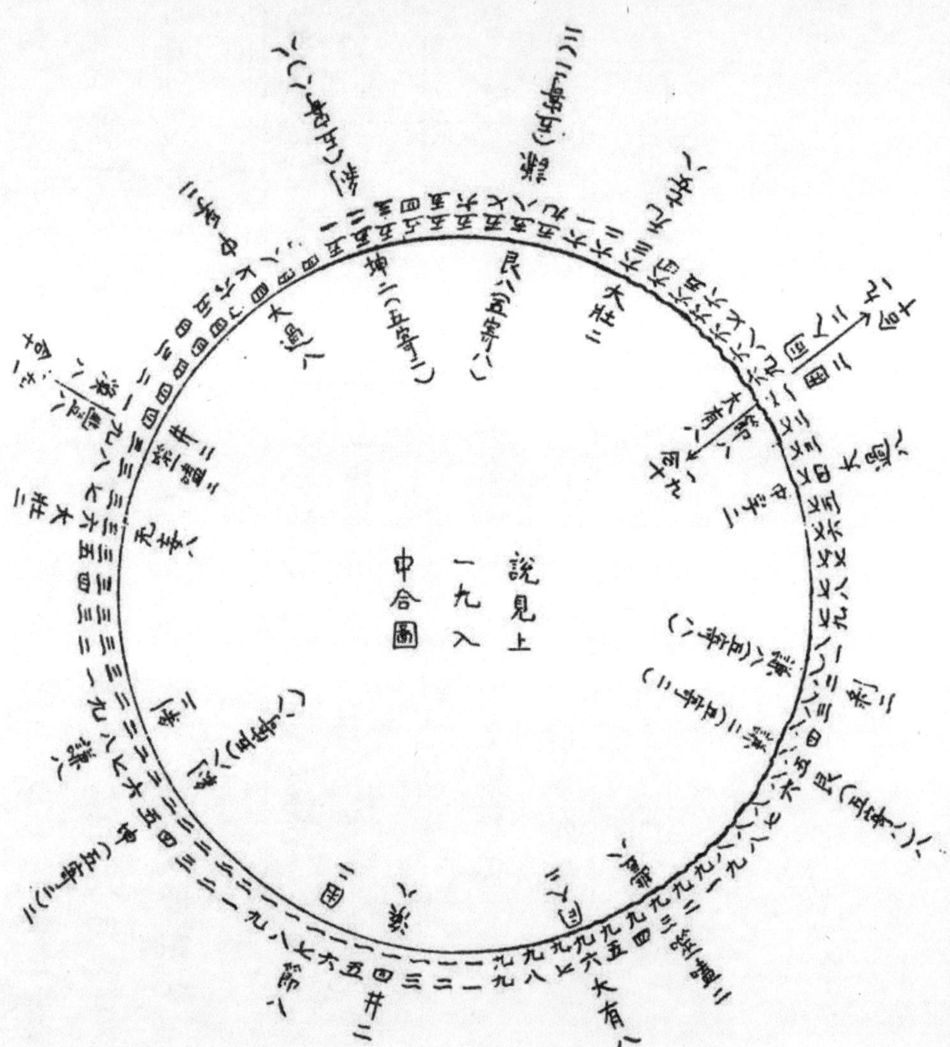

二入中　如圖二五　三六　四七　五八　六九　七一　八二　九三　一四九位。數皆毘連。

八入中　如圖八五　九六　一七　二八　三九　四一　五二　六三　七四九位。數皆毘連。

凡圖坤二入中。遇五字寄二。艮八入中。遇五字寄八。所得之卦。排列如下。

坤	艮
七一困兌一世	一七節坎一世
三六大壯坤四世	六三无妄巽四世
五八謙兌五世 九三噬嗑巽五世 一四井震五世 八二剝乾五世	五二剝乾五世 三九豐坎五世 四一渙離五世 二八謙兌五世
四七中孚艮游魂	七四大過震游魂
六九同人離歸魂	九六大有乾歸魂

表內坤宮五八謙。艮宮五二剝。因寄宮。為重出之卦。

訂正蔡氏三七入中合圖

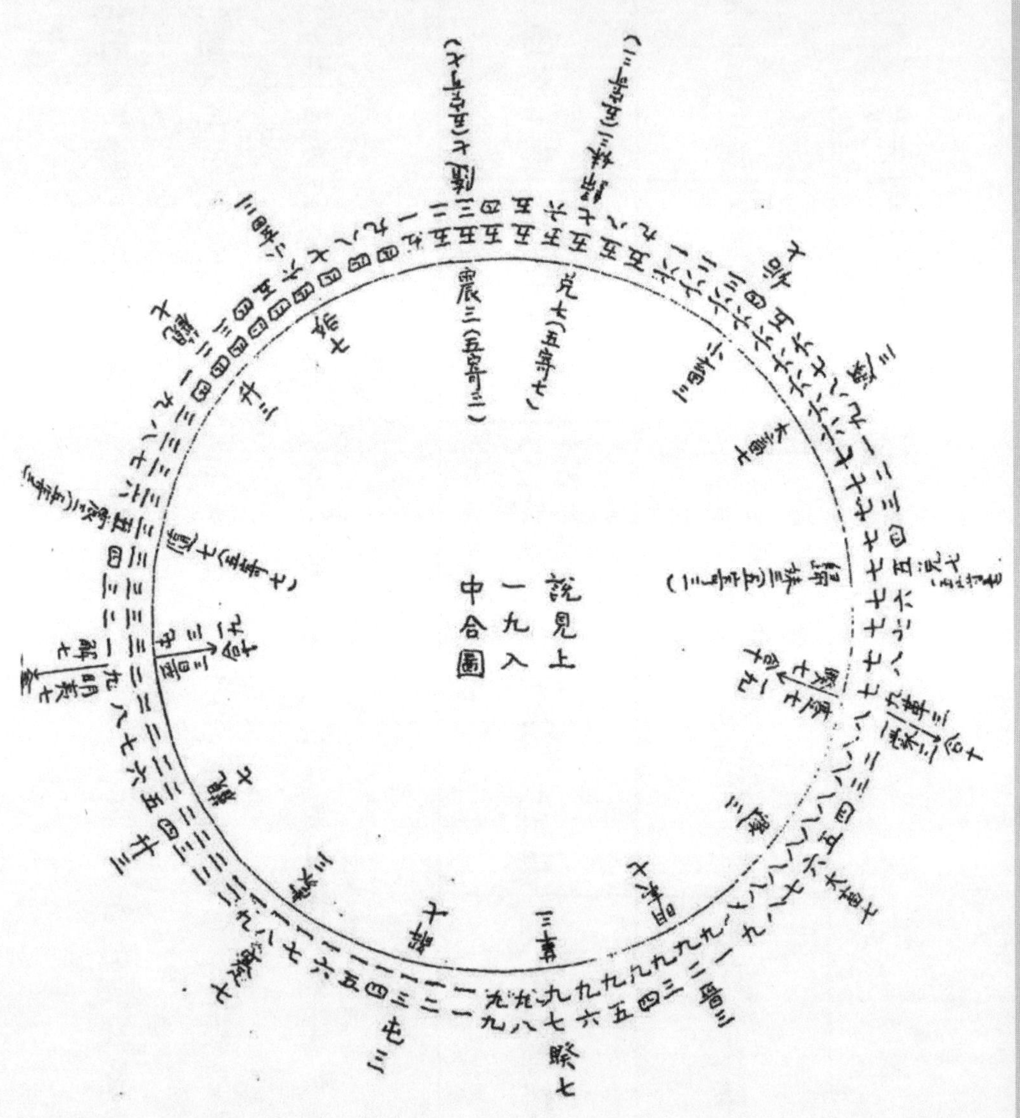

三入中　如圖三五　四六　五七　六八　七九　八一　九二　一三　二四　九位。數皆毘連。

七入中　如圖七五　八六　九七　一八　二九　三一　四二　五三　六四　九位。數皆毘連。

凡圖震三入中。遇五寄三。兌七入中。遇五字寄七。所得之卦。排列如下。

震	兌
四六小畜巽一世	六四姤乾一世
六八遯乾二世 一三屯坎二世	八六大畜艮二世 三一解震二世
八一蒙離四世 二四升震四世 七九革坎四世	一八蹇兌四世 四二觀乾四世 九七訟艮四世
九二晉乾游魂	二九明夷坎游魂
五七歸妹兌歸魂	五三隨震歸魂

表內震宮五七歸妹。兌宮五三隨。因寄宮為重出之卦。

訂正蔡氏四六入中合圖

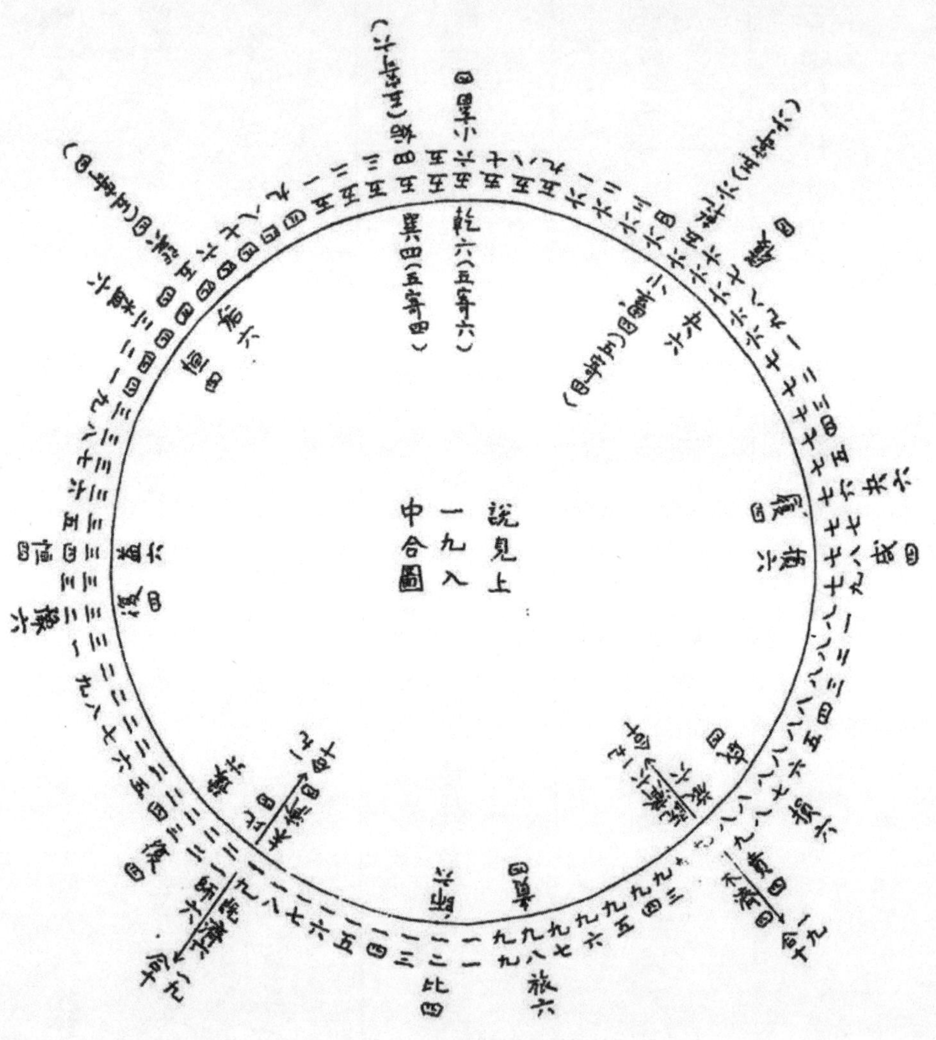

四入中　如圖四五　五六　六七　七八　八九　九一　一二　二三　三四九位。數皆毗連。

六入中　如圖六五　七六　八七　九八　一九　二一　三二　四三　五四九位。數皆毗連。

凡圖巽四入中。遇五字寄四。

乾六入中。遇五字寄六。所得之卦。排列如下。

巽	乾
二三復坤一世 五六小畜巽一世 八九賁艮一世	三二豫震一世 五四姤乾一世 九八旅離一世
九一未濟離三世 七九咸兌三世 三四恒震三世	一九既濟坎三世 八七損艮三世 四三益巽三世
六七履艮五世	七六夬坤五世
一二比坤歸魂	二一師坎歸魂

表內巽宮五六小畜。乾宮五四姤。因寄宮為重出之卦。

圖名一十八氏蔡

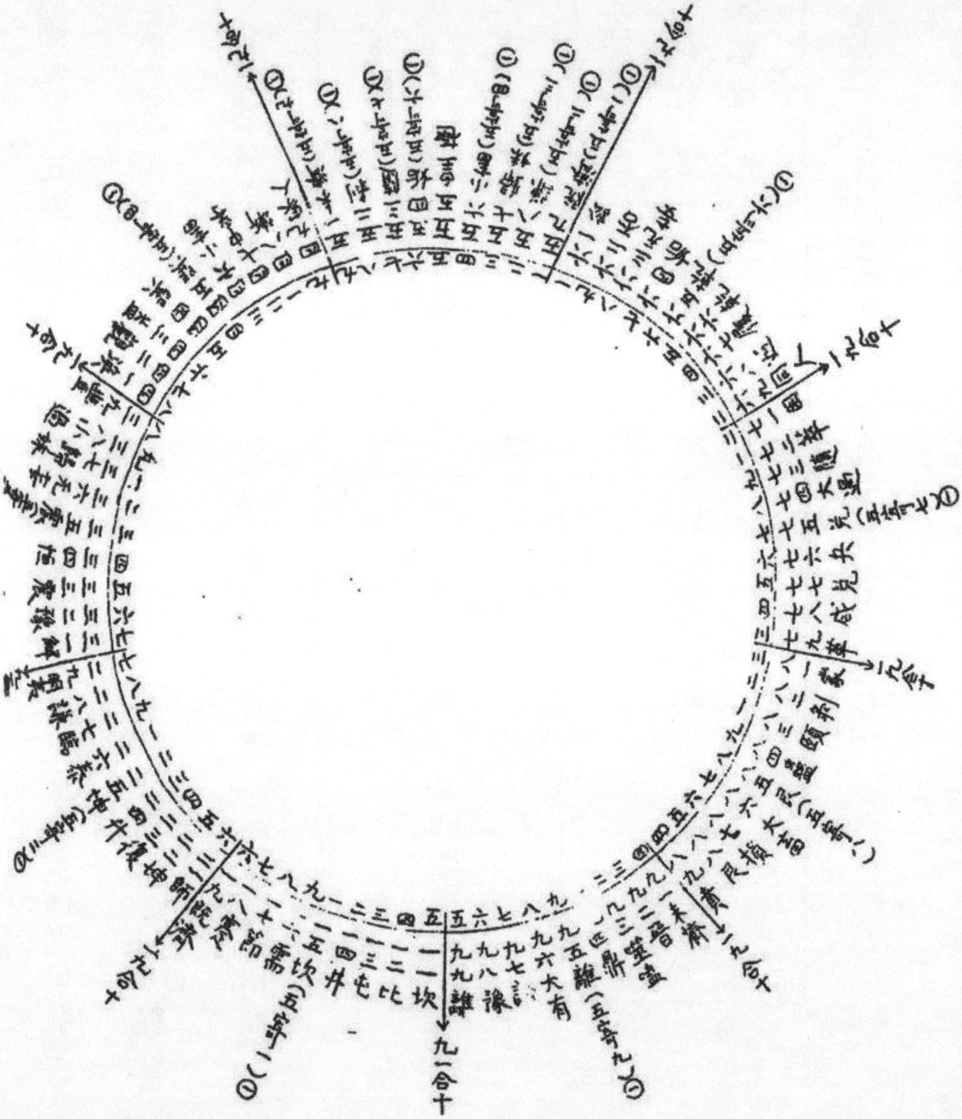

右蔡氏範數圖。外層不用蔡氏八十一名。而仍用卦名。內層一二三四五六七八九。即上九個立極圖所屬之卦。及四個一九與二八與三七與四九四個交互圖所屬之卦。雖一一相符。不能出於自然。

合十以↓為標記。毘連即在合十之內。合十屬內卦。即係一九。毘連屬外卦。分一九、一二。二三、三四、四五、五六。六七、七八、八九。計八類。合十毘連。為九數分界之用。

蔡氏此圖。雜亂无章。且所指立極圖之數。均係逆數。此由於外卦內卦顛倒之故。茲訂正如后。

訂正範數圖

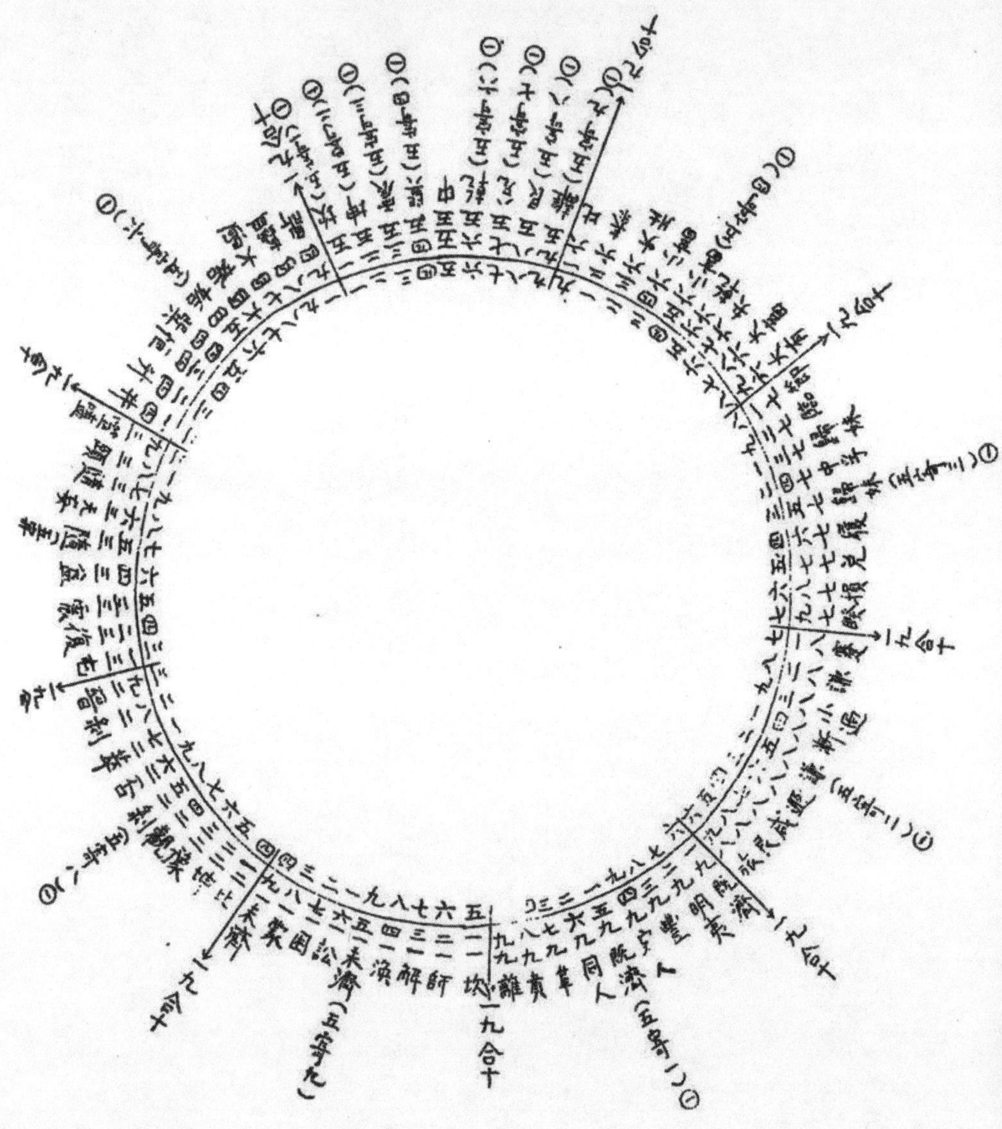

右訂正蔡氏範數圖。以內卦為本。內層一二三四五六七八九字。係指一至九立極圖數。與一二三四及六七八九立極圖合。一入中立極為一五。二入中立極為二五。三入中立極為三五。四入中立極為四五。至六七八九如上例。當以內卦為主。與易同。

圖中一五至九五。讀為內卦。一二三四六七八九寄宮。則一五為坎。二五為坤。三五為震。四五為巽。六五為兌。八五為艮。九五為離。自一五至九五。合五五為皇極。皆係九宮立極之卦。如蔡氏範數圖。以五一為未濟。五二為剝。五三為隨。五四為姤。五六為小畜。五七為歸妹。五八為謙。五九為既濟。以重出之八卦為之殊失洪範皇極民極之義。此蔡氏誤以外卦為主之故也。

洪範皇極民極。其變又有九。即上所列一立極至九立極九圖。又謂之九變。漢書劉徹紀云。元朔元年。詔曰。朕聞天地不變不成施化。陰陽不變物不暢茂。易曰通其變使民不倦。詩云。九變復貫。知言之變。所謂九變即一立極至九而復貫之義。惟範數圖方可明其例。例如一立極圖。一五坎至二六泰。二六泰至三七歸妹。三七歸妹至四八漸。四八漸至五九既濟。一、五寄皆兩卦相隔十一位。去前後兩卦得九卦。而五九既濟至六一訟。僅三位。求復貫之例。則扞格難通。因一立極為坎一五。然以南北中數之得三位。乃无扞格之患。六一訟至七二萃。七二萃至八三頤。八三頤至九四鼎。皆相隔十一位。此一立極圖與範數圖與相貫通之例如此。因不用十故也。

排二立極圖以證之。二立極圖。二五坤至三六大壯。三六大壯至四七中孚。四七中孚至五八謙。五寄二。五八謙至六九同人。皆十一位。去前後兩卦。得九卦。而六九同人至七一困僅三位。若以範數圖求之方合。七一困至八二剝。八二剝至九三噬嗑。九三噬嗑至一四井。皆十一位。而範數圖以九三噬嗑一四井隔宮合十毘連。此亦復貫之例。

十三、九宮示例

洪範九疇。與太卜所輯周易不合。惜逸周書箕子解已佚。廣韻十七登。朋。書云武王悅箕子之對。賜十朋也。逸周書序以釋箕子因解之。似非。鶡冠子泰鴻篇。即申明洪範之旨。莊子天運篇云。巫咸祒曰。求吾語女。天有六極(六極見洪範)五常。帝王順之則治。逆之則凶。九洛之事。治成德備。監照下土。天下戴之。謂之上皇。注。九洛即洪範九疇。禹時洛出之書。莊子之說不如鶡冠子之純。

九宮即數。不能離數而言。如圖一五至九五。中央五五為皇極。一五至四五。六五至九五，即為一立極至四立極。六立極至九立極。八項入中之數。其數順行。(蔡氏範數圖皆逆行)其次第為一二三四五六七八九。至九宮流轉。在一九合十為九。九九八十一名。皆以外卦逢一九為每宮之分界。九項外卦之一九其內卦之毘連。為六五、六七、七八、八九、九一、一二、二三、三四、四五九個函數。而所得流轉之卦。每一立極。必得兩卦。為九九、八八、七七、六六、五五、四四、三.三.一.（三二一）茲將圖中每立極所得卦數如下。

一五—九五　為一二三四五六七八九。
一六—九六　為九一二三四五六七八。
一七—九七　為八九一二三四五六七。
一八—九八　為七八九一二三四五六。
一九—九九　為六七八九一二三四五。
一一—九一　為五六七八九一二三四。
一二—九二　為四五六七八九一二三。
一三—九三　為三四五六七八九一二。
一四—九四　為二三四五六七八九一。

除五五之中。得八十卦。而每宮遇五如五六小畜。五七歸妹。五八謙。五九既濟。五一未濟。五二剝。五三隨。五四姤。皆居每宮之中。至本宮一世卦。由五五順行。為六六乾。七七兌。八八艮。九九離。至九九離。與一一坎毘連。又為二二坤。三三震。四四巽。此九宮之例也。

九宮源於繫辭傳天一地二等語。可證作繫辭的時代。周易洪範已互引用。乾鑿度曰。易一陰一陽。合而為十五之謂道。又曰。大一取其數。以行九宮。四正四維。皆合於十五。洪範言五行。周易卦辭未提出五行。繫辭傳始有生成之理。鄭玄注又以生成雜五行。而又引西漢二七為火四九為金之曲說。以後言易乃述九宮五行之理矣。茲篇先辯一至十數之字詁。並明地十為減數。又以天一天三天五天七天九為奇數屬圓。地二地四地六地八地十為耦數屬方。並推演奇數數根為一三九七。耦數數根為二四六八。以證二七為火四九為金之謬。再次一至九立極。遊息之法。可按鄭玄注排演。又揚雄太玄經據卦氣立說。間有雜摭九宮。乃明辯其非是。後列蔡沈範數圖。雖王柏胡一桂議之。實涉及九宮。今一一訂正。而刪去八十一名。仍以易卦名。俾人易解。

今述九宮五行與易理有關者如上。至於九宮五行探原。另文以明之。（見拙著九宮撰畧。（刊言月刊第五十三期五十四期）續九宮撰畧。（上海光華大學油印本）。）

第十八章 制器尚象索隱

沈祖緜 瓞民學

一、論制器尚象

周易卦爻辭是卜官依象所定的。依象定辭。首先觀察宇宙存在的事物。產生了種種的象。再觀察象的變化。然后下斷語。寫成卦爻辭。左傳僖十五年云。物生而後有象。象而後有滋。滋而後有數。孔穎達正義。凡是動植飛走之物。物既生訖。而後有其形象。既為形象。而後滋多。滋多而後始有頭數。所謂物者。就是宇宙的一切變化的事物。人們觀察了宇宙一切變化。定下了種種的象。所以象是物的具體反映。沒有物。就沒有象。管子七法篇云。義也、名也、時也、似也、類也、比也、伏也、謂之象。卦爻辭據象的變化而寫成的。繫辭傳明白指出。易者象也。象也者像也。卦爻辭是尚象重物的產物。卜官尚象之法。存乎易象中。左傳昭二年。載晉侯使韓宣子來聘……觀書於太史氏。見易象與魯春秋曰。周禮盡在魯矣。杜預以為易象上下經之象辭。此說疑非。魯有易象。其言久佚。靡得詳稽。然卦爻辭既是據象所定。則從卦爻辭中鉤隱索微。尚可窺易象以徵古說。物生有象。序卦傳云。有天地。然后萬物生焉。盈天地之間者唯萬物。物有種種。器其一也。繫辭所謂言者尚辭。動音尚變。制器尚象。茲言制器。器者人類所需之物。繫辭所謂百姓日用。是器之功用。繫辭云。

形乃謂之器。

韓康伯注。

形成曰器。

韓注以形成方圓銳弧為器。形不外四類。器之成包括四形之內。此為古代制器之原始。繫辭又云。

形而下者謂之器。

此儒家言。以別形而上謂之道。制器尚象。因无分上下也。禮記禮運云。

禮義以為器。

說文器皿也。係日用之物。與禮義似不相涉。凡器非人制造不能成也。繫辭云

以制器者尚其象。

此言制器之原始。其象有方圓銳弧之不同。象究據何者而生。何者而成。在繫辭云。

在天成象。在地成形。

在漁獵畜牧時代。以天星宿取象。以地山川取形。作繫辭者根據卜官所集的繇辭。申明其義。

但是象與形的產生。究竟孰先孰後。乾彖曰。品物流形。是品物皆有形。所謂象者。由形而來。象說文作像。像。象也。其實像即象之孳乳。左傳僖四年。物生而後有象。疏。象者物初生之形。這句可以解決象形二字。故繫辭云。是故易者象也。象也者像也。是人工成器。莫不有形。亦莫不有象可象。如六十四卦之井。乾之九二見龍在田之田。井與田皆由人工造成。皆可作器觀。至於形。莊子天地篇。物成生理謂之形。與繫辭形乃謂之器。及象事知器二句合。說文。形。象形也。說欠分析。漢以後釋象形兩字。皆恍惚其辭。王冰注素問天元紀大論。在地成形云。形謂木火土金水。以五行解之。說最奇異。

繫辭云。

易有君子之道四焉。以言者尚其辭。以動者尚其變。以制器者尚其象。以卜筮者尚其占。

以。用也。繫辭所謂以。乃以周易之卦辭爻辭。闡明四者之道。惟周易乃太卜所集之繇辭。主要是尚占。焦贛京房朱熹宗之。而作繫辭者。進一步舉出尚辭尚變尚象三者。置尚占於末。繫辭云。

言天下之至嘖。而不可惡也。惡荀爽作亞。注云。亞次也。言天下之至動。而不亂也。動。鄭玄作賾。九家作冊。說文敘作嘖。擬之而後言。議之而後動。擬議以成其變化。

此作繫辭提出言。動與變化之別。繫辭又云。

辨物正言。斷辭則備矣。

是言由物而發。无物則言虛无飄渺。无所依據。家人象曰。

君子以言有物。

與左傳言以知物。（昭元年文）其說相合。有物始有言。此尚辭之法也。至於辭。繫辭云。

辭也者各指其所之。

各指其所之。即指卦辭爻辭。使人以之。能脩辭得其誠。（乾文言文）繫辭又云。

鼓天下之動者存乎辭。

故尚辭為言之要。是非明辨。皆見於辭。左傳對於周易尚辭。列舉四則如下。

1. 宣公六年。鄭王子伯廖論公子曼滿無德而貪。其在周易豐䷶之離䷝。弗過之矣。

2. 宣公十二年。晉楚將戰於邲。知莊子論晉師之殆。周易有之。在師䷆之臨䷒曰。師

出以律。否臧凶。

3. 襄公二十八年。鄭子太叔歸自楚。謂楚子將死。以告子展。曰周易有之。在復䷗之頤䷚。

曰。迷復凶。

4. 昭公元年。秦醫和視晉侯疾。與趙孟論蠱字之義。曰在周易女惑男。風落山。謂之蠱䷑。

右四則。即繫辭所謂辨吉凶者存乎辭之意。以爻辭論斷其人。即觀乎人文賁彖辭文也。此係以言者尚辭。鄭獻甫愚一錄云。左氏凡筮得某卦者曰遇。其但引某卦者則曰在。鄭說對左氏文例。頗有研幾。

次言以動者尚變。是即每卦六爻之之變。故繫辭云。

六爻之動。

又曰。

爻象動乎內。

是以動者尚其變。是動始於爻。故坤之六二小象曰。六二之動。是明證也。變則尚動。如屯彖云動乎險中。豫彖云順以動豫。隨彖云。動而說。噬嗑彖云。動而明。復彖云。動而以順行。无妄彖云。動而健。恆彖云。巽而動。大壯彖云。剛而動。睽彖云。火動而上。澤動而下。解彖云。險以動。益彖云。益動而巽。漸彖云。止而巽。動不窮也。歸妹彖云。說以動。豐彖云。明以動。以上十四彖。彖釋卦體之動。與爻變之動異。六爻之變。即繫辭所謂六爻發揮。又云。六爻之動。又云。六者。言乎變者也。又曰。道有變動。故曰爻。此言爻變之明證。至於卦。繫辭雖云十有八變而成卦。又云。觀變於陰陽而立卦。此變字。乃由十有八變而成一卦。復由三變為一爻。十有八變所得之陰陽而立成一卦。是指卦之立成。故彖辭所舉屯至豐十四卦。皆指八卦成列。生生五十六卦之理。茲將屯以下十四彖。

說明動字之義。

1.䷂屯彖。動乎險中。屯為坎宮二世卦。以消息之例證之。坎初爻二爻變䷂屯。說卦傳。坎。陷也。坎彖云。習坎。重險也。陷險義可通。動乎險中。言屯之立卦。由坎而來。內卦變震。說卦傳。震。動也。彖言動。據震而言。下同此例。

2.䷏豫。彖云。順以動。豫為震一世卦。震初爻變䷏。說卦傳。坤。順也。指內卦坤。今坤變震。說卦傳。震。動也。順以動。以。用也。順以動。言坤用震也。

3.䷐隨。彖云。動而悅。隨為震歸魂卦。䷐。動指震。悅指兌。說卦傳。兌。說也。悅說古通。動而悅言外卦震變兌也。

4.䷔噬嗑。彖云。動而明。噬嗑為巽五世卦。巽五爻變䷔。巽錯震。震。動也。☴變離。此噬嗑之宮世如此。今曰動而明。動指內卦震。明指外卦離。就本卦之象立說。

5.䷗復。彖云。動而以順行。復為坤一世卦䷗。即初爻變。坤說卦傳。順也。動至震。動而以順行。言復仍在坤宮之中也。

6.䷘无妄。彖云。動而健。无妄為巽宮四世卦䷘。內卦震。動也。外卦乾。說卦傳。乾。健也。

7.䷟恒。彖云。巽而動。恒為震宮三世卦䷟。內卦震錯巽。故彖用巽字。外卦震。震。動也。

8.䷡大壯。彖云。剛而動。大壯為坤宮四世卦[卦畫]。坤錯乾。雜卦乾剛坤柔。剛指內卦乾。動指外卦震。故曰剛而動。

9.䷥睽。彖云。火動而上。澤動而下。睽為艮宮四世卦[卦畫]。此卦動字。指艮宮變而言。艮內卦錯兌。是澤動而下。艮外卦變離。是火動而上。故下文續以二女同居。其志不同行。二女指離中女，兌少女。

10.䷧解。彖云。險以動。解為震宮二世卦[卦畫]。坎，險也。震，動也。故曰險以動。故下文續以動而免乎險解。

11.䷩益。彖云。益動而巽。益為巽宮三世卦[卦畫]。巽錯震。震，動也。原卦巽。故曰益動而巽。

12.䷴漸。彖云。止而巽。動不窮也。漸為艮宮歸魂卦[卦畫]。六五動為艮。說卦傳。艮，止也。外卦巽。故曰止而巽。下句動不窮也之動。係另一義。漸卦以進為主。止而巽。作彖者恐人止而不進。乃重申動不窮以勗之。動係作義。見說文解。不窮。禮記。儒行。儒有博學而不窮。注。不窮。不止也。是其義。

13.䷵歸妹。彖云。說以動。歸妹為兌宮之歸魂卦[卦畫]。說卦傳。兌。說說古通悅也。指內卦震。動也。指外卦。

14.䷶豐。彖云。明以動，故豐。豐為坎宮五世卦䷶，內卦離為明。外卦震為動。

上列十四彖。除漸彖以外。皆以震動立說，與動者尚變之動。迥是兩義。此彖之規律。此十四彖漢人注釋之存者。有荀爽屯注。彼云。此本坎卦也。說確。荀之外虞翻有注。虞氏對彖言動。皆以震為動是也。若譌讀動字。則有違易例，此言以動者尚彖。

又次言擬議而成其變化。變化究竟如何解釋。在繫辭云。

在天成象。在地成形，變化見矣。

馬融注云。象者。日月星。形，植物動物也。鄭玄云。象、日月星辰也。形，謂草木鳥獸也。馬鄭同義。王肅云。形。山川羣物。王氏釋形。較馬鄭為勝。王廙云，形，謂山川。亦不及王肅。是象為仰則觀象於天，形為俯則觀法於地。皆繫辭以闔闢立說者。繫辭云。

一闔一闢為之變。

虞翻注云。陽變闔陰。陰變闢陽。剛柔相推而生變化。虞說言簡而明。陰變陽。陽變陰。即是變。至何謂擬。何謂議。何謂變。何謂化。此四字之訓詁。分述如下。

擬。漢書揚雄傳。蜀有司馬相如。作賦甚弘麗溫雅。雄心壯之。每作賦。常擬之以為式。師古曰。擬謂比象也。此擬字之正義。擬之而後言。言人之出言。當以易之卦辭爻辭。擬之為式。

議。經典釋文。議之。陸姚桓玄柔之作儀之。議為儀之借假。管子形勢解。儀者。萬物之程式也。此言動。

在易六爻之變。舉三例以明之。

1. 每卦六爻皆變。例如乾卦。初爻變䷫姤。二爻變䷠遯。三爻變䷋否。四爻變䷓觀。五爻變䷖剝。上爻變䷁坤。凡爻皆可變。惟位為32 16 8 4 2 1。陽爻變曰消。陰爻變曰息。與周易六爻之變異。

2. 在周易一爻變。其例見左傳昭二十九年。蔡墨對魏獻子說龍曰。周易有之。在乾之姤䷫曰。潛龍勿用。其同人䷌曰。見龍在田。其大有䷍曰。飛龍在天。其夬䷪曰。亢龍有悔。其坤䷁曰。見羣龍无首。吉。坤之剝䷖曰。龍戰於野。此周易之爻變。不言九三履䷉。九四小畜䷈。因此兩爻。不出龍字。故蔡墨不引。至乾之坤。與1.例同。因周易爻變。用九用六。僅舉一爻而言。而六爻皆變。不能加周之例也。其位亦32 16 8 4 2 1。惟不用陽消陰息。因周易尚變通之故。

3. 又有倒讀之變。即為周易之上下卦。其倒相同者。為如乾坤坎離頤大過中孚小過。其他五十六卦。如屯倒為蒙。蒙倒讀為屯。如下圖。

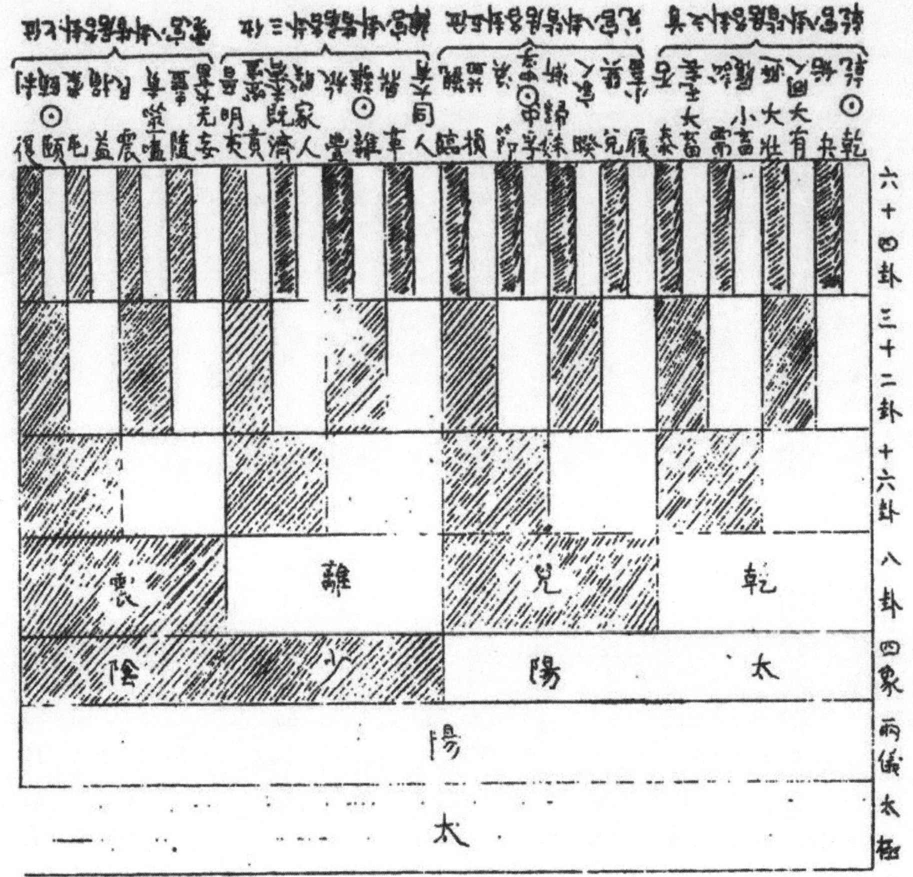

說明：

1. 將橫圖倒讀，即為周易上下兩卦之序。

2. 凡圖中有⊙者，即倒讀不變之卦。為乾坤坎離頤大過中孚小過八卦。周易受之以之用。

3. 乾宮倒讀八個卦，即為其他七宮的首卦。遯為艮首卦。履為兌首卦。訟為坎首卦。无妄為震首卦。否為坤首卦。
坤宮倒讀八個卦，即為其他七宮的末卦（即第八卦）。如復為震末卦。師為坎末卦。臨為兌末卦。謙為艮末卦。明夷為離末卦。升為巽末卦。泰為乾末卦。

4. 兌宮倒讀八個卦，即為其他七宮的第五卦。離宮第三卦。震宮第七卦。巽宮

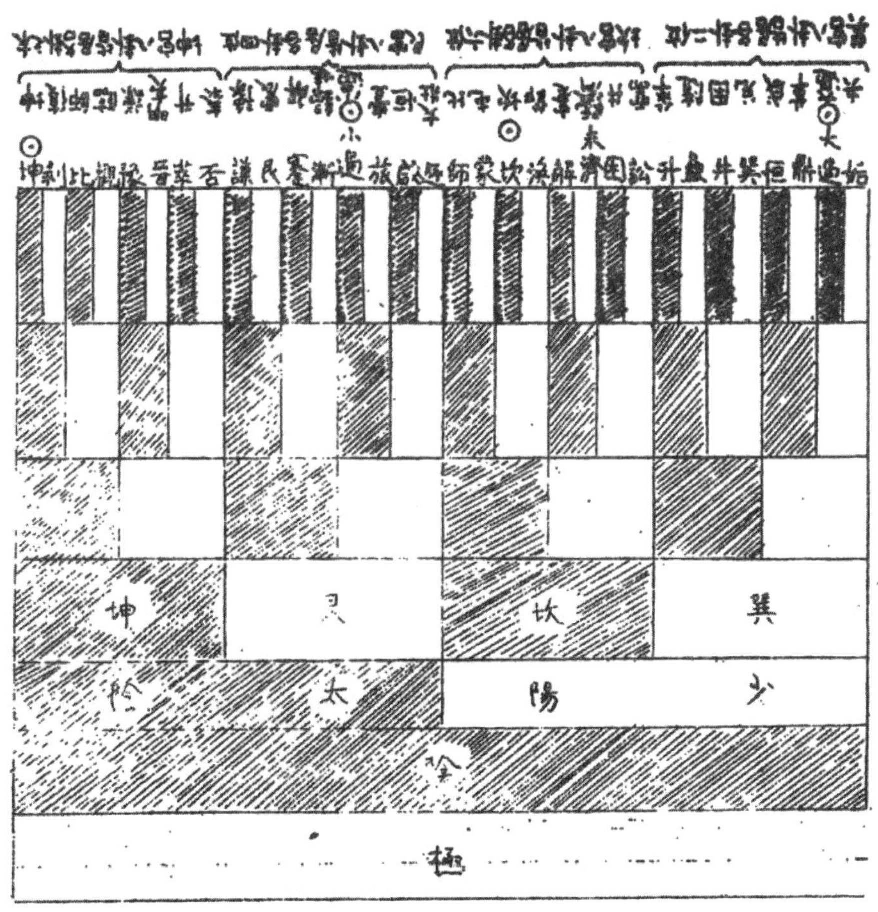

第三卦。坎宮第六卦。艮宮
第四卦，一一推排即得。
5. 倒讀即虞翻謂之反。

倒讀之變。其公式能盡錯綜其數。演周易者。以之以定象。惜治周易者。皆未能探賾索隱。昧於八卦以象告。爻象以情言之旨。是圖重四象。故繫辭云。

易有四象。所以示也。

示與告義同。蒙初筮告。釋文。示告也。是其證。爻象以情言。釋名釋言語。言宣也。宣彼此之情也。此言以爻象宣彼此之情。至四象。易分兩種。義各不同。橫圖至四象。由一陽一陰遞生。即繫辭所謂兩儀生四象是。乾鑿度及漢書律曆志之四象。是據洛書。以春夏秋冬東南西北仁義禮知。木火金水立說。兩說不同。如鄭玄注此。見王應麟輯本。即據洛書。丁杰以為乾鑿度注語。見湖海樓鄭氏易注。丁說亦非。乾鑿度下卷注文。與王應麟引不類。孔穎達正義李氏集解引侯果莊氏何妥釋四象。皆不足取。

是動皆當以周易卦辭爻辭為程式。周易卜人所采之繇辭。有一定之式。是據象立說。左傳襄三十一年。有儀而可象者謂之儀。是儀之正義。言動必有儀可象。

變字既明。乃解化字。變說文更也。更改也。呂氏春秋順說變必數更注更革也。淮南子氾論訓。夫殷變夏。周變殷。春秋變周。注變改也。變更改革四字同義。而古人對於化字有以變釋之者。如呂氏春秋順民召類二篇。高誘注。離騷王逸注。皆云化變也。高誘淮南子原道訓注。化亦變也。

在易諸家解釋无肯定之辭。如剛柔相推。而生變化。虞翻注云剛推柔生變。柔推剛生化。又變化者進退之象也。荀爽注云。春夏為變。秋冬為化。虞翻恒彖注同又擬議而成變化。虞翻注云。擬天成變。擬地成化。此虞氏注截去議字。又知變化之道者。其知神之所為乎。虞翻注云。在陽稱變。乾二之坤。在陰稱化。坤五之乾。虞說膚。荀子正名篇。

狀變而實无別而為異者謂之化。

荀子言變化二者甚明。變是爻變。用九陽變陰。用六陰變陽。狀雖變。而實仍在一卦之中。如乾初六變爻姤。謂之乾之姤。仍包括乾卦之內。繫辭曰。乾陽物也。坤陰物也。陰陽合德而剛柔有體。合德有體。即發揮爻變之功用。乃謂之化。故咸彖曰天地感而萬物化生。天地。猶陰陽男女也。禮記樂記曰。和故百物皆化。故變指爻變。繫辭所謂爻者言乎變者也。化指爻變後之作用。繫辭所謂化而裁之存乎變。上文云。化而裁之謂之變。其義疑此變化兩者之界限如此。化之進為進化。化之退者為退化。而易主進化。不尚退化。繫辭生生之謂易。乾主大生。坤主廣生。皆以生為進。故益之彖曰益動而巽。日進无疆。是進才能化。退則不能化。化則陰陽和。如母能生子。而子又生子。狀變也。而同一血統。實无別而為異者謂之化也。子之子為孫。孫字从系。說文系繫也。釋名義同。釋衣服父生子。子生孫。進也。進退之外。而化又有分合之別。分如說卦傳分陰分陽。迭用剛柔者是。合如繫辭陰陽合德者是。此周易言化之大畧。繫辭七舉爻辭。由明擬議以成變化之義。此孔子之言據易發揮。較卜官所集卦爻辭之旨。有新的創獲。茲逐爻論之。

1. 鳴鶴在陰。中孚九二䷼ 文為中孚之益。引孔子之言。以行解動。即解爻動之動。為行動之動。又云。言行君子之所以動天地也。與中孚九二之象不合。

2. 同人先號咷而後笑。同人九五䷌ 文為同人之離。以解言者尚辭。孔子以或出或處。或默或語出之。對非同人之人。慎言之意。因言尚辭。雖不離出處默語。若以卦辭爻辭為出言之本。則无先號而後笑之情。在同人此爻。先則意見不合。故號咷。後則意見合。故笑。

3. 初六。藉用白茅。无咎。大過初六䷛ 文為大過之夬。兌外卦。言也。孔子解曰。慎之也。又曰。慎斯術也以往。其无所失也。慎是慎言。與詩小雅。巷伯慎爾言也。大雅、抑、慎爾出話。禮記緇衣亦引。論語學而篇。敏於事而慎於言意同。惟言者尚辭。是言當據周易卦辭爻辭。為出言之範圍。與慎言異。

4. 勞謙。君子有終。吉。謙九三䷎ 文為謙之坤。勞、爾雅釋詁。勤也。越語下。勞而不矜其功。即勞謙之意。凡能用力者。謂之勞。孔子釋以德言盛。禮言恭。謙也者。致恭以存其位也。以修身解之。非周易言者尚辭之意。釋勞字義亦與象不合。

5. 亢龍有悔。乾上九䷀ 文為乾之夬。孔子釋之。與乾上九文言同。漢魏人釋亢。孟喜作炕。假借字也。太卜所集繫辭。在爻辭上九上六。皆以窮高之字出之。說文，亢，人頸也。人之頸窮高也。上爻似之。王肅注。窮高曰亢。義允。孔子曰。貴而无位。高而无民。賢人在下位而无輔。是以動而有悔也。此四句。孔子以上爻无位。與乾文言六位時成。說卦傳故易六位而成章之說相矛盾。至貴字卦辭爻辭未出。孔子以六爻之位。為職位之位。借此自抒身世之感。三月无君。則皇皇如焉。（見孟子滕文公篇文。）釋此爻近之。在小象言當位不當位。皆指一爻而言。此云高而无民。民字卦辭爻辭亦未出。卦名有同人家人。卦辭爻辭屢出人。彖、象、小象、文言、繫辭、代以民字。爾賢人在下位而无輔句。與爻辭不涉。動而有悔之動。指爻變。非行動之動也。

6. 不出戶庭。无咎。（節䷻初九文。為節之坎。）孔子以之釋言者尚辭。主慎密其言。不出戶庭之外。與節卦之義不合。水澤節。係治水之卦。周禮司馬職方氏之浸。鄭玄注云。浸可以為陂灌溉者。使農田可免旱澇之患。初九震得正位。故以无咎斷此爻。兌變坎。為習坎。坎之彖曰。習坎。重險也。說卦傳坎險也。侯果曰。澤上有水。以隄防為節。朱震曰。澤之容水。固有限量。虛則納之。滿則洩之。以澤為節也。朱申侯義。此爻之旨。變坎。言值大雨洪水。澤水滿盈。人皆恐懼。治水者雖不出戶庭。知水之通塞。尚不為害。故小象以知通塞也解之。通塞者。指水之限量也。而孔子以兌為口。立說。且周易爻辭未出慎密字。在艮卦六五。艮其輔。言有序。（艮，止也。輔，虞翻注，面頰骨上頰車者也。）是謂言當有一定之次序。非慎密之意。至戶庭，因中爻互艮，說卦傳艮為門闕，杜預左傳注，艮為門庭。莊二十二年注。不出。中爻互震，震，動也，出之象。今初九尚未互中爻，故不出。

7. 負且乘，致寇至。解六三文為解之恆。孔子借此文釋器字，爻辭原意，指紂用費仲惡來之類，與書牧誓。今商王受，受即紂，音別。……惟四方之多罪逋逃，是崇是長，是信是使，是以為大夫卿士。俾暴虐于百姓，以奸宄于商邑。奸宄，史記周本紀作姦軌，音義同。言紂時任用匪人，與此爻意合。而孔子曰，負也者，小人之事也，乘也者，君子之器也。小人而乘君子之器，盜思奪之矣，上慢下暴，盜思伐之矣。以器具之器，為名器之器。與禮記禮運禮義以為器同。致寇至，釋文引徐邈，寇或作戎。戎為正字。因周伐受，戎也，非寇也。且小象云，自我致戎，可為鐵證。改戎為寇，以象證此，戎為是。解內卦坎，中爻又互坎，坎為隱伏，為盜寇之象。據中爻言，六三變，中爻互變乾，乾為金，戎之象。作寇，非。繫辭云，辨是與非，則非其中爻不備者。此爻是也。

以上七引孔子之言。作繫辭者，以言尚象，動尚變，制器尚象，皆以形而上之謂道立說矣。繫辭下又列憧憧往來十二爻，亦引孔子易說，別立新義。至釋公用射隼於高墉之上，獲之无不利。解上六文為解之未濟孔子曰。君子藏器於身，待時而動，何不利之有。動而不括，是以出而有獲。語成器而動者也。以解器字動字。又介于石，不終日。豫六二文為豫之解。以幾解動。孔子曰。君子見幾而作，又莫益之，或擊之，立志勿恆。

凶。（益䷩上九文。為益之屯。）孔子以安其身而後動。易其心而後語。解動與言。唐邢璹序王弼畧例云。孔子三絕。未臻樞奧。實孔子據卜官之易。三絕之後。立新義。更臻樞奧。若律以卜官之象。則有不合者矣。

至於器。為人類日用之要需。發展為攻木之工。攻金之工。攻皮之工。設色之工。刮摩之工。摶埴之工。（據考工記）人類愈多。用器愈多。推陳出新。總不能離乎象。象之理。不能外乎算。象之形。不能外乎方圓銳弧。而形乃成。以為民用。考工記曰。

百工之事。皆聖人之作也。爍金以為刃。凝土以為器。作車以行陸。作舟以行水。此皆聖人之所作也。

是發明器具。有益民生者。皆為聖人。繫辭云。

備物致用。立成器以為天下利。莫大乎聖人。

在禮記鄉飲酒義云。

產萬物者聖人。

又樂記云。

作者之謂聖。

以上三者。與考工記同義。凡作事可法者。皆聖人也。作繫辭者。又提出包犧氏結繩為罔罟。蓋取諸離。神農作耒耜。蓋取諸益。日中為市，蓋取諸噬嗑。黃帝堯舜垂衣裳。蓋取諸乾坤。作舟楫。蓋取諸渙。服牛乘馬。蓋取諸隨。重門擊柝。以待暴客，蓋取諸豫。作臼杵，蓋取諸小過。作弧矢。蓋取諸睽，繼此以往。重言後世聖人。穴居易之以宮室。蓋取諸大壯。葬則易之以棺槨。蓋取諸大過。結繩易之以書契。蓋取諸夬，此十三卦。作者皆用蓋字。蓋者疑辭。或謙為疑辭。謙為疑辭。見禮記禮運疏。然與象皆合。苟能改進器用。以前民用者，皆得謂之聖人。與考工記，百工之事。皆聖人之作也合。以上十三卦。李鼎祚采九家易。荀爽虞翻陸績干寶諸家之說。惟九家易釋乾坤釋渙釋豫三者。足以洛誦。餘識皆膚。虞翻說。李氏刪渙豫二卦。虞氏於離與乾坤以外。如益否四之初。噬嗑否五之初，隨否上之初。小過晉上之三，睽无妄五之二。大壯為无妄兩象易。大過為中孚上下易。夬為履上下易。雖據象立說。稱心而談。惜李氏索隱已亡，不能得其概要也，李氏所未引。見於羣籍者。有路史羅苹注。引子夏傳。釋上古結繩而治。經典釋文。引京房釋斷木為耜。揉木為耒，詩豳風七月正義。引鄭玄釋蓋取諸乾坤。又周禮大宰宮正疏。引鄭玄釋蓋取諸豫又禮記檀弓正義。引鄭玄蓋取諸大過。又尚書孔序正義，蓋取諸夬。諸說亦有可采。惟鄭玄釋大過。以爻辰立說。至韓康伯注繫辭。以掃象為主。各隨卦名釋之。孔穎達正義云。

案諸儒象卦制器。皆取卦之爻。象之體。令韓氏之意。直取卦名。因以制器。案上繫云。以制器者尚其象。則取象不取名也。韓氏乃以取名不取象。於義未善矣。今既遵

韓氏之學。且依此釋之也。

孔穎達等正義。係奉敕撰定。是正王弼韓康伯之義。故曰遵韓氏之學。韓氏師承王弼。不尚象。至從名。殆涉公羊桓二年傳器從名而譌。惟孔氏正義。對於王韓之注。殊爲不滿。而又不采虞翻之說。虞說僅見雜卦一則。清人治虞氏者均不采。惟張惠言獨采。因學派不同故也。而孔氏正義措辭嚴密。較之清代折中。以明代制義羼入不同。繫傳言象。往往唯物與唯心相混。如繫辭耶、設卦觀象。繫辭焉而明其吉凶。剛柔相推。而生變化一節。推演吉凶悔吝變化剛柔四者之象。已雜唯心之論。至是故夫象聖人有以見天下之賾者。而擬諸形容。象其物宜。是故謂之象。則對唯物有初步之認識。又申明之曰。象事知器。與禮記少儀。工依于法同。因法者亦有象可象者也。

器。說文皿也。象器之口。犬所以守之。二徐本同。解語費解。姚文田嚴可均同撰說文校義云。象器九字釋文引飲食之器。从犬。㗊聲釋器疏引與徐本同。校議云。引同徐本譌。疏引器皿也。从犬。犬所以守之。與二徐本不同。沈濤說文古本攷云。尔疋釋文引器皿也。飲食之器。从犬、从㗊聲也。祖緜校聲上有脫文與今本不同。許書象形者本無其字。器爲部首。不得云象器之口。祖緜按器从㗊與口不涉。且器之得聲由㗊也蓋古人作从犬。所以守之。㗊聲。元朗所引。奪所以守

之四字。今本又為妄改耳。玉篇引同今本。當是後人據今本改。沈說蓋古文作从犬从下，亦獨恃之論。不可从。唐宋人器引說文。希麟續一切經音義二卷。（新大方廣嚴經十一卷）引器。皿也。飲食之器總名也。从犬器。眾皿。（祖綿按，皿係口之譌，見器解。）犬以守之會意也。又八卷（根本說一切有部毘奈耶藥事九卷）引云。皿也。从器。从犬。器、眾口也。像器之形。犬以守之。同是一書。而引文不同。疑希麟隨心竄改也。司馬光類篇引。犬近以守之義更不通。丁度集韻六至引同今本。器之詁義。紊亂至極。朱駿聲以玉篇器俗字器。从工頗有意理。但未能辨从犬从工之是非。至於器。所包甚廣。釋文所引飲食之器。與爾雅釋器一章不能符合。且置全文而不顧。邢疏不采。頗有見地。史記五帝本紀。舜作什器於壽丘。索隱。人家常用之器非一。什器又謂之什物。三蒼。什，聚也。雜也。吳楚之間。謂資生雜具謂什物。（慧苑華嚴經音義二十八卷引。）可證器不限飲食之器。字當从犬。不从工。从工者。後人不知犬字之義改之耳。較周伯琦謂器从㗊。从缶同一不足為據。疑許書原文。器。皿也。象犬之器。所以守之。从犬。从器。器亦聲。器。眾口也。古時穴居。穴內狹窄。器置穴外。防人破壞盜竊。以犬守之。犬眾故聲器。此與獄字二犬所以守之同為會意。

制器尚象。闕而不講已久。並且以工為賤事。為儒者所不齒。故此句漢人僅有荀爽鄭玄兩說。唐以後言心言理言性言道。制器尚象不為所重。此繫辭所謂仁者見之謂之仁。知者見之謂之知。百姓日用而不知。故君子之道尠矣。斯言得之。尚象之學。宋劉牧易象鈎隱圖。始重視之。黃宗羲象數論原象篇。譏劉氏每談總象。又雜以四者而為言。（祖綍按、四者指尚辭尚變尚象尚占。）以是不免穿鑿附會之弊。羲故別著之。以為象學。以六十四卦中。五十二卦一一分敘之。而否泰臨觀遯大壯損益中孚小過既濟未濟十二卦。則兩卦連類。亦非周易之蘊也。如坤卦以農功。坎卦以治水。節卦以蓄水。皆有足取。蹇卦以蹇難之時。唯君子反身修德。固守名教。有干城之象。亦如燕盡齊城。獨莒即墨不肯下耳。此黃氏自抒身世。以莒即墨喻舟山一島。以復明社。惟與象未合。而最可取者。係解需卦之象。全錄如下。

需為飲食。農者。飲食所自出也。需郊、需沙、需泥、需穴，皆農事也。血即洫字，需血者。致力於溝洫。由是而歲功成矣。故得酒食以速客。古者穴居。農事興而出穴。農事畢而入穴。此四上之義也。

說頗新穎。四上之義，言六四出于穴。上六入于穴也，血即洫。前人所未言。在字義。洫為血之孳乳。古時字少。義可通。需卦的血與穴。自漢至今。注解皆恍惚其辭。以黃氏之說為切。

或曰。制器尚象。胡安世提出頗詳。在大易則通十五卷。別著制器尚象圖。答曰。然。舉繫辭離至夬。十三卦。集宋人之說。在離舉胡炳文說。益舉郭雍說。噬嗑舉鄭剛中說。乾坤舉朱震謝枋得胡炳文說。渙舉張栻說。餘則參以己意。其結論鄭舜舉、（鄭舜舉名汝諧。原文誤作程。）鄭子器以偉。兩說皆未能深造。膚說也。

沈善登需時眇言。原象一卷。以光氣二者立說。卦辭出光字者，在需光亨貞吉。又爻辭觀六四。觀國之光。此句光字與光氣無異。餘則見於彖象。氣則卦爻辭皆未出。僅見於繫辭說卦傳文言。此雖是沈氏一家言。對於物理學頗有創獲。篇中對於制器二字不提。不知器即萬物。彖繫辭文言序卦傳。重言萬物。說文：物，萬物也。物勿聲。說文勿旗也。周禮宗伯司常掌九旗之物名……雜帛為物……大夫士建物。又勿為一種標識。在易从日从勿。亦標識之意。彖象兩字亦含有勿意。沈氏注意於光與氣。而不及制器，未免疏忽。其補遺一卷。補原象原數。提出天地同根，萬物一體等語。流入唯心矣。

近人杭辛齋亦言制器尚象。其言云：

繫辭曰。以制器者尚其象，又慮後世之無所則也。特舉作結繩而為網罟。以佃以漁。蓋取諸之十三卦。以示其例。又慮後人之不能通其變也，特於乾坤二卦明示之曰通其變。使民不倦。神而化之。使民宜之。易窮則變。變則通，通則久。又慮通變者之不能得其道也。於是于後三卦。特別易字。以示易窮則變之道……深望後之人能變通盡利。凡古人所制而未盡完備。與完備而未能精美者，咸俟據象數易而新之。（學易筆記二集卷一）

杭氏知因象而得易之用。而又慨冬官之書已亡。作工者遂失學術。其說良是。然據小過象飛機。復姤兩卦象來復線螺旋機。（見讀易雜識）皆憑空肊說。杭氏又云。以卦言之。小過飛鳥遺之音。固未知今日之有飛機也。而象確肖之。既濟未濟之曳其輪。固未知今日之有汽機也。而象已不啻曲繪之。古未當看化學之分劑也。而今日化學各原質之分化輕重。其量劑數。無不與六八卦之數合。見易楔卷三、意象影象、又化學各原質之分化輕重。見學易筆談初集卷四。杭氏以從來說易性理為高。无科學知識以研究之。故慨乎言之。

惟所舉復卦辭七日來復為來復線。始為螺旋機。不免附會。茲辯如下。

一、象與數。不能分離。韓簡曰。物生而後象。象而後有滋。孔穎達以滋為滋多。滋而後有數。左傳僖十五年文。可證象數相因而生。復卦辭七日來復。杭氏附會來復線。乃[illegible]至七字。杭氏易數偶得釋七。僅舉七七四十九。及先庚先甲。未能盡數之蘊。杭氏又以七巧七七斗數輪旋。二八數合。原注即坤艮合。解七。見學易筆談二集卷四。亦言外之意。王弼復彖注云。陽氣始剝盡。至來復時七日。王注剝盡之剝。當不是剝卦。因乾之消。初爻始。二爻遯。三爻否。四爻觀。五爻剝。上爻坤。至坤陽始盡。剝則尚未盡也。孔穎達正義云。坤卦之盡。則復陽來。孔氏又云。復者。反本之謂也。因坤用息。初爻復。二爻臨。三爻泰。四爻大壯。五爻夬。上爻乾。復為反本之始。卦有六爻。爻主一日。至七日。其數等於一。以算術證之。例如7除123456六個數。其式如下。

$7\div1=.142857\frac{1}{7}$　$7\div2=.285714\frac{2}{7}$。　$7\div3=.428571\frac{3}{7}$。　$7\div4=.571428\frac{4}{7}$。

$7\div5=.714285\frac{5}{7}$。　$7\div6=.857142\frac{6}{7}$。　$7\div7=1$。

如上式。以七除一二三四五六。得數六個小數盡。一仍為一。二仍為二。三仍為三。下類推。到七除以七得一。此繫辭所謂極其數。遂定天下之象也。復為一故曰來復。第二組8到14。公式如下。

8−7=1．9−7=2。10−7=3。11−7=4。12−7=5。13−7=6。14−7=7。

其第二組除法如上不贅。第三組為15到21。公式如下。

15−(7+7)=1。16−(7+7)=2。17−(7+7)=3。18−(7+7)=4。

19−(7+7)=5。20−(7+7)=6。21−(7+7)=7。

其第三組除法亦如上不贅。第四組為22到28。公式如下。

22−(7+7+7)=1。23−(7+7+7)=2。24−(7+7+7)=3。25−(7+7+7)=4。

26−(7+7+7)=5。27−(7+7+7)=6。28−(7+7+7)=7。

其第四組除法亦如上。不贅。

第五組29到35以28減之。得1 2 3 4 5 6 7。

第六組36到42以35減之。得1 2 3 4 5 6 7。

第七組43到49以42減之。得1 2 3 4 5 6 7。

第八組50到56以49減之。得1 2 3 4 5 6 7。

第九組57到63以56減之。得1 2 3 4 5 6 7。

第十組卅到70以63減之。得1234567。

以上提出十組。十一組以下。到无盡組。總不出上列各數。

七日來復。乾初爻消姤䷫為一日。二爻消遯䷠為二日。三爻消否䷋為三日。四爻消觀䷓為四日。五爻消剝䷖為五日。上爻消坤䷁為六日。坤初爻息復䷗為七日。即卦辭之七日來復。此據消息立說。今說易者以爻主一日。為周易乾坤兩卦。六爻的之變來解七日來復。則扞格難通。孔穎達正義序。引鄭玄說。以對比王弼注七日為七月。是以十二辟卦立說。凡卦爻辭。以日為陽。月為陰。其數則日與月同。極數為七。見周髀算經。

七首為一極

算經出極字不可勝數至結論方出此句趙君卿注曰

極終也言日月星辰弦望晦朔寒暑推移萬物生育皆復始故謂之終

李籍音義皆復始作終而復始又曰七首為一極凡三萬一千九百二十歲也趙注李義皆未確。日月星辰弦望晦朔，至三萬一千九百二十歲。因歲差之故。雖千萬年不能復始前數。至萬物生育皆復始。更違易理。虞翻以極為三極。望文生義。不可從。

二．杭氏以始螺旋機，在讀易雜識中曾提出之，而未詳言之，雖屬附會，然對於制器尚象。可觸類引伸。不能以作周易時无螺旋機而廢之。惟杭氏僅以姤卦為螺旋機。此實乾坤兩卦爻變的作用。係一進一退。陽進陰退。由乾而姤而遯而否而觀而剝至於坤。進也。復由坤而復而臨而泰而大壯而夬至於乾。退也。當舉乾坤兩卦之位。以螺旋機擬議則可。若僅舉姤卦。不過螺旋稍入而已。不若以䷀乾䷁坤䷖剝䷪夬四卦。反合於象。

二、畧論卦爻辭制器尚象

制器尚象。為治易所忽視。凡物[illegible]可器名也。並不限於日用之物。易象已亡。在周易卦辭爻辭中。无制器之法。但卦爻辭既係卜官據象定辭之作。若从卦爻辭鉤稽制器尚象之義。亦可畧窺一二。茲探索如下。

1. 乾九二䷀見龍在田。 按。田。說文。陳也。樹穀曰田。象四口。十。阡陌之制也。小徐本制上有形字。釋名。釋地。已耕種者曰田。書禹貢厥田惟中中。鄭玄注。據人功作力競得而田之。則謂之田。干寶注曰。二為地上。田為地之表。而有人功者也。孔穎達正義曰。言田之耕稼。利益及於萬物。盈滿。有益於人。猶若聖人益於萬物。故稱田也。孔說不及干氏。此文龍言變。見為說卦傳相見乎離之見。田。繫辭作結繩為罔罟。以佃以漁。佃一作田 蓋取諸離。田之阡陌似罔罟。是田由佃進化而來。田佃古一字也。此為游牧進而農業。地改為田之象。下文利見大人。與九五同。凡太卜所集卦辭爻辭。有利字者。其範圍必乾兌兩宮所屬之卦。或內外卦有乾兌。或中爻互乾兌。或錯乾兌。或兩卦連續和聯繫有乾兌。不是憑空虛下的乾卦二五兩爻皆曰利見大人。利係乾。見係離。大人離象曰。明兩作離。大人以繼明照于四方。象之所云。疑是卜者之術語。此兩爻出大人。是根據離而言。孔穎達正義。批判諸家對利見大人的得失。謂王弼以利見大人。唯二五焉。是二之與五。俱是大人。為天下所利見焉。而褚氏張氏同鄭康成之說。皆以為九二利見九五之大人。其義非也。且大人之文。不專在九五與九二。故訟卦云。利見大人。又蹇卦利見大人。此大人之文。施處廣矣。故輔嗣注謂九二也。是大人非專九五。孔說辯矣。惜尚未能盡舉訟蹇兩卦。而遺萃卦云。利見大人。巽卦云。利見大人。以爻論而遺蹇上六利見大人。至利字根本未能探其源。乾九二九五之利。由乾而來。訟之利見大人。訟外卦乾。中爻有離。故曰利見大人。蹇為兌宮四世卦。中爻又互離。故亦曰利見大人。其例如此。不僅限於九二九五也。此言人能改地為田。有益於人。以利天下者皆得謂之大人。見又含一義。如禮記坊記不有見焉。注、見。為覲其才藝也。可作參解。更有以詩小雅斯干無羊兩篇。大人占之之大人以證此。殊非。

2.坤六四䷁括囊。按，坤卦六爻皆言女子章身之具。括，虞翻注。結也。王注孔疏與虞同。釋文又引方言。括、閉也。見方言十二。六四中爻互艮。艮為手，括之象。坤為布可製囊。又坤為吝嗇。囊如其象。虞翻又以巽為繩。以坤六四旁通巽也。不可從。

3.坤六五䷁黃裳。按，說文黃地之色也。裳為常，重文下帬也。左傳昭十二年，子服惠伯釋此爻。黃，中之色也。裳，下之飾也。似說文據此。王弼注同。黃為地之色。與說卦傳坤其於地也為黑兩歧。崔憬曰黑。坤十月卦。極陰之色。故其於色為黑也。說卦傳以辟卦立說。此據文言天玄地黃立說。在土壤而論。對於種植不在土色而在土之肥磽。若加以人工磽化為肥。王充論衡驗符篇。黃為土色。位在中央。王充此論為宣漢之辭。至土位在中央。見呂覽季夏紀。六五變艮。中爻互剝。裳之象。卦屬坤。黃之象。

4.蒙初六䷃用脫桎梏。按，說參十五章中爻釋例。大畜六四童牛之梏。孔穎達正義在足曰桎。在手曰梏。尒疋尒疋據劉氏嘉業堂刊本。杻謂之梏。械謂之桎。宋本尒疋係廣雅之譌。廣雅釋宮。此文當在釋器。係錯簡。杅謂之梏。械謂之桎。說文。械，桎梏也。杅，械也。桎，足械也。梏，手械也。四字連續互訓。廣韻五質。桎，桎梏。在足曰桎。又二沃，梏，手械，紂所作。此爻外卦艮。說卦傳艮為手。中爻互震。說卦傳震為足。又艮止也。止其手足。桎梏之象。初六變兌。兌，說也。說，說文釋也。脫義同釋。說脫皆兌孳乳。尚書說命。釋文。本又作兑。又禮記文王世子，武王不說冠帶而養。釋文不說作不稅。云。本亦作脫。又作說。又同篇引兌命曰注，兌當為說。說命。書篇名殷高宗傳說之所作。又緇衣篇亦引兌命。注同上。彖說卦序卦。皆以兌釋說。兑說脫稅古通用。兑為毀折。脫之象。與小畜九三與說輻。大畜九二與說輹之義同。

5.需六四䷄需于血。 按黃宗羲讀血為洫。洫說文田間水道也。田之有洫。猶人身之有血。故以血得聲。說卦傳以坎為血卦。外卦坎也。六四為需之夬䷪。外卦為兌。兌為澤蓄水之所也。釋名釋言語。夬決也。謂水性趨下。循道而行。夬之䷪五畫象阡陌。以兌澤之水。順流而下。使田无旱澇之患。猶人身之血流行不息。而无疾病之痛。洫為血之孳乳。其意如此。

6.需六四䷄出自穴。 上六䷄入于穴。 按。黃宗羲以穴為繫辭上古穴居而野處之穴。穴說文。土室也。穴先于宀。詩大雅。公劉。陶復（復說文作𡨄。地室也。）陶穴。未有室家。是其證。外卦坎。坎、說卦傳。坎陷也。穴之象。需六四坎變兌。說卦傳。兌說也。說脫古通。脫有出意。需上六坎變巽。說卦傳。巽入也。故曰入。此出入之象。

7.訟九二䷅三百戶。 按。戶九二變。中爻互艮。說卦傳。艮為門闕。戶之象。

8. 訟上九䷅或錫之鞶帶。　按上九變中爻互巽。說卦巽為進退。故曰或。乾九四或躍於淵。據變巽立說。坤六三或從王事。據互震錯巽立說。孔穎達正義云凡言或者或之言有也言或有如此。故言或。孔說是也。鞶帶皆以為大帶。求諸於象則不合。鞶从革當以革為之禮記內則。男鞶革。女鞶絲。男鞶用革。與白虎通衣裳論帶男子所以有鞶帶者。示有金革之事也。是鞶以革為之之證。此爻內卦坎。說卦傳坎為矯輮。釋文矯一本作橋。輮京房作柔。荀作橈。馬鄭陸王肅作輮。宋衷王廙作揉。宋云使曲者直直者曲為揉。皆懸而未斷。鞶帶當從革柔揉義。通考工記輪人揉輻必齊。新人出揉和。鮑人欲其柔而滑也。揉繫辭揉木為耒。說文未出字當為煣。柔為正字。楚辭惜誦檮木蘭以橋蕙兮。王逸注。橋猶揉也。是橋柔乃工人施工之術語。攻木之工則使曲者直直者曲。攻皮之工則使堅者為柔而已。然非藉水火不能奏功。故為坎象。互卦有離又互卦巽。說卦傳巽為繩直。帶之象。

9. 比初六䷇有孚盈缶。　按鄭玄釋此爻與離之九三不鼓缶而歌同以爻辰取象。爻辰之說。即繫辭所謂在天成象。惟此爻其象明顯可不用爻辰。缶瓦器。為坤土制成。初六變中爻仍互坤。坤為土。坤又為釜。缶形似釜。此繫辭重言像其物宜。又重言象也者像此者也。故象義至廣。缶。鄭玄曰。汲器也。左傳襄九年。宋災。……具綆缶。杜預注。綆。汲索。缶。汲器。說文缶瓦器。所以盛酒漿。說文此解。對缶的功用。未免過隘。凡流汁之物。缶皆能盛之。虞翻注此。謂坤器為缶。坎水流坤。初動成屯。屯者盈也。屯象曰雷雨之動滿盈。故盈缶。虞說簡而明。缶又可樂器。此外卦坎。坎為耳。初六變震。震動有聲。入人之耳。樂器也。八音有土。缶屬土音。

10.小畜九三䷈輿說輻。 按。小畜為巽宮一世卦。巽陰曰小。大畜為艮宮二世卦。艮陽為大。大畜九二，岳珂相臺本作輿說輹。左傳僖十五年車說其輹。亦作輹。輻輹兩字異義。漢人以釋此。不能分析。在說文。輻。輪轑也。輹。車輪縛也。其義各異。而輹下又引易輿脫輹。小徐本作車脫輹。[illegible]明係小畜之九三。大畜九二爻文也。說文。轑。一曰輻也。自漢以來釋易者。皆未能證明兩字之同異。而虞翻大畜改輹為腹。孔穎達正義。又以大畜之輹為輻。而清代治漢學者。對此莫衷一是。項安世周易玩辭早已明辯。謂輻。車轑一字。轐轑。古也。輹。車轉軸也。輻無說理。必輪破轂裂。而後說。輹則有說時。車不行。則說之矣。不過項氏之說亦有語病。輻與輹。皆能說。老子三十輻共一轂。考工記。輪人。轂也者。以為利轉也。輻也者。以為直指也。說文以輪轑解輻。車之有轑。猶屋之有橑。大戴禮。保傅。古之為路車也。蓋圓以象天。二十八橑以象列星。軫方以象地。三十輻以象月。大戴禮襲考工記輈人文。[illegible]及大戴禮[illegible]

顯明。故舍之。以象證爻。小畜九三當為輹。因九三大象為離。說卦傳。離其於人也為大腹。車之輹。猶人之復。此繫辭所謂近取諸身。遠取諸物也。九三中爻互震。國語晉語四。震車也。按震為車。說卦傳不出。疑佚。震為大塗。車之所行。九三變兌。兌說也。又兌為毀折。說之象。中爻又互艮。艮止也。止而不行。說也。至大畜九二。與說輹。釋文或作輻。譌。因九二變坎。坎為月。月三十日。此係陰曆一月之約數。故制車者以為輻。象一月之數。作輻爾然。以韻讀證之。則當為輹。不當為輻也。

11. 泰上六䷊城復于隍。按上六變艮。說卦傳。艮為山。城之象。說文。隍。城池也。有水曰池。无水曰隍。復、反也。因九四至上六似復卦。言城復為隍。沈起元周易孔義集說謂坤土在上。中爻震動兌毀。有牆高基下。根搖本撥之象。近人多宗之。不知沈氏係襲孔穎達正義語。惜復義皆縣而未斷。復古與覆衣意同。復于隍。即國亡後之隳城。

12. 同人初九䷌同人于門。按初九變艮。說卦艮為門闕。

13. 同人九三䷌升其高陵。按九三變震。中爻互艮。尔雅釋山。大阜曰陵。楊以迥周易通釋云。體勢似山而非山。象九三本艮爻。艮爻二字譌。當云艮位。而卦非艮也。楊氏通解。全書可采者惟此解爾。然陵亦有出於人工者。如廣雅釋丘陵冢也。古帝王之冢曰陵。左傳僖三十二年。其南陵夏后皐之墓也。是其證。升序卦傳。聚而上之謂之升。艮為足。升之象。

14.同人九四䷌䷤乘其墉。　按。墉、說文、城垣也、說卦傳、乾為圜。墉之象。九四變。巽說卦傳。巽為高。乘之象。詩豳風七月、亟其乘屋。傳。乘。升也。

15.大有九二䷍䷝大車以載。　按。九二變。坤得正位。取象於坤。說卦傳。坤為大輿。大車。釋文。蜀才作輿。車輿兩字通用。載即坤象坤厚載物。坤象地勢坤。君子以厚德載物之載。

16.豫九四䷏䷁朋盍簪。　按。此爻辭漢魏人釋者至多。茲擇京房鄭玄虞翻王弼四家之說。擇要采錄。餘若子夏傳馬融荀爽王肅之說。則不着一字。朋。復卦辭朋來无咎。釋文。朋。京作崩。漢書五行志。引京說同。又云自上下者為崩。此爻實言束髮。束髮亦自上而下。或謂朋係繃之假。說文。繃。束也。字亦省作綳。盍。王弼注。合也。簪。鄭玄注。速也。鄭訓速。其義難通。疑速為束之譌。大戴禮保傅篇。束髮而就大學。注。束髮為成童。簪。說文。先。首笄也。从人匕。重文簪。解云。俗先从簪。京房作撍。虞翻注。舊讀作撍。虞氏所謂舊讀。係指孟氏易。王引之經義述聞。以撍為正字。簪為假字。王說非。撍。說文无。是簪與撍。皆失之俗也。此言束髮自上下者。以簪合之。義甚明顯。至訓簪為疾。則失其義。此爻尚象。內卦坤。坤為眾。髮之象。外卦震。震為蒼筤竹。為制簪之品。中爻互艮。艮止也。止髮為簪。艮其於木也為堅多節。故製簪取之。此爻清人治易者。對簪字强調殊多。如惠士奇易說。簪起於秦漢。古无字。訓為速。不訓為聚。非聚髮之笄。何以知之三傳三禮。及先秦諸子之書。皆言笄。不言簪。惟一見於士喪禮。復者一人以爵弁服簪衣於裳。注。簪、連也。又云鹽鐵論。神禹治水。遺簪不顧。此漢人之說。不足據也。其子棟周易述疏。謂王弼從京氏之本。又訛為簪。後人不識字。訓為固冠之簪。爻辭作於殷末。已有秦漢之制。異乎吾所聞也。至王弼從京氏本。惠說无據。王引之經義述聞云。王應麟曰。朋盍簪。簪疾也。至侯果始有冠簪之訓。晁景迂云。古者禮冠。未有簪名。王說見困學紀聞。侯說見李氏集解。晁說見周易會通。馬國翰自耕帖據鹽鐵論正王說之非。不知其說早為惠氏所詰。此馬氏未見易說所致。至簪在荀子賦篇。簪以為父。管以為母。此非先秦諸子之說乎。何以惠王父子未之見耶。虞翻簪作戠。戠、說文解闕。虞翻書寁字。寁戠。蓋欲與疑為叶爾。

17. 噬嗑初九䷔屨校滅趾。　上九䷔何校滅耳。　按。初九處下故曰趾。上九處上故曰耳。校。說文木囚也。兩爻皆有震象。故曰木。內卦震。震為足。變坤為足趾處地之象。上九變震。加木於首。中爻互坎不變。坎為耳。初九干寶曰。趾、足也。屨校、貫械也。上九鄭玄曰。離為槁木。坎為耳。木在耳上。何校滅耳之象也。干氏以屨校為貫械。即在足曰桎。與屨義尚未能符合。屨。說文履也。履、足所倚也。朱駿聲釋校。屨校滅趾。若今軍流人犯。新到配所着木韡。何校滅耳。若今項枷也。朱說近是。何當從王肅云。荷擔。滅盡也。惟噬嗑雜卦傳。

食也。其彖曰。頤中有物曰噬嗑。頤䷚六三變為噬嗑。是噬嗑與頤。皆言飲食。六三噬腊肉。九四噬乾胏。六五噬乾肉。皆以食物立說。至卦辭利用獄。卦无獄象。又无利象。惠棟周易述疏。引虞翻注。坎為獄。此說卦傳无之。又釋文引九家易坎為叢棘。而惠氏據之強調之曰。叢棘獄也。不知坎之上六。係用徽纆寘于叢棘。實指上六變巽而言。巽為繩直。故象係。象徽纆。巽為木。象叢棘。與坎不涉。余疑利用獄。係秦時酷吏所增。與漢書董仲舒傳。刑者。君之所以罰之也相似。噬嗑言食。賁言服用。與管子牧民篇。衣食足而後知榮辱之意。而賁之大象亦以折獄解之。皆屬匪夷所思。噬嗑六二與初上兩爻之辭。與餘爻異旨。由獄字妄竄爾。

18.噬嗑六三䷔之䷝噬腊肉有毒。　九四䷔之䷚噬乾胏得金矢。　六五䷔之䷘噬乾肉。得黃金。　按。說詳上第十七章九宮考異。腊肉即乾肉。釋文馬云。晞於陽而煬於火曰腊肉。鄭注周禮小物全乾曰腊。馬融注。外卦離。晞於陽也。六三變又離。煬於火也。因震木變又離。燃木為火也。鄭玄說見周禮冢宰腊人。陸德明引而未全。原文大物解肆乾之謂之乾肉。……小物全乾。曰腊二字。非原文也。腊荀爽作昔。見李氏集解。昔為正字。說文昔。乾肉也。从殘肉。日以晞之。重文𦡪。徐鍇曰。今人作腊。腊俗又作焟。廣雅釋詁二。焟、乾也。國語周語下。厚味實腊毒。韋昭解。腊。亟也。譌。腊无亟義。又鄭語。毒之酋腊者。其殺也滋速。韋昭解。腊。極也。亦譌。與此文意同。惠棟周易述疏。以坎多眚證毒。失其義。當以坎為隱伏。證之為當。隱是禮記曲禮不以隱疾之隱。伏為國語晉語八。物莫伏於蠱之伏。隱伏如逃亡之類皆屬之。此言腊肉至久。其質變。故有毒。王充論衡言毒篇曰。夫毒。太陽之熱氣也。又曰。他物之氣。入人之鼻目。不能疾痛。火煙入鼻。鼻疾。入耳。耳痛。火氣有烈也。物為靡屑者多。王說是也。今腊肉為日光火氣。有毒无疑。體弱之人。食之過度。而毒即發。至以多眚為毒。乃不明字詁。說文。眚。目病生翳也。从目。生聲。至腊肉其象所包至廣。內卦震。說卦傳。震為龍。鱗蟲之代表也。外卦離。離為雉。代表鳥類。離又為鱉。為蟹。為蠃。為蚌。為龜。代表介類。中爻互坎。坎為豚。互艮。艮為狗。六三變。中爻互兌。兌為羊。古時腊肉品類至多。不若今之簡矣。惟後之解噬嗑者。爻爻以利用獄立說。余所不取。此三爻凡品物加以人工者。皆得謂之器。故爾雅廣雅釋器。不限於日用之物。

19. 賁初九䷕舍車而徒。　按。震為車。中爻互震也。初九變艮。說卦傳。艮止也。禮記月令。耕者少舍。注。舍。止也。互震。震為足。徒行之象。

20. 賁六五䷕賁于丘園。束帛戔戔。　按。賁為艮宮一世卦。丘園據艮宮一世卦而言。艮為山。丘小於山。亦山類也。艮又為果蓏。果蓏園之產物也。故爻象之。此爻諸儒皆以聘賢立說。係儒家言。孔穎達正義云。諸儒以為若賁飾束帛。不用（阮本作困。非。）聘士。則丘園之士（阮本作上。）乃落也。若賁飾丘園之士與之。故束帛乃戔戔也。諸家注易。多為此解。但今案輔嗣之注。全无聘賢之意。且爻之與象。亦无待士之文。輔嗣云用莫過儉。泰而能約。故必吝焉。乃得終吉。此則普論為國之道。不尚華侈。而貴儉約也。若從先師唯用束帛招聘丘園。以儉約待賢。豈其義也。孔氏義正。惜王說亦膚。上爻六四。言匪寇婚媾。此爻正式昏禮。丘園之家子女皆嫁。當以儉約為主。周禮司徒媒氏。凡嫁子娶妻。入幣純帛。無過五兩。鄭玄注。凡於娶禮必用其類。五兩十端也。必言兩者。欲得配合之名。十者。象五行十日相成也。士大夫乃以玄纁束帛。……雜記曰。（禮記篇名。）納幣一束。束五兩。兩五尋。然則每端二丈。儀禮士昏禮。納徵。（注：徵，成也。今謂之告吉。言告成婚之吉日。）玄纁束帛儷皮。此言婚禮束帛。其象原於艮宮之艮卦。因艮卦陽畫二。陰畫八。合之為十。此說卦傳所謂觀變（釋文一本作變化。）於陰陽而立卦也。六五變巽。（巽為白。）虞翻注。巽為帛。為繩。艮手持。故束帛。禮記玉藻。大帛不緌。鄭玄注。帛當為白。聲之誤也。鄭說未諦。其實帛為白之孳乳。凡言帛者。（繒不染色。）取顯明之義。說卦傳。齊乎巽。巽東南也。（此句以洛書言。）齊也者。言萬物之絜齊也。廣雅釋器。絜，白也。是巽為白之證。惠棟昧於象。在周易述取荀爽說。疏則取九家易。坤為帛。不知賁之六五。卦畫无坤。取象不正。失易之旨。戔戔。漢魏人立說无確詁。王弼以儉以約立說。是戔戔有小義。艮為少男。少男小也。按沈括夢溪筆談十四卷曰。王聖美治字學。演其義以為右文。古之字皆從左文。凡字其類在左。其義在右。如木類。其左皆從木所謂右文者。如戔小也。水之小曰淺。金之小曰錢。歹而小者曰殘。貝之小者曰賤。如此之類。皆以戔為義也。王說可采。右文今謂之孳乳。內卦離。六五變又互離。離彖曰。離，麗也。說卦傳同。麗有兩義。儷皮亦納徵之品。

21. 剝初六䷖ 剝牀以足蔑貞凶。 六二䷖ 剝牀以辨蔑貞凶。 按。初六六二皆出蔑貞凶。爻辭僅見此。恐係錯簡。後馬融虞翻皆云。蔑无也。貞為坎。初六无坎蔑貞是也。剝象山與地。其間无水。凶也。而六二變坎山與地皆有水。不得謂之蔑貞。余故疑為錯簡。初六以足。六二以辨。曰足曰辨。文言牀之足辨。非人之足辨。王引之經義述聞。謂辨當讀為蹁。說迂。以六爻之象參之。剝象牀形䷖。今初六變震䷚。震動也。又為足。止即止。說文下基也。小徐本无基字。牀之下基已動。則人不能安身。故凶。辨說文判也。諸家釋辨至夥。惟釋文黃穎云。牀簀也。義可取。簀爾疋。簀謂之笫。小爾疋廣服。簀牀簀也。方言五。牀齊魯之間謂之簀。注牀版也。說文。簀牀棧也。史記范睢傳。睢佯死即卷以簀。索隱云。簀謂葦荻之薄也。用之以裹其屍。也。笫爾疋釋器。簀謂之笫。今北地之坑。坑為牀之轉音也。鋪以筵席。或以葦荻為之。或以竹為之。在釋名。釋牀帳。筵衍也。舒之平之衍衍然也。席釋也。可卷可釋也。周禮春官。司几筵。鄭玄注。筵亦席也。鋪陳曰筵。藉之曰席。牀笫之鋪陳也。俗謂之鋪平。不知鋪平即釋名之滿平。謂以蒲為之。其體平也。六二變爻坎中爻☳震☷坤。說卦得震為蒼筤竹。為萑葦。坤為均。則簀象似之。詩衛風淇奧。綠竹如簀。傳，積也。積當假借為績。言竹叢密如績物之簀。

22. 剝上九䷖碩果不食。君子得輿。小人剝廬。　按剝外艮。說卦傳艮為果蓏。果之象。上九艮。艮止也。不食之象。變坤、輿。坤為大輿。艮為門闕。廬之象。今艮變坤。坤為地。室廬變地。剝也。　先子周易易解云。艮為果蓏。又為小石。虞氏翻以碩為石。古文通果如石。不可食。即核也。核者剝之盡者也。故居上九……而艮止之。不食之象。然核為仁。仁者木之賴以生也。君子不食。迨其成材。得之可以為輿。因坤為輿。變坤則得輿。小人則否。必剝而食之。至剝廬時。則无材可取。因艮為門闕。今變為坤。則艮已失。剝廬之象……以喻君子小人憂慮有遠近之別也。程傳及胡炳文本義通釋。皆以果中有仁立說。惜未能盡其旨。

23. 无妄六二䷘不耕穫。不菑畬。則利有攸往。　按說見十一章25論无妄。坤靈圖以无妄為堯時治洪水。耕穫菑畬。皆從手。艮之象。今變兌。兌為毀折。不耕不穫。不菑不畬也。禮記坊記。引不菑畬下有凶字。惠棟周易述疏云。舊脫凶字。故卦義不明。禮記坊記有之。蓋七十子所傳。當得其實也。鄭玄坊記注云。言必先種之乃得穫。若先菑乃得畬也。安有無事而取利者乎。田一歲曰菑。二歲曰畬。三歲曰新田。坊記以此坊民。識民之務得其祿。不務其事爾。

鄭注不出凶字。至鄭注菑畬。與爾雅釋地異。彼云。田一歲曰菑。二歲曰新田，三歲曰畬。釋文
馬融菑畬同尔疋。董遇菑反草也。悉耨曰畬。是耕穫治已熟之田。菑畬治新墾之田。釋文
引說文畬二歲治田也。大小徐本皆作三歲。惟大徐本不菑畬下有田字。段玉裁云。田汲古
以爲行。而空一字。宋本皆有之。蓋凶字之誤。許所據與坊記引同。至菑說文作䔅。菑不治
田也。易曰不菑畬。徐鍇繫傳云，以爲當言從巛。原注音災。從田。田不耕則草塞之，故從艸巛。巛者川壅也。
惟爻云。不耕穫，不菑畬。下文續以則利有攸往，實不可解。王弼注云。不耕而穫，不菑而畬。代終
已成。而不造也。不擅其美。乃盡臣道。故利有攸往。乃言世祿之家。不耕而食。所謂食舊德者
是。食舊德，訟六三文。然與无妄卦辭不利有攸往相矛盾。无妄卦言洪水爲災。故不利有攸往。而六
二則利有攸往。以象徵之。則字不當與坊記之凶意更兩歧。六二變兌而曰則利有攸往。上
九亦變兌而曰无攸利。彼此互證。可知則字之譌。而小象不舉全爻。僅言不耕穫未富也。未
富又與則利有攸往相矛盾。至云不耕穫不菑畬爲利有攸往。雖五尺童子，亦知其非。又就
十翼證之。象曰。茂對時。育萬物。不耕穫。不菑畬。則農違其時。地不載物矣。不是利有攸
往。序卦傳云。有无妄然後可畜。畜，釋文本亦作蓄。故受之以大畜。在坤靈圖云。大畜天災將至。豫
畜而待之，人免於饑。因大畜與无妄爲上下卦。豫畜之法。在耕穫菑畬。若曰不。則无物可蓄。亦

不是利有攸往。說卦傳曰。无妄災也。民以食為養。若不耕穫菑畬。則五穀不生。人盡餓莩。何能免災。更不是利有攸往。舉此三例。則係譌字无疑。總之无妄之卦名。昔多誤解。有以戰國策楚策四朱英語春申君曰。世有无妄之福。又有無妄之禍。史記春申君列傳、無妄作毋望、古通、漢書谷永傳、後漢書蔡邕傳、劉淵吳都賦注易无妄曰、災氣有九、陽厄陰厄、像易緯名也。以易无望為周易之无妄卦。此其一。有以无妄為大旱之卦。虞翻云。京氏及俗儒釋文馬鄭王肅皆云、妄猶望、謂无所希望也。虞云、俗儒指馬鄭。以為大旱之卦。萬物皆死。无所復望。失之遠矣。有无妄然後可畜。不死明矣。若物皆死。將何畜聚。以此疑之。虞氏據序卦傳。復以不妄解之。不若陸德明所據无妄。无虛妄也。反為利解。因言治洪水之方法，无虛妄也。至大旱之卦。係京氏輩反以坤靈圖洪水之說。而釋文又舉馬鄭王肅之說。謂妄猶望。為无所希望也。亦以大旱立說。蓋以洪水之說。无妄之卦无坎象為疑爾。不知繫辭已云。若夫雜物撰德。辯辯一作辨。是與非。則非其中爻不備。因无妄中爻互漸䷴。漸又互未濟䷿。皆有坎象。洪水因未濟有兩坎。且爻不得位。故以洪水目之。此其二。句當從卦辭作不利有攸往為允。因洪水氾濫。不能耕不能穫。不能菑不能畬。故不利有攸往。以師比兩卦卦辭无咎例之。師六二六〻六五皆出无咎。比初六亦出无咎之類也。

24. 无妄九五䷘勿藥有喜。　按，說文。藥，治病草，上古樂用艸。後又增以木。故曰本艸。說文。

本木下曰本。虞翻注。巽為木，艮為石。故稱藥。虞説對於象，亦不周詳。周禮，冢宰疾醫。五藥。鄭玄注。五藥，草木蟲石穀也。九五中爻互巽。巽象艸，內卦震。震象木。中爻互艮，艮為狗，為鼠為黔喙之屬，變離。離為鼈，為蟹，為蠃，為蚌，為龜。艮離皆象蟲。中爻互艮。艮為小石。艮象石。內卦震，震為反生，為蕃鮮。震又象穀。變則為離。中爻又互坎。離火坎水。乃制藥之用。中爻互艮。艮止也。止而勿用。故曰勿藥。有喜。言病愈。

25. 大畜九二䷙之䷕輿説輹。按，以象輿韻證之，輹為正字。説詳上小畜九三輿説輻。

26. 大畜九三䷙之䷨曰閑輿衛。按曰，鄭玄虞翻作日，劉表作曰。注曰猶言也。作曰為兌，變兌。兌為口，言之象。閑，説文闌也。家人注同。从門中有木。闌，門遮也。小徐本，遮作遮。王弼注，閑，閡也。説文，閡，外閉也。周禮司馬校人。天子十有二閑。馬六種。注，每廄為一閑。廋人同。外卦艮，艮為門闕。閑象之。廋人訓練閑中馬衛。故閑含有習意。爾雅釋詁，閑，習也。使馬能為輿衛。九三中爻互坤。坤為大輿。衛，周禮宗伯巾車，以封四衛。注，四衛，四方諸侯守衛者。坤為眾之象。大畜之爻，九三以馬，六四以牛，六五以豕，皆取畜類蓄息。申明大畜卦義。

27. 大畜六四䷙之䷍童牛之牿。按，牿，九家作告。告為正字。説文，告，牛觸人，角著橫木，所以示人也。今農村牛，多用告。牿，説文，牛馬牢也。許氏雖據書費誓解之，若以字形辨證之，殊譌。因告己從口從牛。牿,從牛告聲。不无矛盾。疑牿即牢字。說文,牢,閑養牛馬牢也。鄭玄牿作梏。梏見蒙初六與告義異。此云童牛,因艮為少男,童之象。遠取諸物,在牛為童牛。中爻互震,震為木。六四中爻互兌。兌上小下大(釋名釋首飾文),牛角似之。木加於牛角上,告人以牛角已有器制之,不能觸人。

28. 大過䷛棟橈。　九三䷛棟橈,凶。　九四䷛棟隆,吉。　按,大過卦辭,說見上十一章28論大過。不贅。九三爻辭與卦辭同,下增以凶字。在卦辭之棟橈,不過本末弱而已。橈與不橈,尚在擬議之間。至九三內卦變坎,坎陷也,險也。陷於險,則橈象已見,而中爻又互巽,巽為木,係柔木。外卦兌。兌為毀折。柔木遭毀折,故橈。故為凶兆。九四曰隆,說文,隆,豐大也。因中爻互離,離,麗也。凡豐大之物必麗。莊子人間世,求高名(名明古通)之麗者。司馬注,麗,屋㮰也。說文,㮰,棼也。棼複屋棟也。廣雅釋室,㮰,棟也。此言棟隆,虞翻注,隆,上也。讀者謂以上為上六之上。小爾雅廣詁,隆,高也。當從之。豐大上高,皆供人壯觀,乃麗也。其象如此。

29. 坎六三䷜來之坎坎,險且枕。入于坎窞,勿用。　按,干寶象注,以繫辭以文王與紂之事立說,其言曰,坎十一月卦也。又失其位,喻殷之執法者失中之象也。來之坎,(按坎下脫坎字。小象曰坎坎可證。)斥周人觀釁于殷也。枕,安也。險且枕者,言安忍以暴政加民,而无哀矜之心,淫刑濫罰,百姓无所措手足,故曰來之坎坎,終无功也。干氏之說,欲確明商周之性質,如周人觀釁于殷,與來之坎坎不涉。此爻蓋太卜借商紂治水。以譏商政之失。借商地濱河。為河工重要之區。人民對治水。來者皆坎坎。豈知水仍氾濫。治水无所措手足。與詩大雅靈臺庶民攻之不日成之異。于氏欲紀殷商之史事。惜未能達其旨。且坎坎其釋亦未諦。坎坎為古時誦訓（誦訓見周禮司徒誦訓）之雅言。尔雅釋訓。坎坎墫墫喜也。郭璞注。皆歌舞歡喜。坎坎言治水之人。以為可得安瀾。故來者皆歡喜。王引之經傳釋詞。以來之坎句。坎險且枕句。失其句讀。且與小象來之坎坎連。詩魏風伐檀。坎坎伐檀兮。坎坎伐輻兮。坎坎伐輪兮。傳。坎坎伐檀聲。與尔雅注異。因魏地亦濱黃河。剌治河之官貪鄙无功。人見伐檀伐輻伐輪。以為儲備治水工作材料。人皆歡喜。豈知與工无日。與此爻意同。又詩小雅伐木。坎坎鼓我。无傳。箋。為我擊鼓欣欣然。欣欣然。亦歡喜之意。又陳風坎其擊鼓。傳。坎坎擊鼓聲。同篇坎其擊缶。无傳。在說文坎坎作竷竷。竷。繇也。舞也。樂有章。从夅、从章、从夂。詩曰竷竷舞我。後人治許學者已正舞字為鼓之譌。徐鍇曰夅猶降也。今作坎坎。假借。借小徐未正舞字至繇。說文未出。尔雅釋詁。繇。喜也。郭璞注云。禮記曰人喜則斯陶。陶斯詠。詠斯猶。猶即繇也。古今字耳。郭注引檀弓文。皆以喜釋之。因來之坎坎。言來之皆有喜色。因六三變兌。兌說也。說悅古通。悅喜同義。後人據彖之重險。釋坎坎。今爻變兌。與重險不涉。當據尔雅釋詁為允。至枕音義殊多。釋文。徐針鴆反。王肅針甚反。鄭玄云。木在首曰枕。陸云。

閑礙險害之貌。九家易作玷。（玷，說文作䂼，引詩大雅抑白圭之䂼。）古文作沈。沈，直林反。諸說以陸績為允。閑礙險害。指治水之隄防。六三中爻互震，內卦變巽。震巽皆木。為閑礙險害之材。巽又為工，言築堤防。九家作玷。玷疑坫之譌。隄防如坫。坫，說文屏也。然不及陸說為允。沈，說文陵上滈水也。滈小徐本作滴。滈滴解沈不合。疑譌。沈與枕皆冘之衍聲。枕古文作沈者，取音爾。隄又假借為堤。說文：堤，滯也。國語周語下，伶州鳩云：為之六間，以揚沈伏而黜散亂也。韋昭解：沈，滯也。故沈亦有隄意。因能滯水不為患。猶人安枕而得眠也。此閑礙險害為隄。隄之形如枕。險且枕。謂洪水有隄閑礙之。水則滯而不泛濫。故曰險且枕。外卦坎。坎險也。六三中爻互離。離麗也。麗於地。在水地之間為隄閑礙險害。使地不受水患。即堤防是。今爻云險且枕。虞翻注：枕，止也。言六三未變之前中爻互艮。艮，止也。此據原定之計劃而言。故以坎本卦立說。六三中爻互兌。兌為毀折。言施工時基址未明，貿然從事，後遇險工。故曰入于坎窞。窞，釋文、說文云：坎中更有坎。今說文作坎中小坎。因六三中爻互睽有坎。睽又互既濟。既濟亦有坎。坎，險也。此爻言來治水之人，已將處築成堤防。乃是險且枕。來者皆歡喜。无如基址未探明，築隄防在窞處。致全功盡棄。故曰勿用。

30. 坎六四䷜樽酒簋貳。用缶。納約自牖。終无咎。　按：說詳上論十四章論卦爻辭異讀興不正。茲補此爻之象。樽正字尊。未變中爻互震。尊形象震。坎為水。酒亦坎象。簋。說文。黍稷方器也。字从竹。以竹為之。震為蒼筤竹。為萑葦之林。貳。六四外卦兌。兌居二。二貳古通。缶。六四互坤。坤為土。制缶之材也。納。說文入也。原卦坎。坎中爻互艮。艮為手。以手入之納也。約。說文，纏束也。六四中爻互巽。巽為繩直之象。牖。說文穿壁也。从木交窗也。文言羑里之獄室。六四中爻互艮。艮為門闕。牖以類象。

31. 坎上六☵☵係用徽纆。寘于叢棘。三歲不得凶。 按。說參十五章中爻釋疑。中爻釋例鄭玄注。漢魏人釋此文者，有子夏傳、鄭玄、劉表、虞翻、姚信、張璠諸說。今擇其善者采之。係。鄭玄作繫。係，說文絜束也。繫，說文繫䌫也。一曰惡絮。兩字音義各異。今經典通用。在巽為繩直。係繫可通用。徽纆。劉表云。三股曰徽。二股曰纆。皆索名。亦巽為繩直之象。寘。子夏作湜。湜字无義。寘正字為寔。說文。寔止也。作湜者涉詩邶風谷風湜湜其止而譌。劉表作示。劉云示言眾議于九棘之下也。其說亦迂。姚信作寔是也。張璠作置。說文置赦也。作赦與下三歲不得凶義不相貫。當從姚信說。止為艮象。叢棘當從鄭玄說。不贅。至三歲不得凶。公羊宣元年疏，引鄭玄易注，上罪三年而赦。鄭據周禮司寇司圜文。惟三歲鄭注未及象。因上六中爻互艮互震。艮止也。震數三。釋名釋天，子孳也。於易為坎。周以十一月為子正。坎中有子。自子至亥。月十二周為一歲，坎三周即三歲也。此爻周周正言文王囚於羑里。刑律當三歲而赦。今三歲不出。故爻言之凶指紂酷刑。

32. 離九四☲☲日昃之離。不鼓缶而歌，則大耋之嗟，凶。 按，說詳第十一章卦象探原30離。惟缶象未言。鄭玄以爻辰釋缶可不取。九家易以離為大腹瓦缶之象。

33. 離六五☲☲戚嗟若。 按，戚字由器而來。人見此器即哀即憂，從來釋戚者，皆以哀與憂出之，乃失之膚，說詳第十一章論卦象探原之離。

34. 恆九三☳☴不恆其德，或承之羞，貞吝。 按，羞與否六三包羞之羞同，鄭玄注。體（按體指未變言）在巽。巽為進退，不恆其德之象，鄭說可取。惟巽文包括或象，或進或退。乾文言或之者，疑之也。鄭玄又云。又互體兌，兌為毀折。是將羞辱也，焦循章句。謂羞猶辱也。女姬禮為羞。國語周語中，（單襄公論郤至。）清代治易者，皆以羞為羞恥羞辱。與卦爻均遺。家人六二在中饋。釋文饋食也，羞有饋意。周禮冢宰宰夫，膳羞注，羞脯醢也。羞庶羞內羞，又膳夫，膳羞注，膳牲肉也，羞有滋味者。又庖人薦羞注備品物曰薦，致滋味乃為羞，又籩人薦羞注，未食未飲曰薦，既食既飲曰羞。說雖不一。要之羞為飲食之名無疑。因婦主中饋，今夫妻反目不恆其德，致其飲食不需。而他人或承之以羞。在象，內卦巽，巽為雞，中爻互兌，兌為羊，九三內卦變坎，中爻又互坎，坎為豕，皆滋味之物。或巽之象，外卦綜艮。艮為手，承之象，何以用綜取象，言自外而來。承，說文奉也。奉、承也。兩字互訓。奉又孳乳為捧，說文奉也。疑奉之俗。又羞。集韻十八尤羞下列膳玉篇亦引饈、脩。皆俗字也。貞言大象坎，下與六五恒其德，貞應。因六五亦大象坎也。

35. 遯六二䷠執之用黃牛之革，莫之勝說。　按此爻已詳第十一章33遯，茲不贅。因在畜牧時代，制器之次第。由石器時代遞進攻皮之工。人類又知識長進。對於畜類，食其肉，寢其皮之外，發展為日用之用皮。說文剝取獸革者謂之皮。徐鍇曰：生曰皮，理之曰革，柔之曰韋，至作考工記之際，攻皮之工有五。函鮑韗韋裘。函人為甲，以堅為主，以衛弓矢。孟子公孫丑篇：矢人惟恐不傷人，函人惟恐傷人。鮑氏注故書或作鞄。說文鞄，柔革工也。周禮曰柔皮之工鮑氏。今考工記佚柔皮之工四字。鞄即鮑也。作鮑疑古時有柔魚皮之術。今我國東北尚有以魚皮為服者。惜周禮司馬司甲文已闕。不能深考爾。在詩小雅采芑：簟茀魚服。箋：魚服，矢服也。又采薇：象弭魚服。傳：魚服，魚皮也。陸璣疏：魚獸之皮也。皆其證。惟人不能服革，故禮記王制：革制度衣服者為畔。曰革似不限於獸皮魚皮。革之制器，所包殊廣。說文廿革部五十九文可按。大為革車，小為鞶帶，細為韐。說文韐生革可以為縷束也。可以為鞏。說文鞏以韋束也。易曰鞏用黃牛之革。韗人為皋陶。注鄭司農云：韗書或為鞠。皋陶，鼓木也。說文韗攻皮治鼓工也。重文韗，解韗或从韋。徐鍇以皋陶為鼓匡。韋氏考工記說闕。說文韋相背也。獸皮之韋。可以束枉戾相韋背。故借以為皮革。徐鍇曰。皮柔孰為韋。許解獸皮之韋。未免過隘。說文韋部十六文。如韜為劍衣。今尚有以魚皮為之。裘氏、考工記說亦闕。說文裘、皮衣也。詩既謂羔裘狐裘。論語鄉黨所謂羔裘、麑裘、狐裘者是。裘氏雖闕。而冢宰司裘掌皮二職。可以得其餘緒。此爻昔人以為太公避紂。立心堅定。如執黃牛之革。革初九鞏用黃牛之革。因初九變爻艮。艮止也。言在革時。立心不可勿恒。如鞏黃牛之革。

36. 大壯九三䷡。羝羊觸藩。羸其角。九四䷡。藩決不羸。壯于大輿之輹。上六䷡。羝羊觸藩。不能退。不能遂。 按。大壯大象為兌。中爻互兌。兌為羊。故九三至上六四爻。皆以羊為辭。九三羝。說文。牡羊也。羊性狠。史記項羽本紀。狠如羊。上卦遯言周之臣子。此言紂之臣子。觸从角。說文。角。獸角也。觸、抵也。廣雅、釋言。抵、觸也。兩字互訓。藩、釋文。籬落也。籬、落、護園圃。圃植草木。羊食草木。羊尋食。觸藩而入。而羸其角。羸、累說不一。當從鄭、虞作纍。為允。釋名釋言語云、羸、累也。纍俗作累。禮記問喪。身病體羸。注。羸、疲。今人力疲曰受累。故羸累同義。此爻言藩固。羊觸之。其角力疲也。因九三變爻兌。兌上小下大。獸角似之。兌為羊。故為羊角。九四藩決不羸。九四決。變兌。兌為附決。為毀折。謂藩已毀。又變爻坤。坤為大輿。輹、釋文本又作輻。字當為輹。說見上小畜九三輿說輹。上六因大象兌已變爻。故觸藩後。有不能退不能遂之象。遂、說文。亡也。虞翻訓遂為進。舉巽為進退。以震巽特變立說。未諦。

37. 大壯六五☳☰喪羊于易无悔。　按。易與旅上九喪牛于易解同而旨異。此爻大象已變兌。兌為毀折。故曰喪羊。易。釋文陸作場。謂壃場也。疆正字為畺。疆重文壃為畺之俗。說文。畺。界也。周禮。司徒。縣師注。鄭內謂之易。鄭外謂之萊。詩小雅。信南山。疆場翼翼。又曰。疆場有瓜。漢書食貨志。還廬樹桑。菜茹有畦。瓜瓠果蓏。殖於疆易。場古文易。說文未出。新附字出場。羊在易。食植物。史記殷本紀。紂益收狗馬奇物。羊亦為一類。易由大壯坤宮四世卦取象。大壯為夏歷二月之卦。六五變夬為三月之卦。草木長茂。疆易之間。地訟（見周禮小司徒文）最多。彼此各守疆界。不互相侵越。此周制也。此爻之文。猶詩之興。以紂與妲己之事徵之。在殷之亡則喪羊在牧。（見國語周語上。逸周書度邑解。竹書紀年及隨巢子。淮南子本經訓解神獸高注。土神。皆非喪羊。當訓四喪之羊。）牧。商都也。在周則耕者讓畔。（見史記周本紀）此爻乃卜人述紂當時文告語。言羊在易。有人喪之有罪。因六五變夬。夬為文告。（二）

38. 晉☲☷康侯用錫馬蕃。晝日三接。　按。說見上第十一章周易二。35徐在漢易或互（卷以考工）梓人寧侯為康侯。葉俶（蘇易守卷十八）從之。非是。

39. 家人初九☴☲閑有家。　按。家人指周事。睽指紂事。家人六爻與禮記內則相似。重男輕女之卦。係封建時代之禮教。家即家人之家。家人內卦離中女也。外卦巽。長女也。馬融曰。家人以女為奧主。長女中女。各得其正。初九變艮。艮為門闕。闌之象。馬融曰。閑，闌也。說文同。闌，說文。門遮也。闌以防內外。

40.家人六二☲☲无攸遂。在中饋。貞吉。 按此爻漢人解者。皆斷章取義。劉向列女傳鄒孟軻母。孟母曰。夫婦人之禮。精五飯。冪酒漿。養舅姑。縫衣裳而已。故有閨內之脩。而無境外之志。易曰。在中饋。无攸遂。按韻文的可顛倒。詩曰。無非無儀。惟酒食是議。按小雅斯干文。以言婦人無擅制之義。而有三從之道也。故年少則從乎父母。出嫁則從乎夫。夫死則從乎子。禮也。漢書谷永傳。永上書言臣聞三代所以隕社稷。喪宗廟者。皆由婦女與羣惡沈湎於酒。……易曰。在中餽。師古曰。餽與饋同。無攸遂。言婦人不得與事也。此以三綱之曲說。附會此爻之義。且與家人睽兩卦之卦名未能利解。家人者。言周一家之人。睽者言紂家事。兩卦連續為離。在家人離居內卦。六二得位。睽離居外卦。六五失位。乾鑿度云。夫婦不變不能成家。妲己擅寵。殷以之破。大任順季。享國七百。與家人睽兩卦同意。无攸遂。句。注說至多。皆屬題外語。 先子易解云。攸。所也。爾雅釋言文。 无攸遂。言家事无所不遂也。說較簡要。坤道順從。故无所得遂。鄭玄以无攸遂言婦人无敢自遂也為勝。此不過就卦名家人以家事立說。所見殊小。禮記大學家齊而後國治。義隘矣。中饋。饋。餉也。周禮膳夫掌王府注。古者致物於人。尊之則曰獻。通行曰饋。釋文中饋。食也。至象。鄭玄曰。爻體離。又互體坎。火位在下。水位在上。

飪之象。中饋、食也。故云在中饋也。鄭說是也。惟饋之字義，再畧言之。周禮冢宰，籩人掌四籩之實。注：籩，竹器，如豆者，其容實皆四升。又饋食之籩。注：饋食，薦孰也。今吉禮存者，特牲少牢，諸侯之大夫士祭禮也。可徵孰物必有器可儲。乃知說文饋从食貴聲，貴為蕢之省。說文：蕢，艸器也。古文作臾。論語曰：有荷臾（小徐本作蕢）而過孔氏之門。（論語憲問篇文）皇侃疏：織草為器，可貯物也。是饋物必有器可貯可徵。外卦巽，巽為木，草類屬之，又為繩直，為工，織草為蕢似之。故貴聲之貴，為蕢之省。

41. 家人六四䷤富家大吉。　按，先子易解云：巽為工，又為近利市三倍，乾為金，言女子能女紅持家，則家必富。此解較虞翻三變受體艮顯而明，且爻有爻之別。此係六四，已在九三之上，不能以三變混淆之。虞說不合易例。爻言周室家事。太姜太任，能勤勞持家，較之殷室紂大最樂戲於沙丘，以酒為池，縣肉為林，使男女倮相逐其間，為長夜之飲。（見史記殷本紀）不可同日而語也。

42. 睽九二䷥遇主于巷。　按，鍾歆韓　先子周易說餘。睽卦九二，此爻似指妲己入宮之初遇。　先子周易解云：離震先後天同位。（先天後天卦位，自乾一至坤八，謂之伏羲卦位，又謂之先天卦位，又謂之河圖之位，自坎一至離九，謂之文王卦位，又謂之後天卦位，又謂之洛書卦位，周易之元亨利貞，已是洛書卦位，箕子之洪範亦同。）故曰遇。（如同人之同，同義同。）　先子釋遇是巷，尔疋釋宮：宮內術，謂之壼。邢疏：孫炎曰：巷舍間道也。文選魏都賦：永巷壼術。注：壼，宮中巷也。術，道也。永巷，掖庭之別名。中爻互艮。艮為徑路。巷之象。主虞翻曰二動體震。震為主。據震彖辭出可以守宗廟社稷。以為祭主也之主立說。睽之彖曰。二女同居。其志不同行。革之彖曰二女同居。其志不相得。㫗革。徵諸史事。似二女指九侯之女與妲己。係作彖采用民間歌謠。

43. 睽六三䷥見輿曳。其牛掣。　按。　先子周易說餘云。六三似指紂无人君之度。史記殷本紀。紂材力過人。手格猛獸。正義曰。帝王世紀云。紂倒曳九牛。撫梁易柱也。王充論衡語增篇。亦出紂力能索鐵伸鉤。撫梁易柱。則曳輿掣牛。乃言紂之材力。當時實有其事。故太卜采入此爻。曳說文臾曳也。从申丿聲。未濟曳其輪。禮記曲禮下車輪曳踵。疏曳拕也。拕為曳之俗。疏猶未疏。六三中爻互坎。坎為輪。為曳。外卦離。離為目。見之象。乾錯坤。坤為大輿。掣。又見爾疋釋訓。甹夆掣曳也。邢疏云周頌小毖……云莫予荓蜂。毛傳云荓蜂。摩曳也……荓甹夆蜂。掣摩音義同。王弼本作掣。掣說文未出正字為𢫬。俗作摩作掣。𢫬說文引縱也。徐鍇曰周易曰。牛𢫬。今作掣。徐說是也。至掣釋文。鄭作㸷云牛角皆踊曰㸷。說文作觢……云角一俯一仰。子夏傳契。傳云。一角仰也。荀作觭。劉本從說文解依鄭。皆擬牛角立說。不若以𢫬為兌。因人與牛鬬。主重並不在角。卜人主牛角者。是據兌立說。今以兌已繇乾。乾健也。當以健立說。

44. 睽上九䷥睽孤。見豕負塗。見鬼一車。先張之弧。後說之弧。匪寇婚媾。往遇雨則吉。　按說見

第十一章論卦爻辭異讀舉正39睽。旌不及象。茲補之。見離象。豕、坎為豕。負、釋名釋姿容。背也。言豕交。塗上九變震。震為大塗。指不潔。鬼、古稱非同類之人曰鬼。如既濟九三高宗伐鬼方。未濟九四、震用伐鬼方。鬼方皆異國而言。初九之惡人。惡人亦鬼類。指紂之徒眾。中爻互坎。坎為隱伏。鬼象也。車坎其於輿為多眚，一車坎數一，故曰一車。言紂之徒眾成群結隊。劫奪女子在車上耀武揚威之狀。人以鬼目之。張震動也。張之象。弧中爻互坎。坎為弓輪。弧之象，說內卦兌。兌說也。下弧字。釋文本亦作壺。指王肅或本、京、馬、鄭、王肅、翟子玄作壺。作壺是中爻互離。離為大腹。壺之象。匪寇、坎為盜也。言劫女先以弧示威，後以壺酒和好。兩字无義。說見論周易二。兩當為黍，黍可以為酒。酒以水成。故中爻互坎。紂之合羣飲誓言。紂沈湎冒色。敢行暴虐。又淫酗肆虐。臣下化之。及酒誥之民湎于酒。史記殷本紀。以酒為池……為長夜之飲。皆殷之惡習。鬼指紂之臣下。爻言紂家。家史言吉者。謂不以張弧解決匪寇婚媾之事。釀成巨禍。故吉。

45.解九二䷧田獲三狐，得黃矢，貞吉。　按、九二變坤。坤為地。在農事曰田。在畜牧曰佃。在獵狩曰畋。經傳皆以田為之。二中爻互離。離坎序為三。互艮為手。獲之象。又得之象。狐中爻互艮。艮為黔喙之屬。狐象似之。九家易以坎為狐。誤。黃、九二為坤。坤為土。土色黃。中爻又互離。離為戈兵。矢屬之。斷語貞吉。指坎言。解卦名取義。迄今未定。孔穎達正義解有兩音。一音古買反。一音胡賣反。古買入上聲十五卦。音近懈怠之懈。胡賣入上聲十二蟹解即獬。爲獬豸之獬。而廣韻又有佳買一音。釋文解緩也。乃據離卦證之以象。當以古買爲是。爲什麽呢內卦坎。坎爲水。言有水患。外卦震解又爲震宮二世卦。震動而復動。似言治水。言治水不可懈怠。解之名卦實如此。而太卜所采爻辭。惟此爻尚合理。其他五爻。皆非確實。此言地遭水患。不事耕種。爲狐狸之所居。今治水者。驅其狐狸且得古人所遺之黃矢。言其地舊有人居。可以從事耕穫。故斷以貞吉。

46. 解六三䷧。負且乘。致寇至。 按。說見上。

47. 解上六䷧。公用射隼于高墉之上。獲之。无不利。 按此爻已見第十三章卦爻異讀舉正。惟爻與卦不合。且高墉與獲。无象可徵。疑與他爻錯簡。公似據離六五小象離王公也之公。惟小象後於爻辭。不得視爲確證。史記殷本紀。紂以文王九侯鄂侯爲三公。爻稱公者。指姬昌姬發。隼。釋文毛詩草木鳥獸疏云。鷂。鷂、說文。鷙鳥也。九家注同。爾疋釋鳥。鷹、隼醜。按醜類也 舍人注。鷹隼謂鷹鷂之屬。鷙鳥指紂。公指姬發。按諸史事。史記周本紀。姬發率師伐紂。是時諸侯不期而會盟津者。八百諸侯。諸侯皆曰。紂可伐矣。武王曰。汝未知天命。未可也。乃還師歸。爻辭似之。故以用字出之。用、說文。可施行也。是當時八百諸侯欲姬發伐紂之隱語。如史記蘇秦列傳。蘇代約燕王曰……寡人如射隼矣。射隼係諺語。索隱引此爻殊非。

48. 損䷨曷之用。二簋可用享。按、說見第十一章論周易二卦象探原41損。

49. 損六五䷨或益之十朋之龜。按此爻與益六二䷩皆變中孚。故爻辭皆曰或益之十朋之龜。式見上論周易二。中孚大象離。離為龜。禮記禮器諸侯以龜為寶注古者貨貝寶龜。……易曰。十朋之龜。朋、集解引崔憬注元龜價直二十大貝。詩小雅菁菁者莪錫我百朋。箋古者貨貝。五貝為朋。淮南子道應訓高誘注。五貝為一朋也。與崔說異。又馬融鄭玄虞翻以尔疋釋魚神靈攝寶文筮山澤水火龜為十朋之龜。更非也。漢書食貨志言王莽居攝。復古制。以元龜岠冉(孟康曰。冉龜甲緣也。)正字為髯。說文、髯龜甲邊也長尺二寸直二千一百六十。為大貝十朋。……火貝四寸八分以上。二枚為一朋。直二百一十六。王莽好古。引經據典為能事。必有所本。與崔憬之說相合。至二百一十六。即繫辭乾之策二百一十有六。十倍為二千一百六十。何以用乾之策數。因損益兩卦連續為大過。大過中爻互乾之故。中爻之根為乾坤既濟未濟四卦。或曰。損之六五。益之六二。其變為中孚。中孚之根為坤。當以坤錯乾立說為允。是說與易簡違。以轉折求之。不知連續之簡使人易知。廣韻十七登朋云。朋黨也。五貝曰朋。書云。武王撫箕子之對。賜十朋也。五貝為朋。與鄭玄高誘說同。而與數不合。書疑逸周書箕子解佚文。不言十朋之龜。而僅云十朋。所賜未免過小。疑佚之龜二字。

50. 益初九䷩利用有大作。 按大作 先子周易易解云。初九變坤。為風地觀䷓。∴觀者有以示人而為人所仰者也。則益之觀。必有示人之物。其物即大作也……虞氏翻曰。大作謂耕殖也。蓋爻象巽入也。震動也。變坤。坤為地。農人力事田畝。動于地。入于地。似耕播也。雖耒耨之利。蓋取諸益。然謂之農作可也。何必冠以大字。孔疏大作謂興作大事也。因震陽也。故曰大。益卦諸爻皆言用。九五上九雖不言用。然與內卦相應。此爻與六四相應。故曰利用。猶言不在此而在他爻也。六四曰利用為依遷國。此爻利用為大作。即遷國是也。初九興作大事。以備遷國也。六四大作已成。可遷國也……如文王作豐邑。立靈臺。皆大作也。動于地。入于地。經之營之之時。較農時為尤甚。故不如從孔疏為宜。 先子之說。根據繫辭文王與紂之事立說。在詩大雅。文王有聲。既伐于崇。作邑于豐。是大作言作豐。又史記周本紀。明年伐崇侯虎。而作豐邑。自岐下而徙都豐。此爻言作豐。六四言自岐下而徙都豐。至大作究屬農作及工事。人猶疑之。高亨周易古經今話云。秦官有將作。漢官有將作大匠。亦其證也。高說可采。惜周禮冬官已亡。考工記匠人亦未及職掌。後漢書劉昭補注百官志四云。將作大匠一人。二千石。本注曰。承秦曰將作少府。景帝改將作大匠。掌修作宗廟路寢宮室陵園木土之功。并樹桐梓之類。列於道側。蓋封建時代。設官分職。為王室計爾。可作旁證。益初六六四兩爻之利用

損益兩卦連續為大過。外卦有兌。兌為金。利之象。

51. 益六二䷩。或益之十朋之龜。 按。說見上損六五。

52. 益六三䷩、益之以凶事无咎。有孚中行。告公用圭。 按。中行與泰九二得尚于中行。復六四中行獨復。共九五中行无咎之中行義異。中、古對於外朝。謂宮中為中。由宮中出使人員。如中官中使之類。行為行人。穀梁襄十一年傳注。行人是傳國之辭命者。是古時行人。不專使於國外。對國內亦有之。明時尚如此。上言凶事。三多凶。凶事即伐崇用兵也。變離。離為戈兵。令崇已滅。故无咎。中爻互坤。坤為地。姬昌之德。為崇人所信服。故有孚。變離得兩離。得明照于四方。告、外卦巽。巽彖云。重巽以申命。象曰。君子以申命行事。告之象。此爻與六四兩告字。係傳達之意。圭九家易以為上公執桓圭九寸。釋文王肅作用桓圭。失卦旨。此言圭係土圭。周禮大司徒之職。重在土圭。宗伯典瑞。土圭以致四時。日月。封國則土地。注、土地。猶度地。封諸侯以土圭度日景。景即影。觀分寸長短。以制其域所封也。司馬之屬。有土方氏。掌土圭之灋。以致日景。考工記。玉人。土圭尺有五寸。以致日。以土地。注、致日。度景至不。不古不否一字 夏日至之景。尺有五寸。冬日

至之景。丈有三尺。土、猶度也。建邦國以度其地而制其域。是土圭重於桓圭可徵。惟晷景長短。數有異同。由置土圭之處。緯度有不同。說詳周髀算經上。日晷徑千二百五十里。李淳風注。惟不及今日之密。不贅。此爻乃中行對工作者。傳達姬昌已置土圭。定圖案。使工事有指標之意。後人公執桓圭以郊天。皆涉六二王用享於帝而誤。六二言姬昌作豐時。有祀天之舉。與此爻不涉。圭、重土。益本卦中爻互二坤。重土之象。

53. 益六四䷩中行告公從利用為依遷國。 按此爻依字異說至多。自孔穎達正義以左傳隱六年。我周之東遷也。晉鄭焉依。（國語周語中焉作是。）世多宗之。其實與為依遷國之依。不能符合。因為依是依。有依賴他人之意。此云依遷國。乃出於自主。兩者後人不辯。故立說多誤。而句讀亦誤。如黎世序河上易注。以中行。告公從。利用為依。句。遷國。以依為句。殊非。公從。說文。從。隨行也。公從即姬昌作豐時。從事之人。中行傳達姬昌之命。作豐是遷都。依无確詁。漢書禮樂志。聲依詠。注。師古曰。依。助字。（按。釋助。對此爻最諦。）依遷國。即助遷國也。國。虞翻作邦。各家作國。係避劉邦諱。作邦係正文。因邦與從、叶。虞翻以坤為邦。指未變言。今六四外卦為乾。乾為君。君所居地。邦之象。易例六四與初九爻辭相應。初九利用有大作。此云利用為依遷國。足證大作是在遷國。不是農作。至應乃爻辭相應。亦不是爻變上下卦相應。不可相混。

54.夬䷪揚于王庭。孚號有厲。告自邑。不利即戎，利有攸往。 按．彖曰：夬，決也，廣韻十七夬。夬．決也。亦卦名。古賣切，音讀如獪。決在十六屑，呼決切。音讀如血。故夬讀紛歧。序卦雜卦兩傳。皆曰夬決也。乾鑿度曰。夬之為言決也。其義出於說卦傳。兌為附決。因夬外卦為兌。兌為口。揚之象。漢書藝文志。易曰。上古結繩以治。後世聖人易之以書契。百官以治。萬民以察。蓋取諸夬。夬揚於王庭。言其宣揚於王者朝廷。其用最大也。廷庭古通用。鄭玄以五互體乾。乾為君。又居尊位。王庭之象也。鄭說義是而意不達。虞翻以夬與剝旁通。剝艮為庭。故揚于王庭。虞說迂。此當以觸類以長之解象。夬內卦乾。乾為君。互卦兩乾。君所居之地為王庭。夬卦初爻至五爻象階陛五重。高高在上。人主居之。是為王庭。後世專制愈熾。階陛則殊九重矣。孚。卦畫无坤象。因乾為坤宮五世之卦。故曰孚。號外卦兌。兌為口。口能號。告亦兌象。口能告。告自邑。自，從也。邑據坤宮五世卦。告自邑。是邑人之言。上達王庭。不利即戎。即，就也。乾兌皆金。戎之象。亦利之象。兌居上六。已在中爻之外。故曰不利。而乾為中爻之互。故利有攸往。周易卦辭爻辭中言象至煩瑣者。此卦辭與睽上九爻辭。徵以殷周之史事。干寶注云。殷民告周。以紂无道。楊以迴周易通解云。易之為象。大都引商周之際。文王與紂之事。夬……九五居上卦之中。文王龍飛之象。四陽在下。三分之二之象。一陰在上。象紂之陰殘已極。文王三分有二。以服事殷。對揚王庭。謹安臣節。其實九五已居尊位。下卦早具乾體。即稱大號。莫不相孚。然而有厲者。暴君猶在。凌厲堪虞也。故曰揚于王庭。孚號有厲。不利即戎者。謂戡黎也。告自邑者。謂祖伊奔告也。蓋上卦兑為口舌。故有奔告之占。五陽已具。若更往進。則六陽純乾。殷亡而周興矣。故曰利有攸往。兩說當從于氏。楊說對王庭。說涉游移。以祖伊奔告紂。則是殷之王庭。不知姬昌稱王。據史記周本紀。詩人道西伯。蓋受命之年稱王。而斷虞芮之人。則此云王庭。乃周庭也。殷人告周伐紂。不即興戎者。因殷猶有老成人。如微子微仲王子比干箕子膠鬲猶在。見孟子梁惠王篇。效伊尹之於太甲。殷可不亡。故卦辭曰不利即戎。指現在。利有攸往。指未來。周之翦商。處心積慮已久。魯頌閟宮云。后稷之孫。實惟大王。居岐之陽。實始翦商。至於文武。纘大王之緒。實係信史。

55. 姤初六䷫。繫於金柅。　按說見第十七章九宮考辨。補象如下。柅以床為之。巽之象。子夏作鑈。鑈說文未出。字從木為檷。從竹為籋。後又改進為金作鑈。

56. 困初六䷮。臀困于株木。入于幽谷。三歲不覿。　按說見第十七章九宮考辨。釋文。困。窮也。窮悴掩蔽之義。故彖曰。剛掩也。廣雅云。困悴也。釋文僅解窮掩二義。蔽掩同義。困之六爻。皆言紂之虐。以刑困民。幽谷喻獄也。坎為溝瀆之象。中爻互巽。巽入也。三歲中爻離。離次第三。故曰三。

57. 困九二䷮朱紱方來。 九五䷮困于赤紱。 按紱說文作市。篆文韍。又作紼。白虎通紼冕（詩皆作紼）引乾鑿度兩引孔子說。（其一上下卷互見。）以困之九五。文王為紂三公。故言困于赤紱也。至於九二。周將王。故言朱紱方來。不易之法也。鄭玄注。文王將王。天子制用朱紱。後人對朱紱。赤紱皆懸而斷。史徵補義曰。朱之與赤。終不容无辨。又於君位言赤。指九五。臣位言朱。指六二。上下互易。義亦有召。竊疑程子為是。史氏言位。況二。於儒家言。又推重易傳。亦不能辨朱赤之別。至易之位。不能均（凡）九二為臣九五為君。往往殷周對立。九二言紂長夜之飲。以祭祀為名。召集諸侯。朱紱指祭服。古君臣祭時朱紱。九二變坤。坤為地。方地象。故坤之六二直方義同。至九五赤紱。直指姬昌。九五乾之正位。說卦傳。乾為大赤。書顧命。赤刀。鄭玄注。武王誅紂時。刀赤為飾。周正色。是為周尚赤證一。周禮宗伯巾車。建大赤以朝。注大赤九旗之通帛。為周尚赤證二。白虎通三正。周為天正。色尚赤也。又周以十一月為正。色尚赤。為周尚赤證三。竹書紀年。受三十二年。有赤烏集于周社。為周人尚赤之兆。墨子非攻下篇呂氏春秋應同篇。皆載其事。緯侯記載猶夥。說更怪誕。為周尚赤證四。穆天子傳一。韍帶。郭璞注。韍韠也。天子赤韍。此郭璞據周制立說。為周尚赤證五。爻辭指周將王。易服色。改朱為赤。九五上吉户剝刖。原卦兌。兌為毀折。今變震，震為足。原卦中爻互巽，巽為臭。鼻為臭官。足臭毀折。劓刖之象。言紂之重為刑辟。如斮朝涉之脛等是。困于赤紱，指姬昌囚于羑里。下言乃徐有說。徐指互巽。困巽為不果。為進退。徐之象。說，兌說也。是乃徐有說。此爻指紂釋姬昌。困獻洛西之地。請除炮烙之刑。紂大喜許之。似是也。

58. 困六三䷮入于其宮。 按，尔疋釋宮，宮謂之室，室謂之宮。釋文，郭云，皆所以通古今之語。明同實而兩名。案古者貴賤同稱宮。秦漢以來唯王者所居稱宮焉。六三為大過，大過卦辭棟橈。有宮室之象。繫辭，棺槨蓋取諸大過。故古人指棺槨為幽宮。此爻言紂酷刑。言刑人釋獄。歸家則妻已或死或亡。故爻辭襲用民間歌謠以譏之。至大過象宮室，上兌一象向。下巽一象戶。詩豳風七月，塞向墐戶。傳，向，北出牖也。說文，詩偁毛氏。說同毛。其實向不限北出牖。凡牖所以通人气。不限於北出南出。向古通嚮鄉。儀禮士虞禮疏引詩向作鄉。易隨大象，君子以嚮晦入宴息。釋文本又作向。王肅本作鄉。說卦傳，嚮明而治。牖者嚮明之物。大戴禮盛德篇，明堂七十二牖。可見西面有牖，毛傳北出牖之說。實非正義。

59. 困初六䷮臀困于株木。 困九四䷮困于金車。 按，說詳第十七章論九宮考辨。初六中爻互巽。巽為木。困外卦兌。兌為金。九四中爻互震。震為大塗。車之所行。

60. 井䷯革䷰鼎䷱三卦。皆以器取卦名。太卜集人事，以釋卦。

井䷯井。改邑不改井。无喪无得。往來井井。汔至亦未繘井羸其瓶。凶。按，上卦困。為兌宮一世卦。兌為剛鹵。言水源缺乏。井為震宮五世卦。震動也。動于水即鑿井以為民用。說見上第十一章論周易二48。井至宋時李中正易傳。始以井田釋井卦。清楊以迴周易通釋。謂井有二義。一為水井。一為田井。井田之制。始於黃帝。三代因之。井九百畝。中為公田。井廬在焉。周禮四井為邑。按地官小司徒文。邑以上。若丘若甸若縣若都若同。皆遞乘為四。而司馬法。井十為通。通以上。若成若終若同。則又遞乘以十。以證邑之名有改易。而井之制無改易也。按司馬後起。盍不引管子乘馬篇以證。彼云方六里名之曰社。有邑焉。名之曰央。故曰改邑不改井。八家同井。計口授田。業均勢等。無此得彼失之殊。故曰无喪无得。井田之中。各有井竈廬舍。此往彼來於其間。故曰往來井井。上井字乃是井田之井。下井字方是井竈之井。以上三句。乃發明卦義。汔至以下。方是推演卦象。楊氏之說。拘於井田立說。井以供人飲食。不獨田間有之。而市中亦有之。故孟子萬章篇所謂在國曰市井之臣。為市中有井之證。卦辭所謂井。並非專指井田而言。改邑者。係變更區域問題。便於人事而爾。區域雖改而井仍在。故曰改邑不改井。楊氏謂上三句不是推演卦象。頗有語病。邑之繁盛為市。因井中爻互離。

繫傳云。日中為市。後漢書劉寵傳。寵拜會稽太守。山民愿朴。乃有白首不入市井者。注引春秋井田記。謂因井為市。交易而退。故稱市井也。離為日故也。邑本屬坤。坤為地也。今卦无坤象。坤卦辭曰西南得朋。東北喪朋。无坤故无喪无得。言邑雖改。而井不改。在人則无喪得。巽為進退往來之象。言隨地有井可以資灌溉。飲人畜。得井之用。楊氏拘於象。竟失之象。至井田制。春秋時已廢。在古籍可考者。在周禮小司徒。載師、遂人。遂師。遂大人。及考工記匠人。春秋宣十五年初稅畝。孟子滕文公篇。使畢戰問井地。漢書食貨志。何休趙岐鄭玄范寧各注釋。及後漢書循吏傳。引春秋井田記。姜兆錫周禮輯義。江永周禮扎記。可得其大略。小司徒匠人。皆言九夫為井。與管子乘馬篇。方一里。九夫之田也同。與孟子方里而井。井九百畝。其中為公田。八家皆私百畝。同養公田義異。何休公羊解詁云。一夫一婦。受田百畝。以養父母妻子。五口為一家。范寧穀梁集解云。一夫一婦。佃田百畝。以共五口。父子妻子也。皆宣公十五年傳注文。何范二氏未解夫字之義。孟子耕者之所獲。一夫百畝。孟子萬章篇文。趙岐注亦謂一夫一妻。佃田百畝。鄭玄小司徒注云。九夫為井者。方一里。九夫所治之田也。禮記王制。夫圭田無征。注夫猶治也。可證夫非一夫一婦之夫。乃治百畝之田者。謂之夫。詩豳風七月。田畯至喜。傳田大夫也。尒疋釋言。畯。農夫也。郭璞注。今之嗇夫是也。鄭箋亦作嗇夫。說文畯農夫也。言一井九百畝。每百畝有田大夫率之。公田亦有田大夫率之。恐私人惰於公事。如是九夫一井之說可得利解。古時寓兵於農。出戎車之數。亦可推算。楊氏之說不足取。至汔至以下。楊說亦迂。干寶云。當殷之末。井道之窮。故曰汔至。周德雖興。未及革正。故曰亦未繘井。頗合卦辭之意。惟干氏未及象。汔、說文水涸也。至、極也。史記春申君傳、物至則反。正義。汔至。言水涸之極。困中爻互離。離為日為火。說卦傳曰以烜之。又熯萬物者。莫熯乎火。言大旱之時。井中之水。為日所熯。故曰汔至亦未繘井。孔穎達正義。言亦者。不必之辭。言不必有如此。不必有如此。言不必繘井。困水已涸極。繘之仍无水。不必多此一舉。繘、釋文鄭云、綆也。方言云。關西謂綆為繘。郭璞云。汲水索也。困內卦巽。巽為繩直之象。羸、釋文作累。鄭讀為藟。蜀才作累。羸累古通。釋名釋言語。羸、累也。恒累於人也。瓶、中爻互離。離其於人為大腹。遠取於物。瓶亦大腹象。兌為毀折。羸之象。此卦辭有儆戒之義。言不繘則不羸。繘之則羸。因古時汲器。尚未以範金剡木為之。故瓶多羸。至九二甕敝漏。較羸尤甚。

井初六䷯之需舊井无禽。　按、禽異說至多。說見上第十一章論周易二48井。崔憬曰。禽古擒字。禽、獲也。初六巽爻變。巽為繩直。繩直已變。不能引水。故无所獲。

61. 井九二䷯之蹇井。谷射鮒。甕敝漏。　按、九二變艮。艮為山。谷之象。管子度地篇。山之溝一有水。一无水者。命之曰谷水。今井已汔至。則无水之谷也。鮒，子夏傳云。井中蝦蟇。呼為鮒魚也。見正義 王引之經義述聞一。引莊子秋水篇。原注云，俗本改魚為蟲，辨見讀書雜志。祖縣按見雜志十六餘編上 呂氏春秋論大篇及知度篇淮南時則訓。說苑正諫篇。左思吳都賦注。以正子夏傳蝦蟇之譌。並以射鮒為古有射魚之法。射魚，王說可采。在春秋隱五年。春，公矢魚于棠。矢，公穀皆作觀。矢魚疑即射魚。左傳，臧僖伯諫曰……鳥獸之肉。不登於俎。皮革齒牙骨角毛羽。不登於器。則公不射。古之制也。射即射魚之射。後世易矢為叉。易叉乃矢之改進。故叉之名。由矢之生。釋名，釋兵，矢，括旁曰叉。形似叉也。叉據初學記二十二卷並正 又步叉人所帶以箭叉於其中也。據初學記二十二卷箭畢本改 叉為由矢而生之證。潘岳西征賦。垂餌出入。挺叉來往。注，叉取魚叉也。唐皮日休陸龜蒙漁具詩序云。棘而中之曰叉。鏃而綸之曰射。則矢魚之具。見笠澤叢書 唐時，叉與射猶並用之。外卦坎。坎為弓輪。中爻互離。離為戈兵。射之象。鮒，說文、魚名。小徐本作魚也。亦未言何魚。莊子外物篇。釋文。廣雅云。鮒，鰿也。又鰿。鮒也。鰿正字為鰿。說文。鰿，魚名也。徐鍇曰。今作鯽。而許慎以鯽為鰂之或體。鰂解烏鰂。義又異。疑錯文也。楚辭大招。煎鰿臛雀。注，鰿，鮒也。儀禮士昏禮。魚用鮒。疏。夫婦相依附也。則鯽魚近之。因鯽即鰿。即，就也。與比依附義可通。鯽，埤雅云。此魚旅行。注旅，禮記樂記。進旅退旅。注旅猶俱也。俱古通侶。吹沫如星。以相即也。則謂之鯽。以其相附。故謂之鮒。陸佃釋鯽鮒義可采。巽為魚。指內卦言。此云井谷射鮒。係當時諺語。言徒勞而无功。與呂氏春秋知度篇射魚指天同意。甕正字為罋。說文罋汲缾（祁刻小徐本作餅譌）也。虞翻云，離為甕。據說卦傳離為大腹象之。敝中爻互兌。兌為毀折。九二兌變坎，坎漏之象。言井谷射鮒。鮒不可得。致甕敝漏。

62. 井六四䷯井甃。无咎。　按釋文。馬融云，為瓦裹下達上也。干寶云，以甎壘井。字林云，井壁也。（說文同）甎正字為專。瓦甎古皆甃井。産石處多以石為之。此爻中爻互兌。兌為毀折。汽至之象。令滌去穢濁。漏處甃之。因六四為乾。乾為圜。言甃後復為井。其象如此。

63. 井上六䷯井收。勿幕。有孚。元吉。　按。收。馬融云，汲也。陸績云，收井幹也。虞翻云。收謂轆轤收繘也。虞說允。因上六變巽。巽為繩直。收之象。中爻互離。離為日，日為巽木所掩。幕之象。有孚。因井兩卦連續為坎。坎中爻互頤。頤中爻互坤。故有孚。又以巽為近利市三倍。如井已收。而自利之徒。佔為私有。則非元吉。故王弼注云。不擅其有。不私其利。則物歸之。王說是。井收人能以利人為心。信能及眾。故獲元吉。有孚。如下革卦爻之有孚則據坤錯乾立說。

64. 革初九䷰鞏用黃牛之革。　按說參上及第十一章。遯䷠六二執之用黃牛之革。遯六二執下視之字。因艮為手。執之象。此言鞏。馬融干寶據尔疋釋詁。鞏固也。義尚未愜。因鞏从革。說文鞏以束也。凡攻皮生曰革。熟曰韋。方言七。鞏火乾也。則鞏指攻皮。當以離為火取象。

用以也。猶言火乾黄牛之革。干寶之謂此喻文王雖有聖德。天下歸周三分之二而服事殷。其義也。干氏此說。似是而非。革指周之事。鼎指殷之事。而干氏對於卦位尚未能明辯。初九非姬昌所居之位。當云此喻周人革紂之命。心切而堅。至九五大人虎變。未占有孚。方合干氏之說。再九五有孚。指兩卦連續離互大過。大過互乾。乾錯坤。故曰有孚。言姬昌尚未踐天子之位。若能變感德而去紂。不待占而信矣。

65.鼎初六䷱鼎顛趾。利出否。得妾以其子。无咎。　按。說見第十一章50鼎。史記殷本紀。帝乙長子微子啟。啟母賤。不得嗣。少子辛。辛母正后。辛為嗣。呂氏春秋當務篇說不同。以此爻證之。當以殷本紀為正。鼎指殷有天下。顛趾象殷亡。趾正字止。鼎內卦巽。巽為股。止。說文下基也。股之下基為趾。股无趾則不能行。猶三足之鼎。失其一趾即顛。利出否。為歎息之辭。利指中爻互兌。否。王弼注。不善之物也。釋文否。惡也。不善及惡指紂。言奈何棄此否惡物。致殷亡國。得妾以其子无咎。言微子立。殷可不亡。妾。中爻互兌。兌為妾。言微子帝乙妾子。以之為嗣。則母以子貴。故小象曰。以從貴也。姚配中周易姚氏學云。使帝乙立微子。殷之天下未可量也。文王蓋以此喻微子不得立。而殷道終衰。與姚說近是。

66.鼎九二䷱鼎有實。　按。實即噬嗑自求口實之實。有實。指鼎中有物。鼎六爻皆言紂事。此言紂嗣立。九二變艮。艮為果蓏實之象。文云。我仇有疾。仇，鄭玄曰。怨耦曰仇。中爻互兌。兌為少女。九二內卦艮。艮為少男。少男少女耦也。今爻之初六。不在中爻。故有疾。九二為鼎之旅。與革九五為革之豐序。豐旅兩卦連續為漸。漸中爻互大過。大過大象為坎。坎為心病。為耳痛。疾之象。爻不言疾。而曰有疾。疾者指為心藉作卦而言。又云。不我能即。即，說文即食也。小徐本作即飲也。徐鍇繫傳云。即，猶就也。就食也。从皀卩聲。皀，穀之馨香也。九二變艮。艮止也。止不就也。言不食紂之祿。故吉。

67.鼎九三䷱鼎耳革。其行塞。雉膏不食。方雨虧悔。　按，方雨虧悔句古。今釋此无利解。鼎革革。虞翻注。坎為耳。江藩周易述補。申其義曰。說文解字曰。鼎三足兩耳。……倒鼎為革。反卦義也。江說是。其行塞。鼎以耳以鉉而行。今耳革。雖有金鉉玉鉉。亦无所用。變坎。坎陷也。陷則塞。雉膏不食。雉外卦離。離為雉。釋文。鄭玄曰。雉膏，食之美者。鄭說未及膏字。膏，徐鍇韻會。澤者為膏。今九三變離二內卦為坎。故為雉膏不食。因中爻兌為口。今變為離。无口。故不食。方雨。雨為內卦變坎象。方，虞翻以坤為方。爻无坤。李林松周易述補已證其謬。方為雱。雱雱之省文。詩。雨雪其雱。傳。雱，盛貌。九三兩離。日以烜之。又燥萬物者。莫熯乎火。今爻得雨。因坎為雨。王弼注云。雨者陰陽交和。不偏亢者也。雖體陽爻而統屬陰卦。若不全任剛亢務托和通方兩則悔虧。終則吉也。王說是。虧，尔疋釋詁，毀也。毀虧古通。釋文謙象天道虧盈而益謙。馬融本作毀盈。是其證。虧悔與无悔義異。无悔在己。虧悔在人。此云紂之暴虐。有人起而伐之。則悔虧。鼎九二爲鼎之未濟。與革九四革之既濟相應。此云虧悔。革云悔亡。有孚改命吉亦相應。

68.鼎九四䷱鼎折足。覆公餗。其形渥。凶。 按九四中爻互震。震爲足。又互兌。兌爲毀折。折足之象。覆，謂鼎折足而覆。公餗之公。漢人董仲舒、鮑宣、京房、王符、鄭玄、虞翻、九家易。皆以鼎三足爲三公之象。非是。公餗，猶儀禮大射官饌。及燕禮。膳宰具官饌于寢東。餗即儀禮公食大夫禮。甸人陳鼎七。公餗謂宰夫具其饌物。皆有定例。餗，說文正字爲鬻。鼎實。惟葦及蒲。徐鍇曰。謂菜爲蔌。義同。此葦初生其萌可食。或从食束聲作餗。字又爲蔌。鄭玄以竹萌爲筍。筍者，餗之爲菜也。爲八珍之一。九四中爻互震。震爲蒼筤竹。爲萑葦之象。形或作刑。渥或作握，作剭。義多滋蔓。形當爲刑，爲鉶。說文。鉶，器也。徐鍇以爲羹器。形刑鉶古字通。周禮天官內饔。羞脩刑膴。注。刑，羹器也。又秋官掌客。上公鉶四十有二。侯伯鉶二十有八。子男鉶十有八。注。鉶，羹器也。儀禮。公食大夫禮。宰夫設鉶四于豆西東上。注。鉶，菜和羹之器。又挽手扱上鉶以柶。注。扱以柶。扱其鉶菜也。挽，拭也。拭以巾。史記秦本紀。飯土塯。啜土形。正義。如淳曰。土形，飯器之屬。

亙器也。又太史公自序，啜土刑。正義，刑，以盛羹也。皆其證。至鉶，儀禮釋文、大射儀，六鉶，又公食大人禮，設鉶。則以鉶為鉶。係寫之譌。渥、王弼注云。沾濡之貌也。王說允。又云。既覆公餗。體為渥沾。王云。體，係釋形。言餗沾人之體。以為災及其身。說膚。此言鼎覆。公餗沾濡及鉶。使味不純。為无禮。爻辭為殷之末世諺語。鼎折足。覆公餗。喻殷將亡。其鉶渥。其禍將及宗社。鉶以金屬為之。鼎中爻互乾之象。

69. 鼎六五䷱鼎黃耳金鉉。利貞。 上九䷱鼎玉鉉。大吉。无不利。 按，鼎六五上九兩爻。讀者咸以為與紂事相違。不知以上四爻，皆言紂之不善。此兩爻金鉉玉鉉。希姬昌革商之命。故爻辭斷語曰利貞。曰大吉无不利。鉉，說詳第十七章論九宮考辨。茲補尚象。金玉，乾為金。為玉。六五離變乾。離六二曰黃離元吉。此爻言姬昌。當用錯。用錯為卦，係紂事。而爻言周事。指在彼而不在此也。離錯坎。坎為耳。離九五亦為黃離。故象黃耳。六五中爻互乾。故曰金鉉。 上九變震。震錯巽。合說卦傳，帝出乎震，齊乎巽之旨。亦即大象正位凝命。已革殷之鼎。在周易六十四卦，上爻爻辭之斷語。曰大吉无不利。較大有上九吉无不利。更盡善矣。玉鉉較金鉉為上者。因玉之尺寸。為鉉者不易得。故玉鉉視金鉉為貴。干寶曰。玉又貴於金也。至項安世以為飾，以寶玉。陳之朝廷。此別創異義。其實此兩爻為鼎取新之義。

70.震☳☳不喪匕鬯。　按說參上第十一章論周易二51震。震為木。匕以木為之。兩震為比。匕形象之。鬯从凵。凵器也。盛酒也。以器鬯義合器義。詩、大雅、江漢、秬鬯一卣。左傳僖二十八年、亦云秬鬯一卣。是盛鬯為卣。爾雅釋器卣器也。郭璞注。盛酒尊。邢昺疏。卣中尊也。後人以𠧪為卣之古文非是。𠧪說文本垂華實。讀若調。義各異。震中爻互坎。坎為水。酒屬之。律以爾雅釋器。以魚肉為器。釀酒加以人工。亦器也。是鬯之為器可深信而不疑。至鬯亦有與器相屬為名者。如國語魯語上。魯饑。……臧文仲以鬯圭與玉磬如齊告糴。韋昭解曰。鬯圭。裸鬯之圭。長尺二寸。有瓚。裸、說文、灌祭也。是裸用鬯。尚有圭也。考工記玉人。裸圭尺有二寸。裸圭即鬯圭。卦辭曰匕鬯。疑鬯與鬯圭並舉。

71.艮☶☶行其庭。　按、說見上第十一章論周易二52艮。

72.漸六四☴☶或得其桷。　按、見上第十七章論九宮考辨。茲補其象。巽為進退。或也。艮為手。得也。桷、說文、秦曰榱。周謂之椽。齊魯謂之桷。釋文、馬融陸績云。桷、榱也。虞翻曰巽為木。桷、椽也。方者謂之桷。巽為交。為長木。艮為小木。坎為脊。離為麗。小木麗長木。巽繩束之。象脊之形。椽桷之象也。虞說巽為交以下。失諸野。江藩、李林松、張惠言皆墨守之。殊失爻旨。鴻趾不能棲木。若遇木枝平方如桷者。或可棲止。此爻當以錯為主。六四變乾。乾錯坤。坤文言至靜而德方。此為錯之大用。例如繫辭釋大過初六䷛爻藉用白茅云。苟錯諸地而可矣。因大過初六巽變乾。乾錯坤。坤為地。故曰錯諸地。俗人不知。改錯為措。見釋文。殊失大義。此言楄者。因木本圓。圓為乾象。匠人斲之為楄。易圓為方。方為坤象。故用錯。

73. 漸上九䷴其羽可用為儀。 按。干寶云。處漸高位。斷漸之進。順艮之言。謹巽之全。履坎之通。據離之耀。婦德既終。母教又明。有德而可受。有儀而可象。干氏之說。雖解此爻之體。而解儀之象。非當。毛奇齡仲氏易云。儀。舞也。書鳳凰來儀。書益稷文。文舞用羽。參公羊隱五年初獻六佾。何休注。羽者。鴻羽也。名羽舞。毛釋羽過隘。爾疋釋器。羽本謂之翮。一羽謂之箴。十羽謂之縳。百羽謂之緷。周禮。司徒。羽人。凡受羽。十羽為審。百羽為摶。十摶為縳。又司徒舞師。有羽舞。注。羽析白羽為之。形如帗也。又宗伯樂師。有羽舞。注。鄭司農云。羽舞者。析羽。羽舞之說。不勝枚舉。惟羽之用。不限於舞。考工記鍾氏染羽。注。所以飾旌旗。及王后之車。記工之法不及他工之詳。不能據以盡羽之用。如古之兵器。以矢為重。矢非羽不為。又可以為衣。名羽衣。見後漢書李章傳注。至儀亦不限於舞。左傳襄三十一年。有儀而可象謂之儀。管子形勢解。儀者。萬物之程式也。是萬物有象者。皆可以儀名之。羽。說文。鳥長毛。上九互體。初至三為艮。似鴻兩翼。三至五為離。離為雉。鴻與雉。皆鳥類。上九變坎。兌得正位。兌。說也。說可假借為脫。脫為鳥脫之羽。朱熹本義。儀。羽旄旌纛之屬也。朱謙即世人謂之鹵簿。鹵簿又名羽儀。

74.歸妹六五䷵帝乙歸妹。其君之袂。不如其娣之袂良。　按，乾鑿度以帝乙為成湯。非紂之父。王應麟困學紀聞一。引京房章句釋湯嫁妹之辭。乃定歸妹之禮。非祖乙小乙武乙帝乙羨。君論語衛靈公篇。君夫人之君。蔡邕獨斷。異姓婦女以恩澤封者曰君。娣，說文，女弟也。公羊莊十九年傳。娣者何。弟也。後人女子同適一夫為娣。以解此爻。殊未必然。因天子之女下降諸侯。取同姓諸侯之女為𠈟。說文，𠈟，送也。俗作媵。與娣有別。六五變兌。兌為少女。娣之象。袂，說文，袖也。夬聲。雜卦傳。夬，決也。釋名釋言語。夬，決也，有所破壞決裂之於終始也。故夬外卦為兌。說卦傳，兌為附決。袖。說文，為褎之重文。袂也。故有兌象。內卦為兌。六五變兌。兩袂之象。爻言六君尚德。不尚衣之華麗。

75.歸妹上六䷵女承筐。无實。士刲羊。无血。　按，說見上第十三章論周易四卦爻辭異讀舉正。今補其象。女中爻互離。離為中女。士中爻互坎。坎為中男。士之象。坎離配。虞翻以震為士。失其例。因震已變。不能以士象之。當中爻之坎。繫辭所謂若夫撰德辨物。辨是與非。則非中爻不備。已舉其例。承，虞翻以為自下受上稱承。此孟氏家法。因漸與歸妹。上下兩卦。連續為互頤。

䷚頤 ䷼中孚

頤中有艮。艮為手。承之象。此乃以下（下即下卦）承上（上即上卦）。王弼注。處卦之窮。仰无所承。下又无應。為女而承命。則筐虛而莫之與。王說膚。孔穎達正義直抄王注。隨文敷義。虞翻謂以下承上。王弼謂仰无所承。曰上曰仰。已知承字之用。而未知承字之例。宋以後大都拘於昏禮。更不足取。虞翻以震為筐。說卦傳震為蒼莨竹。竹為制筐之料。是也。又以坤為虛。與坤之彖坤厚載物相矛盾。上六震已變。乃筐不能盛物。故曰无實。虞翻以兑為羊。離為刀。說卦傳離為戈兵。刀亦兵器。馬融曰。刲刺也。皆是也。惟云三四復位成泰。坎象不見故无血。說卦傳坎為血。此虞氏撓爻之曲說。置中爻而不顧。且三四復位成泰。是卦不是上六之爻。在虞氏家法。亦當云。大壯上之三。江藩周易述補疏。以詩召南標有梅頃筐塈之。求我庶士。迨其謂之。言女子過時不嫁。解女承筐无實。可作此爻旁證。

76. 豐上六䷶豐其屋。蔀其家。闚其戶。闃其无人。　按。釋文。豐說文作寷。云大屋也。易曰。寷其屋。寷係後出之字。許氏易偁孟氏。小徐本引易作豐其屋。不作寷。是以豐釋寷。豐旅兩卦連續離。離中爻互大過。大過中爻互乾。乾文言大哉乾元。又大哉乾乎。繫辭乾知大始。大指乾而言。故豐彖曰豐大也。大過卦辭棟撓。屋之象。蔀。鄭玄作菩。菩為正字。鄭注六二豐其菩云。菩。小席也。說文。菩。草也。菩草可以為席。馬融注。蔀。小也。虞翻注同。虞注九四豐其蔀云。蔀。蔽也。義又兩歧。當以釋蔽為是。蔽者指蔽日光。王弼注六二云。蔀。覆。曖。障光明之物也。覆亦蔽義。王弼畧例。卦畧釋豐卦云。小闇謂之沛。豐九三，豐其沛。大闇謂之蔀。如王說則蔀不限於席。陸績注京氏易傳。蔀、茂盛周匝之義。因上六變離。離為日。未變為震。震為木。日光為茂盛之木所蔽。內卦離中爻互巽。巽為木。日光亦為木所蔽。此言屋雖大而居之者非光明之家。凶兆也。干寶曰。在豐之家。居乾之位。豐為坎宮五世卦。五爻未變為乾之正位。坎正位同乾。乾為屋宇。此句實當據大過立說。故曰豐其屋。此蓋記紂之侈。造璿室玉臺也。蔀其家者。以記紂多傾國之女也。干說近是。闚、釋文李登云。小視。李說譌。江藩周易述補正之曰。窺、小視也。說文解字文。易釋文。李登云。小視也。今作闚。闚、說文閃也。非小視之窺字也。江氏證窺為小視。良是。惟不知闚窺古通用。又未申明閃之字義。閃、說文闚頭門中也。从人在門中。閃義亦釋闚。此係闚窺兩字可通用之證。以象明之。上六變離。離為目。闚窺之象。戶、繫辭曰。是故闔戶謂之坤。闢戶謂之乾。戶之尚象。取豐旅兩卦連續為離。離中爻互大過。大過中爻互乾。乾為闢戶。人可小視。闃、李林松周易述補改闚為闃。是也。闅、說文低目視也。从旻門聲。李氏又引王充論語藝增篇。易曰。豐其家。蔀其家。窺其戶。闃其无人也。非其无人也。無賢人也。王充此節並引尚書臯陶謨。無曠庶職。曠、空也。全節以空立說。闃、馬融注。无人貌。鄭玄干寶注同。釋文孟喜作窒。虞翻不從孟氏。亦作闃。注、闃、空也。江藩從釋文作窒。窒、說文塞也。與空義異。江

三易新論

氏曲從虞義。以空解塞。雖據列子殷敬順釋文，迂執難通。窒疑窒之譌。窒，說文空也。詩曰瓶之窒矣。說文引詩在小雅蓼莪篇，窒作罄。左傳昭二十四年引窒亦作罄。罄，說文器中空也。此句從闃從窒義均可通。獨窒不能通，以繫辭言者尚辭來證明闃字之譌。當以闃字為允。无人即是空。不必其上又加以空字。上六變離。離為目。闚之象。中爻互兌，兌為毀折。空之象。闃與闚相應。干寶曰。社稷既亡。宮室虛曠。故曰闚其戶。闃其无人。闃，无人貌。干氏此說。言紂之亡國。干說可采。至闃无人貌也句。蛇足。

77.旅六二䷷旅即次。懷其資。　按，釋文，本或作懷其資斧，非。陸說是也。次資叶。斧與次資不叶。六二中爻互乾。乾為玉為金。資之象。

78.旅九四䷷旅于處。得其資斧。我心不快。　按，釋文，子夏傳及眾家資作齊。虞喜志林云。齊當為齋。齋戒入廟而受斧。張軌曰。齊斧蓋黃鉞斧也。虞張兩氏釋齊。係受王肅旅為軍旅之旅。因生曲說。釋文，旅，羈旅也。與軍旅不涉。齊為齎之借。齎，周禮，冢宰，外府，共其財用之幣齎。注，行道之財用也。漢書食貨志。行者齎。注，謂將衣食之具以自隨也。資齎義通。斧，王弼注。斧所以斫除荊棘以安身也。王說是。是資與斧為兩物。資據九四未變中爻互乾立象。斧據離未變立象。離為兵戈。斧屬。我心不快。變坎。坎為加憂。為心疾。

不快之象。

79.旅六五䷷射雉一矢亡。終以譽命。　按：干寶注云：離為雉為矢。巽為木。為進退。艮為手。兌為決。有木在手。進退其體。矢決于外。射之象也。一陰升乾。故曰一矢。……此記祿父畔周。雖小叛擾。終逮安周室。故曰終以譽命也。干氏此注。離為雉。至射之象也。言象備矣。至一陰升乾。係襲荀爽家法。若以消息例之。五息為乾。乾次序為一。故曰一矢。方合易例。至干氏擬議此爻祿父畔周。余探賾索隱。適得其反。且時代亦不合。旅之六爻。周人以姬昌以服事殷。如旅人而无所容。（序卦傳云：旅而无所容。）冀姬昌鬭爭。誅紂安民。猶射雉用一矢相加遺。（一矢相加遺，左傳成十三年文。）此周人希姬昌之代紂。終以譽命。中爻互巽。巽為命。譽从言。六五互兌。兌為口。譽之象。猶言美名。終指內卦艮。說卦傳：終萬物始萬物者莫盛乎艮。艮之終。旅之各爻。能以姬昌史事證之方合。後之解爻辭者。以殷周以後之歷史解之。皆屬非是。例以初六旅瑣瑣。斯其所取災。可擬以周人謂姬昌。以服事殷小心翼翼。反因羑里而取災。

80.巽九二䷸巽在牀下。　按：牀九二變艮。說卦傳：艮止也。釋名釋牀帳：人所坐臥曰牀。言人在牀下發命。巽為申命行事。荀爽以此爻與上九巽在牀下，皆以軍令釋之。涉初六進退。利武人之貞而論。繫辭：爻也者。效此也。效此即指本爻。墨子小取：效者為之法也。言一爻有一爻之法。不

三易新論

能據初六以解九二上九。凡立國行事至多。故申命亦不一。

81. 巽上九䷸巽在牀下。喪其資斧。貞凶。　按、資本或作齊。說見上旅九四。不贅。喪上九之變爻井。井卦辭无喪无得之喪。彼云无喪。此云喪者。彼係不變爻。此係變爻也。變爻而入巽於陷。坎喪之象。資斧因巽兑兩卦連續為中孚。中孚大象為離。離為蚌為龜。古作貨幣。資之象。離又為兵戈。斧之象。上九又變坎。坎為盜。惟下字則无象可徵。虞翻以窮上反下立說。虞氏所謂反例。詳第十六章虞氏易平議。七、反卦釋例。與此異旨。疑在牀下。為牀上之譌。上即上爻之上。此卦彖象皆在申命。申、尒疋、釋詁重也。王弼注云。處巽之極。極巽過甚。故曰巽在牀下也。王氏言申命過甚。尚未能達其旨。因過甚則疲倦。假睡牀上。而資斧被盜。故雖貞仍凶。貞指變坎言。曰下後人就韻而竄字。

82. 渙䷺王假有廟。　按、說見十一章周易新論二59渙。渙九二䷺渙奔其机。按、渙指紂事。節指姬昌事。机與几同。大戴禮武王踐阼机之銘曰。皇皇惟敬。口生㖃。口戕口。注、机者人君出令所依。故以言語為戒也。此爻言紂之不善。濫發非法命令。諫者奔紂之机而阻之。机、艮之象。奔中爻互震。震為足之象。外卦巽。巽為命。

83. 渙九五䷺渙汗其大號。渙王居。无咎。　按。當時人希姬昌剪商之辭。上句渙汗其大號。

渙汗諸家釋此。皆欠明瞭。渙汗猶素問至真要大論。猶按刺雪汗之雪汗。雪。㕞之假借。渙汗。去汗也。廣雅釋詁三。雪。除也。王念孫疏證云。雪者。呂氏春秋不苟篇。雪。殽之恥。注。雪。除也。晏子春秋諫篇。景公刷涕而顧晏子。列子力命篇。作雪涕。是其證。此言當除紂之大號。使无虐人民。九家易王肅皆以王者出令。不可復返。喻如身中汗出不可反也。鄭玄以號為號令。皆背爻辭。九家易汗取象於坎。是也。不必以否卦立說。致失易簡之旨。至渙王居。不獨除紂之大號。並欲除商之宗社。作爻辭者。怨紂深矣。王居九五。變艮。艮為門闕。居之象。

84. 節初九䷻不出户庭。无咎。　九二䷻不出門庭。凶。按。初九說見上。初九九二。說見十一章論周易二60節。昔人注此。多根據繫辭言語愼密立說。唐侯果宋程頤蘇軾朱震郭雍以澤上有水立說。深得爻旨。因澤上有水。以節為主。故有澤之處。皆築隄防。洩水處有門。俗謂之閘。可以啟閉。亦門户之象。周禮司徒稻人。以瀦畜水。以防止水者是。考工記匠人。為溝防。初九爻言不出户庭。似户小於門。澤上有水。令兌變坎。內外皆坎。水雖增加而澤尚可容。故无咎。九二兌變震。澤上之水已動搖。如堤防潰決。故凶。

85. 中孚九二䷼我有好爵。按。說參上。爵。說文。禮器也。今酒器皆謂之爵。儀禮特牲饋食禮。實二爵。注，爵一升，以象證之，爵三足。九二變震，震為足，震數三，三足之象。又中爻互坤。坤為均。凡酒器爵觚觶角散，皆用升為度。均也。好，指兑未變言，兑說也。好，詩小雅，彤弓，中心好之。傳，好，說也。

86. 中孚六三䷼或歌或罷。 按，說見第十一章論周易二例中孚。罷當為龍。中孚中爻互震。震為音鳴，歌之象。龍，說文，龍草也。制為旄。舞者所執。又震動也。又為足。中孚中爻互艮。艮為手。外卦巽為柔木。手執龍而足動於下，舞之象。

87. 中孚上九䷼翰音登于天。 按，說亦見十一章論周易二例中孚。禮記曲禮，雞曰翰音。係祭品。指已宰之雞。登疑為登。登，說文，禮器也。从肉在豆上。廾持之意。尒疋釋器，瓦豆謂之登。登通作鐙。釋文，尒疋釋器，鐙本又作鐙。詩，大雅，生民，于豆于登，傳，木豆薦俎醢。瓦登薦大羹。祀天用瓦豆，陶器質也。作鐙者，後世易瓦為金。中孚大象離，離為雉。雞屬翬雉羽具五采。故曰翰。翰字又通鶾。翰鶾許慎以从羽从鳥分為二字。其實為重文。音震為雷之象、。天，上爻為天位。登于天即祭天也。登作登，涉明夷上六初登于天而譌。

88. 小過六五䷽密雲不雨，自我西郊。公弋取彼在穴。 按，此爻密雲不雨，自我西郊，與小畜卦辭同。關朗易傳云，小畜一卦之體，當小過一爻之義也。闕說膚。諸家釋此，皆失真諦。

鄭本王讀易輯要淺釋云。此小畜之彖詞。小畜之不雨。陽尚往。而不與陰和也。小過之不雨。陰已上。而不與陽和也。鄭氏釋陰陽和而後雨。說亦良得。惟䷈小畜上下互易為䷫姤。上下顛倒。尚未說明。　先子周易易解云。中爻互變乾。與中爻之巽成小畜。故引小畜卦曰。密雲不雨自我西郊。凡互體下互係上體。上互係下體。　先子釋顛倒如此。小過大象似坎。坎為水。雲雨皆屬之。雲騰而雨致。今為乾陽所阻。不雨之象。此爻人心厭紂。希姬昌伐殷。密雲不雨。喻姬昌遲不伐紂。公象姬昌。彼以擬紂。坎為弓。弋之象。艮為手。取之象。穴坎窞也。言伐紂殊易。西。虞翻曰。兑為西。周在殷西。此太卜襲當時殷人諺語。

89. 既濟初九䷾曳其輪。　按曳說見上睽六三䷥見輿曳。輪、見上小畜九三輿說輻。中爻互坎。坎為曳。又為輪。初九變艮。艮為手。曳其輪。使止而不行。

90. 既濟六二䷾婦喪其茀。　按六二爻辭。以中爻立說。中爻為䷥睽。離兑皆為婦。睽之初九。猶既濟中爻之六二變睽也。故彼爻辭曰。悔亡喪馬勿逐自復。與此爻相應。兑為毀折。喪之象。茀釋文。首飾也。馬同。干云馬髴也。鄭云車蔽也。子夏作髴。荀作紱。董作髢。義有多端。釋文所遺者。虞作髴。又鼂說之曰。孟一行虞亦作髴。髴云鬒髮也。說之案。茀、古文紱字。惟虞不作鬒髮作鬒髮。鬒說文未出。鬒為正字。鬒髮喪去。能七日得。萬无此理。虞翻又云。一名婦人之首飾也。然亦无據。

江藩周易述補。固從虞義，李林松則采鄭玄茀車蔽也。在虞翻謂髴一字茀。俗說以髴為婦人蔽膝之茀，非也。張惠言引虞氏云：卦元滕象故知非也。李氏則據詩衛風碩人翟茀以朝。傳：翟翟車也。夫人以翟羽飾車。茀車蔽也。疏云：婦人乘車不露，路見車之前後，設障以自隱蔽，謂之茀。因以翟羽為之飾。離雉之羽，以蔽坎輿，故曰茀。李氏之說。不以茀為蔽膝之茀，其說允。詩齊風載驅：簟茀朱鞹。傳：車之蔽曰茀。又一證。

91. 既濟六四䷾繻有衣袽。按此爻在三百八十四爻中最難釋之一爻。釋文：繻，子夏作䌷。王廙同。薛云：古文作繻。䌷即𦄺之俗字，當從之。王弼注：繻宜曰濡。據初九濡其尾立說。王說據說文絮解，引易需有衣絮也。然彼作繻不作濡。說文：繻，繒采色。繒小徐本作繪，譌。讀若易繻有衣。許說譌。不當云繻讀若繻可證。係傍糸為衣之譌，則繻為𦄺之譌。說文𦄺，短衣也。一曰㬎衣。㬎，說文：安㬎溫也。㬎雖為暵之孳乳。暵，乾也。字又通熯。江藩周易述補：蓋冬衣也。虞翻注：乾為衣。故稱繻。以象證之，六四中爻互乾，得乾之半，乃為短衣。與象合。袽，釋文女居反，絲袽也。王肅音如。說文作絮，云：絮緼也。廣雅云：絮，塞也。子夏作茹，京作絮。盧文弨攷證云：絮舊本作絮，無絮字。說文作絮，云：絮緼也，并引易。此本今從改補。盧說欠詳。說文引易作絮，據孟喜本也。絮，說文：絮緼也。一曰敝絮。易曰：需有衣絮。是需為𦄺繻濡孳乳之證。絮，麻一耑也。緼，紼也。紼亂絲也。言襦襯以絮以取溫。京房作絮。絮，說文敝緜也。義亦可通。子夏作茹。廣雅作塞。義雖可通。但須多引旁證。非治學之法。故不贅。袽，說文未出。疑絮之譌。絮，弊衣。徐鍇曰。絮猶言衣臭也。似絮與絮通。虞翻云。袽，敗衣也。敗衣與弊衣義同。因六四變兌。兌為毀折。敗弊之象。此爻言三年征伐。繻已敝。尚須終日警戒。下文終日戒，恐鬼方反側。

92. 未濟九二䷿曳其輪。貞吉。　按。說見上既濟初九䷾曳其輪。惟取象之位不同。曳與輪。皆取中爻之坎。九二中爻互坎。九二中爻互艮。艮為手。亦手曳其輪。使止而不行。而九二變坤。坤為地。雖有人曳。仍可前進。中爻互坎輪之行。如水之流。故貞吉。

以上所列卦辭爻辭。關於器。略舉之。因漢人注釋偏重訓詁。而訓詁之有諸家各逞異說。以之證糾器尚象。實南轅而北轍。余作此章不過略正漢以下釋易之說耳。制器尚象。因易象四卷其書已佚。鄭玄注乾鑿度云。易象已非易象之原本。漢書藝文志古雜八十篇。卷帙浩繁。今所見者惟易緯七種。計十一篇。及乾坤鑿度二篇。帙亡者殊多。如考工記之類。惜治易者棄而不談。至卦辭爻辭所載者。僅係器名。不過能考殷周之文物。於制字實未論及。而於象尚可擬議爾。

男延國初校

弟子 汪成孚 施則明 校刊

書名：三易新論（下）
系列：易學經典文庫
原著：沈瓞民
主編•責任編輯：陳劍聰

出版：心一堂有限公司
通訊地址：香港九龍旺角彌敦道六一〇號荷李活商業中心十八樓〇五一〇六室
深港讀者服務中心：中國深圳市羅湖區立新路六號羅湖商業大厦負一層〇〇八室
電話號碼：(852) 67150840
網址：publish.sunyata.cc
淘宝店地址：https://shop210782774.taobao.com
微店地址：　https://weidian.com/s/1212826297
臉書：　　　https://www.facebook.com/sunyatabook
讀者論壇：　http://bbs.sunyata.cc

香港發行：香港聯合書刊物流有限公司
地址：香港新界大埔汀麗路36號中華商務印刷大廈3樓
電話號碼：(852) 2150-2100
傳真號碼：(852) 2407-3062
電郵：info@suplogistics.com.hk

台灣發行：秀威資訊科技股份有限公司
地址：台灣台北市內湖區瑞光路七十六巷六十五號一樓
電話號碼：+886-2-2796-3638
傳真號碼：+886-2-2796-1377
網絡書店：www.bodbooks.com.tw
心一堂台灣國家書店讀者服務中心：
地址：台灣台北市中山區松江路二〇九號1樓
電話號碼：+886-2-2518-0207
傳真號碼：+886-2-2518-0778
網址：http://www.govbooks.com.tw

中國大陸發行　零售：深圳心一堂文化傳播有限公司
深圳地址：深圳市羅湖區立新路六號羅湖商業大厦負一層008室
電話號碼：(86)0755-82224934

版次：二零一八年二月

裝訂：上中下三冊不分售

定價：　港幣　　六百八十元正
　　　　新台幣　二千六百八十元正

國際書號 ISBN 978-988-8317-23-3

心一堂微店二維碼

心一堂淘寶店二維碼